The Dinka's Grammar

The Dinka's Grammar:
Lööŋ mac ŋiëc gäär, kuën ku jam në Thoŋ de Jiëëŋ

Manyaŋ e Deŋ

The Dinka's Grammar

Ka tɔ̈ athööric	Apäm
Introduction	10
The Dinka (Jiëëŋ) language	10
1.0 Akeer ke Thoŋ de Jiëëŋ/ Kïït ke Thuɔŋjäŋ	21
2.0 Wëlthii ke Thoŋ de Jiëëŋ	25
3.2 Kuën de thaa në Thoŋ de Jiëëŋ	29
3.0 Kööl, wik, pëi ku ruɔ̈ɔ̈n	27
3.1 Tëktëk (tëŋ) de köölic	27
3.1.1 Coor de wël	28
3.2.1 Coor de wël ke jam de thaa	30
3.3 Rin ke nïn tɔ̈u në wikic	31
3.4 Rin ke pëi ne Thoŋ de Jiëëŋ	33
3.5 Nïn tɔ̈u në pëi yiic	34
3.5.1 Akönydït (Pɛɛi de tök)	34
3.5.2 Akönythi (Pɛɛi de reu)	34
3.5.3 Aduɔ̈ŋ (Pɛɛi de diäk)	35
3.5.4 Alɛkboor (Pɛɛi de ŋuan)	35
3.5.5 Aköldït (Pɛɛi de dhïc)	35
3.5.6 Bildït (Pɛɛi de dhetem)	36
3.5.7 Bilthi (Pɛɛi de dhorou)	36
3.5.8 Lal (Pɛɛi de bët)	36
3.5.9 Ɣɔ̈r (Pɛɛi de dhoŋuan)	37
3.5.10 Kön (Pɛɛi de thiëër)	37
3.5.11 Niet / anyëkol (Pɛɛi de thiëër ku tök)	37
3.5.12 Kol (Pɛɛi de thiëër ku reu)	38
3.6 Mäi, këër, ruël ku rut	39

The Dinka's Grammar

4.0 Nyuɔ̈th: Cam, cuïëc, tueŋ ku cän 42
5.0 Ruëi ke Jiëëŋ 43
   5.1 Ruëiku në lɔŋ de moor 43
   5.2 Ruëiku në lɔŋ de wuur 44
6.0 Kɔc tɔ̈u baai 45
7.0 Mɔ̈th ku dhuk në Thoŋ de Jiëëŋ 47
   7.1 Mɔ̈th de raan tök ku dhuk 47
   7.2 Mɔ̈th de kɔc juëc ku dhuk 48
   7.3 Thiëc ku dhuk 48
8.0 Kïït/buuk në Thoŋ de Jiëëŋ 49
   8.1 Kïït ke Jieeŋ 49
   8.2 Kïït ke γɔ̈k në Thoŋ de Jiëëŋ 49
9.0 Jam wään, Jam de ye köölë ku jam de miäk 50
11.0 Jam cïë wan (tëëk), Jam de ye mɛɛn ku jam bɔ̈ tueŋ 57
12.0 Gëër de wët lui (Tenses) 60
   12.1 Jam de ye köölë (Present tense) 60
      12.1.1 Jam de ye köölë tueŋ (present simple) 60
      12.1.2 Jam de ye köölë de reu (present continous) 66
      12.1.3 Jam de ye köölë de diäk (present perfect) 73
      12.1.4 Jam de ye köölë de ŋuan (present perfect continous) ... 80
   12.2 Jam wään (Past tense) 85
      12.2.1 Jam wään tueŋ (Past simple) 86
      12.2.2 Jam wään de reu (past continous) 90
      12.2.3 Jam wään de diäk (past perfect) 99
      12.2.4 Jam wään de ŋuan (Past perfect continous) 108
   12.3 Jam de miäk (Future tense) 115

The Dinka's Grammar

11.3.1 Jam de miäk tueŋ (Simple future) 115

12.3.2 Jam miäk de reu (Future continous) 123

12.3.3 Jam de miäk de diäk (Future perfect) 131

12.3.4 Jam de miäk de ŋuan (Future perfect continous) 139

13.0 Kuën në Thoŋ de Jiëëŋ 146

    13.1 Kuën de Nämbaai 146

    13.3 Kuën de run në Thoŋ de Jiëëŋ 149

14.0 Tök ku ka juëc në Thoŋ de Jiëëŋ 151

15.0 Wël wääc nïïm 162

16.0 Wël lui ke Thoŋ de Jiëëŋ 167

17.0 Kë de ŋɛk tueŋ (1st Possessions) 170

    17.1 Dï, du, de, da, dun & den 170

    17.2 Dï, du, da, dun & den 170

    17.3 Dï, du, de, da, dun & den 171

    17.4 Kï, ku, ke, kuɔ, kun & ken 172

    17.5 Kï, ku, ke, kuɔ, kun & ken 172

18.0 Kë de ŋɛk de reu (2nd Possession) 175

    18.1 Kë dï, kë de ku kë den (tök) 175

    18.2 Kë da, kë dun ku kë den (ka juëc) 176

    18.3 Ka kï, kaku ku kake (tök) 177

    18.4 Ka kuɔ, ka Kun ku ka ken (Ka juëc) 177

19.0 Dëk, yɔ̈p ku ruëth 180

    19.1 Dëk 180

    19.2 Yɔ̈p 181

    19.3 Ruëth 182

20.0 Lueel bii de wët cië lueel 184

The Dinka's Grammar

21.0 Thiëc në Thoŋ de Jiëëŋ 186

    21.1 Thiëc lääu nom: 186

    21.2 Thiëc ku dhuk tueŋ: 189

    21.3 Thiëc ku dhuk de reu: 190

    21.4 Thiëc në "Yeŋö/ŋu?" 191

    21.5 Thiëc në "Yeŋa/yeyï ŋa?": 192

    21.6 Thiëc në "Ye/yakë": 194

    21.7 Thiëc në "nɔŋ/naŋ" 195

    21.8 Thiëc në "ba/ba kë" 196

    21.9 Thiëc në "Ca/ca kë": 197

    21.10 Thiëc në Thoŋ de Jiëëŋ 199

22.0 Jam de kë thiɔ̈k ku kë mec: 202

23.0 Kë nhiaar ku kë man 203

24.0 Kë ŋic ku kë kuc 205

25.0 Kë lëu ku kë cï lëu 206

    25.1 "Ye" ku "Ce" 206

    25.2 "E" ku "Ace" 207

26.0 Wët guïïr (adjective) 209

27.0 Aŋɔi ke wël (Preposition) 210

28.0 Yɛɛn në rɔt, wɔɔk në röth, yïïn në rɔt, week në röth, yen në rɔt, keek në röth 216

29.0 Wël lëk yï të cen në kë dë rɔt luɔɔi thïn/të cen në kë dë luɔɔi thïn (adverb) 217

30.0 Kë ŋic të e lui rɔt/kë ŋic e raan e loi yeen: 218

31.0 Jam gäm ke jam jai (Positive and negative sentence) 221

    31.1 Jam wään gäm/jai 221

    31.2 Jam de ye köölë gäm/jai 222

The Dinka's Grammar

31.3 Jam de miäk gäm/jai 222
32.0 Arëëk ke wël (conjunctions/connectors): 224
33.0 Ɣa tök, Yï tök, ye tök, Wɔ pëi, we pëi, Ke pëi: 229
    33.1 Wään, akäl ku miäk 229
    33.3 Raan tueŋ, raan de reu ku raan de diäk: 233
    33.4 Thiëc 236
    33.5 Thiëc 239
34.0 Wɔdhia, wedhia, kedhia: 241
35.0 Kuec, jai, rɛɛc, göök ku gäm: 243
    35.1 Tök ku ka juëc (kuec, jai, rɛɛc, göök ku gäm): 243
    35.2 Thiëc ku dhuk (kuec, jai, rɛɛc, göök ku gäm) 244
36.0 Jam de thööŋ de käŋ ke reu 245
37.0 Rin ke läi në thoŋ de Jiëëŋ 246
    37.1 Rin ke mïth ke läi/diɛt 247
38.0 Tök, ka juëc ku ka juëc cï kuen: 249
39.0 Ŋot ku wën thɛɛr: 250
40.0 Wët töŋ luel ka juëc: 252
41.0 Wël luel tök në Thoŋ de Jiëëŋ: 257
42.0 Jam de kïït/thööŋ: 260
43.0 Wuɔ̈ɔ̈c de cɔ̈t de wël ne Thoŋ de Jiëëŋic: 262
    43.1 Wël yen në "K" ke rɔt wel ke ye "C" në cɔ̈tic 263
    43.2 Wël yen në "W" ke rɔt wel ke"Y" në cɔ̈tic 264
    43.3 Wël ye cɔɔl keke wääc amääth në wuɔ̈t kɔ̈k ke Jiëëŋiic 266
    43.4 Wuɔ̈ɔ̈c de cɔ̈t de wël nɔŋiic"Gui/G" ku "Jui/J" 267
    43.5 Nyooth de wuɔ̈ɔ̈c de cɔ̈t de wël në "Ŋ" ku "Ny" 268
    43.6 Wël ke Jiëëŋ bit akeer ke thök keek 270

This book is duely dedicated to my lovely wife Nyankiir and children (Adit, Bul, Ajoh, Deng, Garang, Akon an Akeer) who were in one way or another affected by the long hours I spent alone at the computer writing Dinka's books.

The Dinka's Grammar

Map: Distribution of Dinka subgroups

Source: https://www.researchgate.net/figure/A-map-of-South-Sudan-showing-most-dialects-of-Dinka-in-capitals-Dialects-for-which_fig2_296673070/actions#reference

The Dinka's Grammar

Introduction

This book *"The Dinka's Grammar: Lööŋ mac ŋiëc gäär, kuën ku jam në Thoŋ de Jiëëŋ"* is focusing on Dinka's grammar. This book attempts to analyse most aspects of the Dinka's grammar though it is not conclusive. The Dinka language, like other languages is grammatically riched though it is not linguistically explored. This book is meant to promote easy learning of Dinka's language by those interested to learn the language.

There were many challenges encountered writing this book. For example, it was difficult to find concrete words for describing grammatically aspects such as tenses, verb, adverb, adjective, preposition, conjunction and much more. It was even exceedingly difficult to get a short title describing this book in Dinka. This is the reason *"The Dinka's grammar"* was chosen to be the title for this book. The description of *"grammar"* in Dinka was added to complete the title. The other English grammatical aspects were given as description in Dinka with English name in brackets.

The Dinka (Jiëëŋ) language
Development of written Dinka

The Dinka (Jiëëŋ) language is one of Nilo-Saharan languages. The information about the existence of Dinka language was first published in 1866 in a journal called *Die Dinka-Sprache in Central-Afrika* by Johanes Chrysostomus Mitterutzner (Abdelhay, Makoni & Makoni, 2016). This was a recorded time in which Dinka speakers were identified by the outside world. Examples of Nilo-Saharan languages include Acholi, Alur, Avokaya, Baka, Bari, Beli, Bongo, Daza, Dholuo,

The Dinka's Grammar

Dongotono, Fur, Jur, Kanuri, Karamojong, Keliko, Lotuko, Lokoya, Lopit, Lugbara Ma'di, Modo, Maasai, Moru, Narim, Nuer, Nobiin, Old Nubian, Olu'bo, Shilluk, Toposa, Wa'di, Zhagawa, Zarma and much more (Abdelhay et al, 2016). The Dinka language remains the oral language until 19th and 20th Centuries when Christian missionaries started developing its alphabets using Latin's alphabets (Abdelhay, et al, 2016). The existing Dinka's alphabets were derived from the orthography missionaries developed for the Southern Sudanese languages at the Rejaf Language Conference in 1928 (Abdelhay et al, 2016).

The first written Dinka language was drafted by the Christian missionaries of the 19th and 20th centuries (Abdelhay et al, 2016). The current Dinka alphabets were created by Christian missionaries who were interested in learning the language (Abdelhay et al, 2016). It is believed the first Dinka written material was the translation of Bible into Dinka. The Bible was confined to the Dinka new converts and Dinka students who studied in schools ran by Christian missionaries. The contribution of two missionaries Archibald Shaw of Church Missionary Society and Fr. P. A. Nebel (Catholic priest) to Dinka language development is summarised below:

"The first missionaries of the Church Missionary Society, CMS, which founded their mission at Malek, 11 miles south east of Bor town, in 1905 and a school the following year, began translation of the scriptures into Bor dialect. The leader of those pioneering Christian missionaries of the Gordon Memorial Sudan Mission was Archdeacon Archibald Shaw. "From about 1911 Archdeacon A. Shaw took time from

The Dinka's Grammar

his preaching and teaching to supervise the translation of the N.T. (New Testament) into the Bor dialect of Dinka, publishing it book by book during the 1920s and 1930s, some trial editions at least being produced on the mission press at Malek. Philip Anyang Agul, Gordon Apeec Ayom and Daniel Deng Atong were his Dinka co-workers"- (From Janet Persson's. In Our Own Languages: The Story of Bible Translation in Sudan, Paulines Publications Africa, Nairobi, 1997, p12). Shaw's interactions were mostly with the Guala people, whose area is close to Malek and whose dialect belongs to Gok (Gɔk) cluster which is a very close the variant of Athoc (Athɔɔc) "(Atem Y. Atem).

"One of the foreign missionaries who made immense contribution to the writing and development of the Dinka language was Fr P. A. Nebel, a Catholic priest based in Kuajok of the former Gogrial District. Among his notable works is his Dinka Dictionary of Rek-Malual dialect which also contains text and vocabulary. He also wrote Dinka Grammar in 1947. Despite the fact the book was published in 1948, the work is still a useful reference for the students of language."(Atem Y. Atem).

This was still not enough because the Christians missionaries focus was for the Dinka students to learn English. Dinka continued to be taught in elementary schools in Dinka areas after the British left until the Khartoum regime decided to pay less attention to all the teaching of local languages across Sudan in favour of Arabic. Arabic was made the official language and language of instruction at schools across the country. This was intended to weaken African languages and

The Dinka's Grammar

cultures in the Sudan. The grand aim for the governments in Khartoum was Arabicisation and Islamisation of Sudan. The indigenous languages of the Sudan were relegated into being *rutana* or dialects which was a complete deception. Dialect is part of a certain language. In fact, Africa languages are with their own dialects within them. The neglect of indigenous languages in the Sudan and lack of incentives for learning indigenous language like Dinka discouraged many to learn how to read and write in their own languages. Learning Dinka or other indigenous language won't add to your resume to get employed. Today some languages and cultures went to extinct in the present Sudan because of this policy.

When the missionaries left, the Dinka written language was left embedded in the churches they left in the Sudan. To this date, you can find most of the Dinka written materials in the churches in the name of bibles, religious songs, small religious booklets and small stories books. Rarely, can you find Dinka written materials outside the church institutions. In addition, majority of the few Dinka who are literate in Dinka language were taught in the church institutions because Dinka language is not taught at schools.

The Dinka language is spoken by not less than 4 million people spread across South Sudan. The Dinka live in the seven out of former 10 states of South Sudan or 2 of the former three greater regions of Southern Sudan. It is the most spoken language in South Sudan. It is very easy for outsiders to assume that Dinka has few dialects but this not true. Dinka has over 10 major dialects. Only individuals who are fluent in Dinka can notice these dialectical differences. You can learn more about the Dinka dialectical differences in *The Dinka's Grammar* and the book on learning of Dinka alphabets

The Dinka's Grammar

"Piööc de Akeer ke Thoŋ de Jiëëŋ" There are sections dedicated to Dinka's dialectical differences in those two books.

Literacy in Dinka language
Only tiny percentage of Dinka people can write and read in their own language. This is the same with the speakers of other languages in South Sudan. A majority of educated Dinka do not write and read their mother tongue. The irony is, majority of these educated Dinka can read and write in more than one foreign language such as English and Arabic. There are many factors that lead to this phenomenon. First, until the beginning of the 20th century, Dinka society as is the case with many of its counterparts in much of the developing world, communication within it has always been oral. In this way, the mode of preserving its past, literature (wisdom, fables, myths, epic songs and the like, has been memory- from generation to the next. Second, the neglect of the non-Arabic languages, including Dinka by the Sudan's system of rule that was chauvinistic and intolerant of cultural diversity, contributed negatively to development of the country's indigenous languages.

More emphasis was placed on foreign languages such as Arabic and English. Theoretically in South Sudan, all the languages in the territory of South Sudan are enshrined in the constitution under article 6. Article 6 (1) of South Sudan constitution (2011), state "All indigenous languages of South Sudan are national languages and shall be respected, developed and promoted". Is the requirement under this section of the supreme law being implemented? This is a question every community in South Sudan will work to be realised.

The Dinka's Grammar

Is Dinka still an oral based-society?
Dinka is still largely an oral based community. The art of writing is still foreign to the Dinka people. Customs, cultural beliefs and norms about the Dinka people are passed down from generation to generation by words of mouth. The Dinka's children master the language and culture through play, storytelling, riddles, songs, traditional dances, oral poetry, proverbs and much more. For a Dinka child to learn and appreciate the Dinka way of life, that child must learn the language. The learning of Dinka cultures and language is a complete nightmare for those Dinka's kids growing in distance countries such as Australia, USA, Europe and Canada. The risk being Dinka theoretically without knowing the culture and language is high among these children. This is a daunting reality for every parent in distance countries need to grapple with. If you are a parent in distance countries, ask yourself how much Dinka does your child speak? If your child speaks less than 50 per cent of Dinka language, what about your grandchildren? What about your great grandchild? Will they still be Dinka and identify with Dinka cultures and way life?

Dinka language and global impact
These days the Dinka ways of life is no longer the same. The Dinka have come in contact with many cultures of their neighbours and the world. Many Dinka have been internally or externally displaced by the protracted civil war. Thousands of Dinka have been displaced to neighbouring countries such as Sudan, Kenya, Uganda, Ethiopia, and Democratic of Congo. In addition, thousands of Dinka have migrated to countries such USA, Canada, Australia, Europe and other counties. The generations of Dinka children being born or

The Dinka's Grammar

raised in these new places are at greater risk of losing Dinka culture and language. Dinka children being brought up in those foreign countries lack the environment in which Dinka children in Dinka land master the language and culture. In some places and often, those migrants hardly have material in Dinka to aid their learning of the language and cultures.

Impact of cultural barriers on Dinka parents and children
The means by which Dinka children used to learn their language in the past are now not available to children born or growing up in foreign distance lands such as Europe, USA, Canada, Australia, Middle East, East Africa, Sudan and other countries. These children are at high risk of not speaking the Dinka language and appreciate the Dinka way of life. They are at risk of adopting cultures not compatible with Dinka way of life. Children in countries such as Australia, Europe, USA and Canada spend less time with their parents. The children spent more time at schools while parents are at works or doing other family responsibilities. This give parents and children less quality time to share Dinka cultural values and norms. Some of the parents speak little English or language of the host countries and their children are fluent in the languages of the host countries. These language differences can lead to members of the same family speaking difference languages in the same household. This can lead to communication breakdown among parents and their own children. This can bring social problems within the family and outside the family. It is easy to find a family where children struggle to communicate with their parents because of language barrier. For example, parents can speak to their children in Dinka and the children would respond in English or language of the host country. This is sometime quiet embarrassing because the children and parents feel like strangers to among themselves.

The Dinka's Grammar

This may create a potential conflict between parents and children. There are other notable impacts causes by cultural barriers. First, children might disobey their parent advices. In addition, some children might look down on their own parents because of educational gap. Third, the parent might give up on their parental responsibilities and give their kids unnecessary freedom that is harmful to them.

Help Dinka children learn Dinka culture and language
The Dinka children growing up in countries such as Australia, USA, Europe, and other countries got used to written language. This makes it difficult for these children to learn the Dinka language, cultural beliefs, and norms orally like their counterparts do in Dinka land. There are many ways parents in distance countries can impart Dinka culture, values, norms, and language to their children. First, the Dinka in foreign countries such as Australia, USA and other countries must embrace and practice Dinka cultural activities such as Dinka wrestling and traditional dances to let their children learn culture and norms. The Dinka traditional wrestling and dances are now emerging particularly in USA, Canada, and Australia. This development must be appreciated and supported by Dinka parents and authorities in those countries to help youths appreciate their own culture and make them responsible members of those countries. These Dinka cultural events attract huge number of Dinka youths and members of other communities. Such events engage some youths and give them sense of community belonging. It makes them responsible members in their host countries. Rarely, can Dinka youths who participate in community events engage in criminal activities that can bring them into conflict with authorities. Second, the Dinka must put their cultural believes and values into writings. This will encourage the kids to read about their

The Dinka's Grammar

culture and language. Written Dinka language can help Dinka youths growing in distance countries learn their language and their cultures. This book, *"Meek ku Këŋ ke Jiëëŋ"* is available for those parents who may find it important for children to be literate in Dinka language and learn their own culture.

It is very crucial for parents to help their children learn their culture and languages. Parents in foreign countries and home must know that their homes are the only spaces where their children can learn about their language, values and culture. Parents must make speaking Dinka in a house compulsory. This can be supplemented by storytelling in Dinka before kids go bed. In addition, parents should educate their kids to sing songs in Dinka. There are numerous Dinka traditional songs and religious songs. If a child can sing a song in Dinka and understand the message in that song than that child can easily learn spoken Dinka. In addition, allocate time for children to watch videos programs in Dinka. There are numerous videos about Dinka culture and language on Youtube and other media that would help your children learn Dinka. These videos include cultural marriages, traditional songs, Christian songs, Dinka poems, Dinka riddles, wrestling events, Dinka modern musicians singing in Dinka, traditional dances and much more. These are readily available resources for your child to master Dinka language. In addition, parents should encourage their children to read poems and riddles in Dinka. This is another way children can master Dinka language and culture. In addition, parents should teach children how to recite Dinka's tongue twisters. There are many them out there for

The Dinka's Grammar

children to learn. Finally, parents should educate their children about the hardship they endured before resettling in Australia, USA, Canada, Europe, and other countries. If you take time to reflect on what you have been through, your kids will understand the golden opportunities around them they seem to ignore. The child future would be determined in part by the parenting roles in the house. The parenting role will not be complete or effective unless the children learn their culture and language. A child that does not appreciate the values and cultures of their parents would likely have difficulties appreciating the cultures of the host country. A child's behaviour in public or toward authority reflects the upbringing the child went through.

Personal reasons for writing this book
I must admit that I wrote this book *"The Dinka's Grammar"* for my own children. I got children who are now struggling to speak the Dinka language. Despite my effort to teach them Dinka, they speak a limited Dinka. They can not complete a single sentence without mixing Dinka and English. As they grow older, they are having difficulties speaking the Dinka language. Why?

As a personal testimony, I have two sons (Deng and Garang) who spent over 3 years in Kenya with their grandma. I returned them to Australia in early 2017. When I brought them back to Australia, they were very confidence speaking Dinka. In fact, they spoke in Dinka all the way from Jombo Kenyatta International Airpot (JKIA) to Perth International Airport. They narrated their live experiences in greater depth. In fact,

The Dinka's Grammar

they spoke Dinka fluently without any hesitation whatsoever. Now, after only spending over one a year in Australia, they are now struggling to speak in Dinka. Why?

That is my own personal experiences with my own Kids. What are your own experiences with your own kids? Are your kids struggling to speak in Dinka like mind? If your answer is yes, why is it so, and what are you doing to solve this problem? The ball is in your court.

Various reasons as to why our children are struggling to speak in Dinka are highlighted in the previous paragraphs. It took me over a year of extensive work to put this book and other books together for my own children and children in similar circumstances. *The Dinka's Grammar* is an attempt to solve this problem. If you are determined and willing for your children to be fluence in Dinka, then this book and other books can assist you to achieve this goal.

By Manyang Deng Biaar

The Dinka's Grammar

1.0 Akeer ke Thoŋ de Jiëëŋ/ Kïït ke Thuɔŋjäŋ

Akeer ke thuɔŋjäŋ kedhia aaye thiërdiäk ku diäk (33)

Akeer ke Thoŋ de Jiëëŋ anɔŋ akeerdït ku akeer thii

1.1 Akeerdït ke Thoŋ de Jiëëŋ

A	E	I	O	U
W	Y	B	P	M
N	NH	Ŋ	NY	R
D	DH	T	TH	L
K	G	Ɣ	C	J
		Ɛ: Ɔ		
Ä	Ë	Ï	Ö	Ɛ̈
		Ɔ̈		

1.2 Akeerthii ke Thoŋ de Jiëëŋ

a	e	i	o	u
w	y	b	p	m
n	nh	ŋ	ny	r
d	dh	t	th	l
k	g	ɣ	c	j
		ɛ: ɔ		
ä	ë	ï	ö	ɛ̈
		ɔ̈		

1.3 Kïït ke Thuɔŋjäŋ

1.3.1 Kïït dït ke Thuɔŋjäŋ

A	B	C	D	DH	E	Ɛ
G	Ɣ	I	J	K	L	M
N	NH	NY	Ŋ	T	TH	
U	W	O	Ɔ	P	R	Y

The Dinka's Grammar

1.3.2 Kïït thii ke Thuɔŋjäŋ

a	b	b	d	dh	e	ɛ
g	ɣ	i	j	k	l	m
n	nh	ny	ŋ	t	th	
u	w	o	ɔ	p	r	y

1.3.3 Kïït dheu

A	E	Ɛ	I	O	Ɔ
a	e	ɛ	i	o	ɔ

1.3.4 Kïït yäu

Ä	Ë	Ɛ̈	Ï	Ö	Ɔ̈
ä	ë	ɛ̈	ï	ö	ɔ̈

1.4 Akeer ke Thoŋ de Jiëëŋ acië ke tekiic në ŋuan

a) Akeer lɔɔc

Akeer lɔɔc aaye thiëër ku dhorou (17)

U			
W	Y	B	P
M	N	Ŋ	R
D	T	L	K
G	Ɣ	C	J

The Dinka's Grammar

b) Akeer dhëŋ
Akeer dhëŋ aaye ŋuan (4)

DH	TH	NH	NY
dh	th	nh	ny

c) Akeer dheu
Akeer dheu aaye dhetem (7)

A	E	I	O	Ɔ	Ɛ	U
a	e	i	o	ɔ	ɛ	u

d) Akeer yäu
Akeer yäu aaye dhetem (6)

Ä	Ë	Ï	Ö	Ɔ̈	Ɛ̈
ä	ë	ï	ö	ɔ̈	ɛ̈

1.5 Nyooth de wuɔ̈ɔ̈c de akeer dheu ku akeer yäu

Ee wël tɔ̈u piinykë anyooth wuɔ̈ɔ̈c de akeer dheu ku akeer yäu:

Akeer dheu	Akeer yäu	Akeer dheu	Akeer yäu	Akeer dheu	Akeer yäu
Ayom	ayöm	Tak	täk	week	wëëk
Tɔɔr	Tɔ̈ɔ̈r	gak	gäk	rɔu	rɔ̈u
Taar	Täär	lɔŋ	lö̈ŋ	yep	yëp
Agaar	Agäär	gɛɛr	gëër	nyueth	nyuëth
Toor	Töör	tek	tëk	thiɔl	thiɔ̈l
Juaac	juääc	col	cöl	kɔc	kɔ̈c
Pal	päl	cot	cöt	gɔc	gɔ̈c
Yɔl	yɔ̈l	luak	luäk	kot	köt

The Dinka's Grammar

Nyaap	nyääp	teer	tëër	kaar	käär
Roor	röör	aliir	alïïr	kat	kät
Ɖaap	ŋääp	miit	mïït	guet	guët
Gaar	gäär	kɔl	köl	awaar	awäär
Kɔɔr	köör	dit	dït	gueel	guëël
Koor	köör	yith	yïth	gɔl	göt
Lom	löm	mac	mäc	kath	käth
Luac	Luäc	pac	päc	kac	käc
Nyin	Nyïn	cin	cïn	gaar	gäär
Rɛɛc	Rëëc	wɛɛr	wëër	apet	apët
Kɔth	Köth	juak	juäk	pat	pät
Amaar	Määr	ɣɔt	ɣöt	tac	täc
Juɔɔr	Juöör	apiir	pïïr	ket	кët
Nyiim	Nyïïr	cit	cït	thin	thïn
Ɖic	Ɖïc	kal	käl	kuet	kuët
Wel	Wël	kuäny	kuany	gɔt	göt
Tok	Tök	loor	lölöör	dak	däk
Gaak	Gääk	wet	wët	cɔɔr	cöör
Weer	Wëër	tet	tët	jɔk	jök
Lɔɔr	Löör	dɔɔr	döör	kac	käc
Tok	Tök	bar	bär	dak	däk
Kɔm	Köm	kom	köm	dot	döt
Duɔɔt	Duööt	rol	röl	rok	rök
Rɔth	Röth	lony	löny	lok	lök
Luak	Luäk	koth	köth	koloŋ	kölöŋ
Kɛɛc	Këëc	keer	këër	kɔɔc	kööc
Kɔɔc	Kööc	kɔɔi	köikööi	koor	köör
Kou	Aköu	kɔm	köm	aguaaŋ	aguääŋ
Dhaŋ	Dhäŋ	gɔɔr	göör	geŋ	gëŋ
Gɔŋ	Göŋ	gueel	guëël	gɔl	göl

The Dinka's Grammar

1.6 Nyooth de wuɔ̈ɔ̈c de cɔ̈t de wët bääric ke wët cekic:

Wët cɔl ke ciekic	Wët cɔl ke bääric	Wët cɔl ke ciekic	Wët cɔl ke bääric
Biör	Biöör	Nyuany	Nyuaany
Kec	Keec	Nyaŋ	Nyaaŋ
ɣar	ɣaar	Guët	Guëët
wer	weer	Guel	Gueel
piny	piiny	Tuany	Tuaany
rëc	rëëc	Bar	Baar
rec	reec	Anyaŋ	Anyaaŋ
lor	loor	Kuac	Kuaac
tök	töök	Wak	Waak
kɔc	kɔɔc	Wac	Waac
Ŋäth	aŋääth	Päc	Pääc
Biök	biöök	Tap	Taap
War	waar	Tar	Taar
Dut	duut	Tɔr	Tɔɔr
Yɔ̈l	ayɔ̈ɔ̈l	Tol	Tool
Kɔ̈c	kɔ̈ɔ̈c	Kɔr	Kɔɔr
Kɔc	kɔɔc	Köt	Kööt
Kir	kiir	Döt	Dööt
Aguaŋ	Aguaaŋ	Tör	Töör
Aguäŋ	Aguääŋ	Lak	Laak

2.0 Wëlthii ke Thoŋ de Jiëëŋ

Ye wëlthii töu piinykë, aa ye kɔc kuɔ̈ny në kuën de Thoŋ e Jiëëŋ. Na kɔɔr bä kuën ku gäär ŋic apieth në Thoŋ de Jiëëŋ keke piɔ̈ɔ̈th cïë keek ba ke ŋic adik.

| Ka | Wä | ya | Acï |

The Dinka's Grammar

Kake	Wää	yakë	Acië
Kaku	Wɔ	yaye	acïï
Ka kun	Wɔ ye	Ye	Abë
Ka kuɔ	We	Yen në	Ë
Ka ken	We ye	Ye wɔ	Ëya
Ke	We ya	Ye kë	Ëbën
Keka ke	Wɔɔk	Ye ke	Ca
Ke ye	Wuɔɔk	Yee	Cak ke
Ke ya	Week	Ye na ye	Cak kë
Kee	we	Yeeŋa?	Cä
Keek	Wɔ në	Yeŋa cath?	cää
Kek kë	We në	Yaŋa?	Cii
Ke ke	We në keek	Yeen	Cie
Ke në	We në ŋa?	Yeeŋa jam?	ce
Kë lɔ ke ye	Ba	Yedë?	Cië
Kë	Bë	Yenëke	Cï
Këda	Bï	yenëkee	Cïï
Këdu	Bï ya të	yenëka	Cɔk
Këdun	Bïï	Yedï?	Cɔk ke
Këden	Bɔ̈	Ye tënë	Cɔkkë
Ku	bïïë	Yï	Cu
Kuka	Buk	Yïn	Cie
Kuke	Bukku	Yïïn	Cuk
Ku kee	Buk ya	Yïën	Cukku
Ku kake	Bak	Yu	Cïn
Ku cïï	Bak ya	Yukku	Cin
Kan	Tɔ̈	Lɔ	ɣa
Kɔn	Të	Lak	ɣä
Ken	Tëde	Lakkë	ɣo
Na	Tëdu	Lakkë aɣeer	ɣok
Na ye	Tëdun	Ee	ɣook
Në	Të da	Ee rɔt jɔt	ɣɔn
Në ke	Të den	Ee në	ɣɛɛn

The Dinka's Grammar

Në kë	Ɖa	Ee wɔ	Ɣän
Da	Ɖa dët?	Ee wɔ yɔ̈ɔ̈k	Ɣan
De	Ɖa tɔ̈u?	Ee wɔ jääm	Jɔl
Den	Ɖa jam?	Aa	Jɔl wɔ
Dë	Ɖa kët?	Aaye	Jal
Dï	Ɖö?	Aye lueel	Jal wɔ
Dië	Ɖö luel?	Abï	Jal wɔ tïŋ
Du	Ɖö tïŋ?	Abï tɔ̈ ke we	Jalkë
Dukku	Ɖö tit?	Abï tɔ̈ ke ke	Jalkë bën
Duɔ̈k kë	Ɖö dët?	Abï tɔ̈ ke wɔ	Jalku
Duɔ̈k kë gääu	Ɖö loi rɔt?	Abï tɔ̈ ke keek	Jalku biɛt

3.0 Kööl, wik, pëi ku ruɔ̈ɔ̈n

3.1 Tëktëk (tëŋ) de köölic

Miakduur/bak de piny
Aköl
Wakɔ̈u
Wëër
Akɔ̈l ciɛlic
Tääŋ akɔ̈l
Gëëŋ akɔ̈l
Thëi
Thëi nom

Akäl (Köölë)
Wään (r)
Wään miäk
Wään thëëi
Wään aköl
Aköl aköl wäär
Miäk
miäk aköl
Miäk në bak de

The Dinka's Grammar

Wëër ciɛlic

Miäk thëëi
Miäk tï
Miäk de miäk tïi

3.1.1 Coor de wël

- Deŋ abë bën miäkduur.
- Yeyï nyin lɔɔk miäkduur.
- Ɣɛn bë bën në bak de piny.
- Ɣɛn bë bën aköl.
- Aŋui e nin aköl.
- Yeŋö yïn cath makɔ̈u?
- Ɣɛn bë bën akɔ̈l ciɛlic.
- Wɔ bë thök në gëëŋ akɔ̈l.
- Wɔ bë ɣɔ̈k loor në gëëŋ akɔ̈l.
- Ɣɛn bë jam wɔ yï të lɔ thëi.
- Läi aaye cath në wëër ciɛlic.
- Läi aaye cath në wëëric.
- Ɣɛn bë bën në tääŋ akäl.
- Yeŋö ye we tɔ̈c në thëi nom?
- Yeŋö loi akäl?
- Wɔ jam wɔ yï në ye köölë.
- Yeŋa e kë wään cath ke yï?
- Acol acë jäl wään miäk.
- Nyankääi abɔ̈ aköl aköl wäär.
- Diäär acië lɔ ŋer në noon wään aköl.
- Baba acië bën wut wään thëëi.
- Bär miäk.
- Bär miäk aköl.
- Bär në miäk tïi.
- Wɔ bë lɔ dep në rec miäk thëëi.
- Wɔ ba ke neem në miäk de miäk tï.

The Dinka's Grammar

3.2 Kuën de thaa në Thoŋ de Jiëëŋ

Thaa tök

Thaa reu

Thaa diäk

Thaa ŋuan

Thaa dhïc

Thaa dhetem

Thaa dhorou

Thaa bët

The Dinka's Grammar

Thaa dhoŋuan

Thaa thiëër

Thaa thiëër ku tök

Thaa thiëër ku reu

Thaa thiëër ku reu ku digikaai ke thiëër ku dhïc

Thaa tök ke digika ke thiër diäk

Thaa dhetem ku digikaai ke thiërŋuan ku dhïc

Thaa thiëër ku reu ku digikaai ke thiëreu

3.2.1 Coor de wël ke jam de thaa

- Aköl tök anɔŋic aköl ku wëër.
- Wëër anɔŋic thɛɛ ke thiëër ku reu (12).
- Aköl anɔŋic thɛɛ ke thiëër ku reu (12).
- Aköl tök anɔŋ thɛɛ ke thiër reu ku ŋuan (24).
- Thaa tök anɔŋic dëgiik ke thiër dhetem (60).
- Dëgika tök anɔŋic mocmooc ke thiër dhetem.
- Thaa anɔŋ ciin ciek ku ciin bäär.
- Ciin ciek e thaa nyooth.

The Dinka's Grammar

- Ciin bäär e digikaai nyooth
- Ciin de mocmooc yen e cath arët.
- Deŋ abë bën në thaa tök.
- Këër abë jäl në thaa reu.
- Ɣɛn bë cop në thaa tök.
- Mama abë lɔ të de luɔi në thaa diäk.
- Baba acië bën tëde luɔi në thaa ŋuan.
- Ɣɛ Wɔ bë naŋ amat në thaa dhïc.
- Amat abë gɔl në thaa dhïc.
- Ɣɛn bë pääc në thaa dhïc.
- Yïn ba pɔ̈ɔ̈c në thaa dhetem.
- Wɔ bë dɔc pääc bukku jäl në thaa dhorou.
- We bake tiit agut cië thaa bët.
- Bäk kë në thaa thiëër ku tök.
- Lɔ̈ɔ̈ny kë dhöl në thaa thiëër ku reu.
- Dɔc bën ke thaa reu kën thök.
- Bäk kë në kaam de thaa diäk ke thaa ŋuan.
- Ɣɛn bë cop në kaam de thaa reu ke thaa diäk.
- Col abë lɔ kanitha në thaa thiëër ku reu.
- Dupiööc abë piööc në thaa dhetem.
- Ɣɛn bë pɔ̈ɔ̈r gɔl në thaa reu.
- Nyankääi abë lɔ geeu në thaa dhorou.
- Deŋ abë tuɛny në thaa thiëër ku reu.
- Yïn ba neem miäk në thaa ŋuan.

3.3 Rin ke nïn tɔ̈u në wikic

3.3.1 Wik tök anɔŋic nïn ke dhorou:

1) Aköl de tök
2) Aköl de reu
3) Aköl de diäk
4) Aköl de ŋuan
5) Aköl de dhïc

1) Kööl de tök
2) Kööl de reu
3) Kööl de diäk
4) Kööl de ŋuan
5) Kööl de dhïc

The Dinka's Grammar

6) Aköl de dhetem
7) Aköl de dhorou

6) Kööl de dhetem
7) Kööl de dhorou

3.3.2 Ka yeke looi në nïn ke dhorou yiic:
➢ Mïth aaye lɔ në thukulic në kööl e tök agut cië kööl e dhïc.
➢ Kɔc aaye lɔ të de luɔi gɔl në aköl e tök agut cië aköl de dhïc.
➢ Kɔc kɔ̈k aaye luui në kööl de dhetem ku kööl de dhorou.
➢ Kööl de dhorou ayen në lɔ ɣön de Nhialic bï kɔc lɔ löŋ.
➢ Kɔc kɔ̈k aaye löŋ në kööl de dhetem.
➢ Kɔc juëc aaye lɔ të de ɣɔɔc në kööl de dhetem.
➢ Aköl de dhetem ku aköl de dhorou aa ye nïn ke löŋ.
➢ Ɣän ke ɣɔɔc kɔ̈k aaye ɣɔ̈ɔ̈r në kööl de dhetem ku kööl de dhorou.
➢ Mïth aaye röth juiir në kööl de dhorou bïkï riɛɛl në thukulic në aköl de tök.
➢ Kɔc aaye röth juiir në kööl de dhorou bïkï riɛɛl në ɣän ke loi looi.

3.3.3 Coor de jam
➢ Ɣɛn bë bën aköl de tök.
➢ Makëër e luui aköl de reu ku aköl de diäk.
➢ Makëër abë rëër baai aköl de ŋuan.
➢ Na ye aköl de dhïc ke Makëër abë jäl.
➢ Yeŋö ye looi në aköl de dhetem?
➢ Ɣɛn ye rëër wo mïth baai në aköl de dhetem.
➢ Col ku Biaar abë lɔ löŋ në kööl de dhorou.
➢ Ɣɛn bë lɔ ɣön de gäär në kööl de tök.
➢ Ɣɛn bë nyaankääi lɔ neem në kööl de reu.
➢ Ɣɛn bë cool baai në kööl de diäk.
➢ Ɣɛn bë lɔ biöök në ɣɔ̈k në kööl de ŋuan.

The Dinka's Grammar

- Yɛn bë lɔ yep në tiim në kööl de dhïc.
- Yɛn bë lɔ ɣööc thuuk në kööl de dhetem.
- Yɛn bë lɔ kanitha në kööl de dhorou.

3.4 Rin ke pëi ne Thoŋ de Jiëëŋ

Ruɔ̈ɔ̈n anɔŋic pëi ke thiëër ku reu. Rin ke pëi në Thoŋ de Jiëëŋ kï piiny:

1) Akɔ̈nydït
2) Akɔ̈nythi
3) Aduɔ̈ŋ
4) Alɛkboor
5) Aköldït
6) Bildït
7) Bilthi
8) Lal
9) ɣɔ̈r
10) Kön
11) Niet / anyëkol
12) Kol

1) Pɛɛi de tök
2) Pɛɛi de reu
3) Pɛɛi de diäk
4) Pɛɛi de ŋuan
5) Pɛɛi de dhïc
6) Pɛɛi de dhetem
7) Pɛɛi de dhorou
8) Pɛɛi de bët
9) Pɛɛi de dhoŋuan
10) Pɛɛi de thiëër
11) Pɛɛi de thiëër ku tök
12) Pɛɛi de thiëër ku reu

3.4.1 Coor de wël
- Bol abë Akɔ̈nydïtic.
- Yïn ba gät athöör në thök Akɔ̈nythi.
- Yɛn bë köök juur Aduɔ̈ŋic.
- Na ye alɛkboor ke ɣɛn bë dhuk ciëën.
- Wɔ bë yök wɔ yï Aköldït në Rumbeek.
- Dut alɔ Wau në Bildït.
- Rap abë thiëëp në Bilthi.
- Acol alɔ Amirka në Lal.
- Aŋëër abë thiaak në Yɔ̈r.
- Bul abë thukul de thöl në Kön.

The Dinka's Grammar

- Yɛn bë lɔ Dhiam në Anyëköl.
- Yan athiɛɛi abë caath në Kol
- Bol abë we në pɛɛi de tök.
- Yïn ba gät në thök de pɛɛi de reu.
- Yɛn bë köök juur në pɛɛi de diäkic.
- Na ye pɛɛi de ŋuan ke yɛn bë dhuk ciëën.
- Wɔ bë yök wɔ yï në pɛɛi de dhïc në Rumbeek.
- Dut abë lɔ Wau në pɛɛi de dhetem.
- Rap abë ke thiëëp në thök de pɛɛi de dhorou.
- Acol alɔ Amirka në pɛɛi de bët.
- Aŋëër abë thiaak në pɛɛi de ŋuan.
- Bul abë thukul de thöl në pɛɛi de thiëër.
- Yɛn bë lɔ Dhiam Dhiam në pɛɛi de thiëër ku tök.
- Yan athiɛɛi abukku caath në pɛɛi de thiëër ku reu.

3.5 Nïn tɔu në pëi yiic

3.5.1 Akɔ̈nydït (Pɛɛi de tök)

Akɔ̈nydït anɔŋic nïn ke thiërdiäk ku tök cië man cen në ke nyuuɔɔny piinyë:

1	2	3	4	5
6	7	8	9	10
11	12	13	14	15
16	17	18	19	20
21	22	23	24	25
26	27	28	29	30
31				

3.5.2 Akɔ̈nythi (Pɛɛi de reu)

Akɔ̈nythi anɔŋic nïn ke thiër reu ku bët/dhoŋuan cië man cen në ke nyuɔɔny piinyë:

The Dinka's Grammar

1	2	3	4	5
6	7	8	9	10
11	12	13	14	15
16	17	18	19	20
21	22	23	24	25
26	27	28	29	

3.5.3 Aduöŋ (Pɛɛi de diäk)

Aduöŋ e yic naŋ nïn ke thiër diäk ku tök cië man cen në ke nyuɔɔth piinyë:

1	2	3	4	5
6	7	8	9	10
11	12	13	14	15
16	17	18	19	20
21	22	23	24	25
26	27	28	29	30
31				

3.5.4 Alɛkboor (Pɛɛi de ŋuan)

Alɛkboor e yic naŋ nïn ke thiër dïak cië man cen në ke nyuɔɔth piinyë:

1	2	3	4	5
6	7	8	9	10
11	12	13	14	15
16	17	18	19	20
21	22	23	24	25
26	27	28	29	30

3.5.5 Aköldït (Pɛɛi de dhïc)

Aköldït e yic naŋ nïn ke thiërdiäk ku tök cië man cen në ke nyuɔɔth piinyë:

| 1 | 2 | 3 | 4 | 5 |

The Dinka's Grammar

6	7	8	9	10
11	12	13	14	15
16	17	18	19	20
21	22	23	24	25
26	27	28	29	30
31				

3.5.6 Bildït (Pɛɛi de dhetem)

Bildït e yic naŋ nïn ke thiërdiäk cië man cen në gɔ̈ɔ̈r piinyë:

1	2	3	4	5
6	7	8	9	10
11	12	13	14	15
16	17	18	19	20
21	22	23	24	25
26	27	28	29	30

3.5.7 Bilthi (Pɛɛi de dhorou)

Bilthi e yic naŋ nïn ke thiërdiäk ku tök cië man cen në ke nyuɔɔth piinyë:

1	2	3	4	5
6	7	8	9	10
11	12	13	14	15
16	17	18	19	20
21	22	23	24	25
26	27	28	29	30
31				

3.5.8 Lal (Pɛɛi de bët)

Lal e yic naŋ nïn ke thiër diäk ku tök cië man cen në ke gɔ̈ɔ̈r piinyë:

1	2	3	4	5
6	7	8	9	10

The Dinka's Grammar

11	12	13	14	15
16	17	18	19	20
21	22	23	24	25
26	27	28	29	30
31				

3.5.9 Ÿör (Pɛɛi de dhoŋuan)

Ÿör e yic naŋ nïn ke thiër diäk cië man cen në ke göör piinyë:

1	2	3	4	5
6	7	8	9	10
11	12	13	14	15
16	17	18	19	20
21	22	23	24	25
26	27	28	29	30

3.5.10 Kön (Pɛɛi de thiëër)

Kön e yic naŋ nïn ke thiërdiäk ku tök cië man cen në ke nyuɔɔth piinyë:

1	2	3	4	5
6	7	8	9	10
11	12	13	14	15
16	17	18	19	20
21	22	23	24	25
26	27	28	29	30
31				

3.5.11 Niet / anyëkol (Pɛɛi de thiëër ku tök)

Niet/anyëkol e yic naŋ nïn ke thiërdiäk cië man cen në ke göör piinyë:

1	2	3	4	5
6	7	8	9	10
11	12	13	14	15
16	17	18	19	20

The Dinka's Grammar

| 21 | 22 | 23 | 24 | 25 |
| 26 | 27 | 28 | 29 | 30 |

3.5.12 Kol (Pɛɛi de thiëër ku reu)

Kol e yic naŋ nïn ke thiërdiäk ku tök cië man cen në ke göör piinyë:

1	2	3	4	5
6	7	8	9	10
11	12	13	14	15
16	17	18	19	20
21	22	23	24	25
26	27	28	29	30
31				

3.5.13 thëm de nom

Dhuk ye thiëc cië thïïc piinykë nhïïm:
- Ye pɛɛi de tök cɔɔl ya dï?
- Ye Ɣör pɛɛi dedï?
- Nɔŋ anyëkol yic nïn kedï?
- Alɛkboor ye pɛɛi de dï?
- Nɔŋ Bildït ku Bilthi yiic nïn kedï kedhia?
- Ye pɛɛi de dï ye cɔl Kön?
- Nɔŋ Akönythi yic nïn kedï?
- Ye Lal pɛɛi de dï?
- Nɔŋ Akönydït ku Akönythi yiic nïn kedï kedhia?
- Ye pɛɛi de diäk cɔɔl yadï në Thoŋ de Jiëëŋ?
- Ye nïn kedï ke ye töu në ruɔ̈ɔ̈n tökic?
- Ye pëi kedï ke ye töu në ruɔ̈ɔ̈n tökic?
- Ye wiik kedï ke ye töu në ruɔ̈ɔ̈n tökic?
- Ye rin kɔ̈k ke Anyëkol cɔɔl yadï në thoŋ de Jiëëŋ?

The Dinka's Grammar

3.6 Mäi, këër, ruël ku rut

Jiëëŋ e ruɔ̈ɔ̈n tekic në ŋuan:

	Pɛ̈i	Ke ye röth/ka ye ke looi
Mäi	Akɔ̈nydït, Akɔ̈nythi ku Aduɔ̈ŋ (1, 2 &3).	Në Akɔ̈nydïtic ke kɔc aaye kuɛɛth tooc.
		Në Akɔ̈nythiyic ke kɔc ebën atɔ̈u tooc. Aye kɔc dït ku kɔc tuaany ke ye jal tɔ̈u baai.
		Në thök de aduɔ̈ŋ ke dëŋ ke arëdh agɔl tuɛny. Kɔc aye dhuk baai gɔl bï kë dum ken lɔ gɔɔkiic.
Këër	Alɛkboor, Aköldït, Bildït ku Bilthi (4, 5, 6 & 7)	Cum aye gɔl Alɛkbooric. Wuɔ̈t aye kuëëthbei tooc në ye pen në. Në Aköldïtic ke raan ebën acë dhuk baai. Raan ebën atɔ̈u baai në Bildïtic ke pur. Na ye thök de

The Dinka's Grammar

		Bilthi ke tëm de rap agɔl. Rap aye ke thiëëp në ye pɛɛi ë yic. Raau de cɔk (dër aŋuem) aye tem në thök de Bilthi.
Ruël	Lal, Boor ku Kön (8, 9 & 10)	Në Lalic ke tëm de rap acë thök. Bël aaye guɔ̈tbei dumic në Lalic. Në Booric ke aŋul (cum de reu) agɔl. Na ye Könic ke dëŋ akääc. Acïn deŋ ye bɛɛr tuɛny në ye pen në yic. Piäu e ŋot ke gäk në wëëriic.
Rut	Niet/anyengol ku köl (11 &12)	Pɛɛi de thiëër ku tök ke kɔc agoot baai ku yɔ̈k aŋot ke mac ke të thiääk ke baai. Në kölic ke aŋul atem ke. Yɔ̈k aye ke kuaath të thiääk ke wɛl pieth. Köl yen pen ye në

The Dinka's Grammar

		wiir de aruɔ̈ɔ̈t dhiäm. Läi aye tëëk gɔl në ye pen në keke lɔ tooc.

3.6 Coor de wël
- Kɔc aye reu nɔ̈k në mäi yic.
- Acïn raan ye pur mɔ̈i.
- Kɔc aaye mäi tooc.
- Acïn dëŋ ye tuɛny mɔ̈i.
- Ɣɔ̈k aye kuath tooc mɔ̈i.
- Dëŋ ke arëth aaye tuɛny në këër nom.
- Dëŋ aye tuɛny këër.
- Ɣɔ̈k aaye kuaath baai këër.
- Dum aaye puur këër.
- Kɔc aaye com këër.
- Rap aaye këër.
- Ɣɔ̈k aaye tɔ̈u baai ruël.
- Rap aaye tem ruël.
- Kɔc kedhia aaye tɔ̈u baai ruël.
- Pïu aye tɔ̈u në wëëriic ruël.
- Aŋul aaye com në thök de ruël.
- Dëŋ aaye thök në tuëny në thök de ruël.
- Wiir e kɔc nɔ̈k rut.
- Läi aaye tëëk gɔl rut.
- Ɣɔ̈k aaye kuaath të thiääk ke pïu rut.
- Kɔc aaye kuɛɛth tooc rut.
- Ɣɛn man rut.

The Dinka's Grammar

4.0 Nyuɔth: Cam, cuiëc, tueŋ ku cän

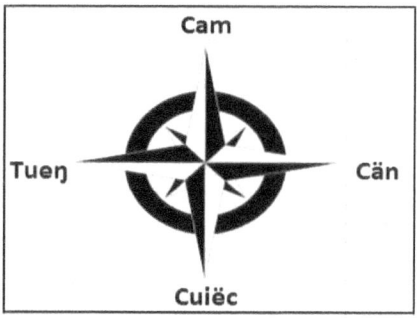

4.1 Coor de wël

- Akɔ̈l ebën ciëën ku le thiith tueŋ.
- Akɔ̈l e nyin bën ciëën.
- Akɔ̈l e tuɔ̈l ciëën ku le riaar tueŋ.
- Akɔ̈l acië thiith.
- Deŋ acik ye nom roŋ de cuɔ̈l akɔ̈l.
- Awuɔ̈l acië lɔ yäp ciëën.
- Pɛɛi e wil tueeŋ ku le muth ciëën.
- Röör dït ke piny ciëën acië bën.
- Pɛɛi acië muth ciëën.
- Pɛɛi abiɔp atuur ciëën.
- Tueŋ abë ya cän ku cän abë ya tueŋ.
- Jat të köŋ de cuiëc nhial.
- Jat të köŋ de cam nhial.
- Dhuɔ̈k kë köŋ duɔ̈ɔ̈n de cuiëc piny.
- Dhuɔ̈k kë köŋ duɔ̈ɔ̈n de cam piny.
- Tiɛɛr awel ye nom ciɛɛm.
- Acol akääc në cuiëny dï.
- Baai atɔ̈u në köŋ ciɛɛm de paan Atëm.
- Nyuɔthë ya kueer wel ye nom cuïëëc.

The Dinka's Grammar

- Ɣɔ̈k awel ke nïïm cuïëëc.
- Apuruuk acath ke ke lɔ ciɛɛm.
- Lathkëër acath ke ke lɔ cuïëëc.

5.0 Ruɛ̈i ke Jiëëŋ

5.1 Ruɛ̈iku në lɔŋ de moor

Moc	Tik
Kuaar	Kɔk
Wuurdït	Moordït
Nɔ̈ɔ̈r	Molën
Nënër	Malën
Nɔ̈ɔ̈r dië	Molën dië
Wën de nɔ̈ɔ̈r	Nyaan de molën
Nyaan de nɔ̈ɔ̈r	Nyaan de molën

5.1.1 Coor de wël

- Wun de mama e kuaar.
- Wun de moor e wuurdït.
- Wun de mama du e kuarkuaar du.
- Wën kënë de moor, e nɔ̈ɔ̈r.
- Ɣɛn cië këëk wɔ nënër.
- Nɔ̈ɔ̈rdië acë ya ɣɔ̈c alath.
- Maketh e wën de nënër.
- Acol e nyan de nënër.
- Man de mama du e kɔk.
- Man de moor e moordit.
- Man de mama du e kɔkɔɔk du.
- Nyankën në de moor, e molën.
- Ɣɛn cath wɔ malën.
- Molëndië acië ya ɣɔ̈c alath.

The Dinka's Grammar

➢ Maketh e wën de malën.
➢ Acol e nyan de malën.

5.2 Ruëiku në lɔŋ de wuur
Moc **Tik**

Baba   Mama
Wuur   Moor
Kuaar   Kɔk
Kuarkuaar   Kɔkɔɔk
wuurdït   Moordït
Wulën   Wac
Wënkuui   Nyaankuui
Wën de wänmuuth Nyaan de wänmuuth
Wën de wänmääth Nyan de wänmääth
Wën de wulën   Nyaan de wulën

5.2.1   Coor de wël
➢ Tɔ̈u wuur të nou?
➢ Baba wën de wälën.
➢ Nyaan de wulën acië ɣa jɔ̈l wään.
➢ Biaar e wën de wänmuuth.
➢ Col e wën de wänmuuth.
➢ Col e wën de wën kääi.
➢ Col e wën de wänmääth.
➢ Bol e wën de wänmääth.
➢ Wën de wënkuui akuën ɣööt acië bën.
➢ Yeŋa cath ke wänmuuth?
➢ Wulën abëc.
➢ Nin kuaar të nou?
➢ Ɣɛn rëër wɔ kuarkuaardï në tim thar.

The Dinka's Grammar

- Ye wuurdït cɔl ŋa?
- Tɔ̈u moor të nou?
- Mama acië bën.
- Yeŋa cath ke nyaankuui?
- Wac abec.
- Nin kɔk të nou?
- Ɣɛn rëër wɔ kɔkɔɔkdï në tim thar.
- Ye mordït cɔl ŋa?
- Nyëjur e nyaan de wuwac.
- Nyan de wac acië ɣa jöl wään.
- Abiaar e nyaan de nyankui.
- Acol e nyaan de nyankuui.
- Acol e nyaan de nyankäi.
- Acol e nyaan de wänmääth.
- Nyëbol e nyaan de nyankääi.
- Nyan de nyankuui akuën ɣööt.

6.0 Kɔc tɔ̈u baai

Moc	Tik
Moc	Tik
Wää (Baba)	Maa (Mama)

The Dinka's Grammar

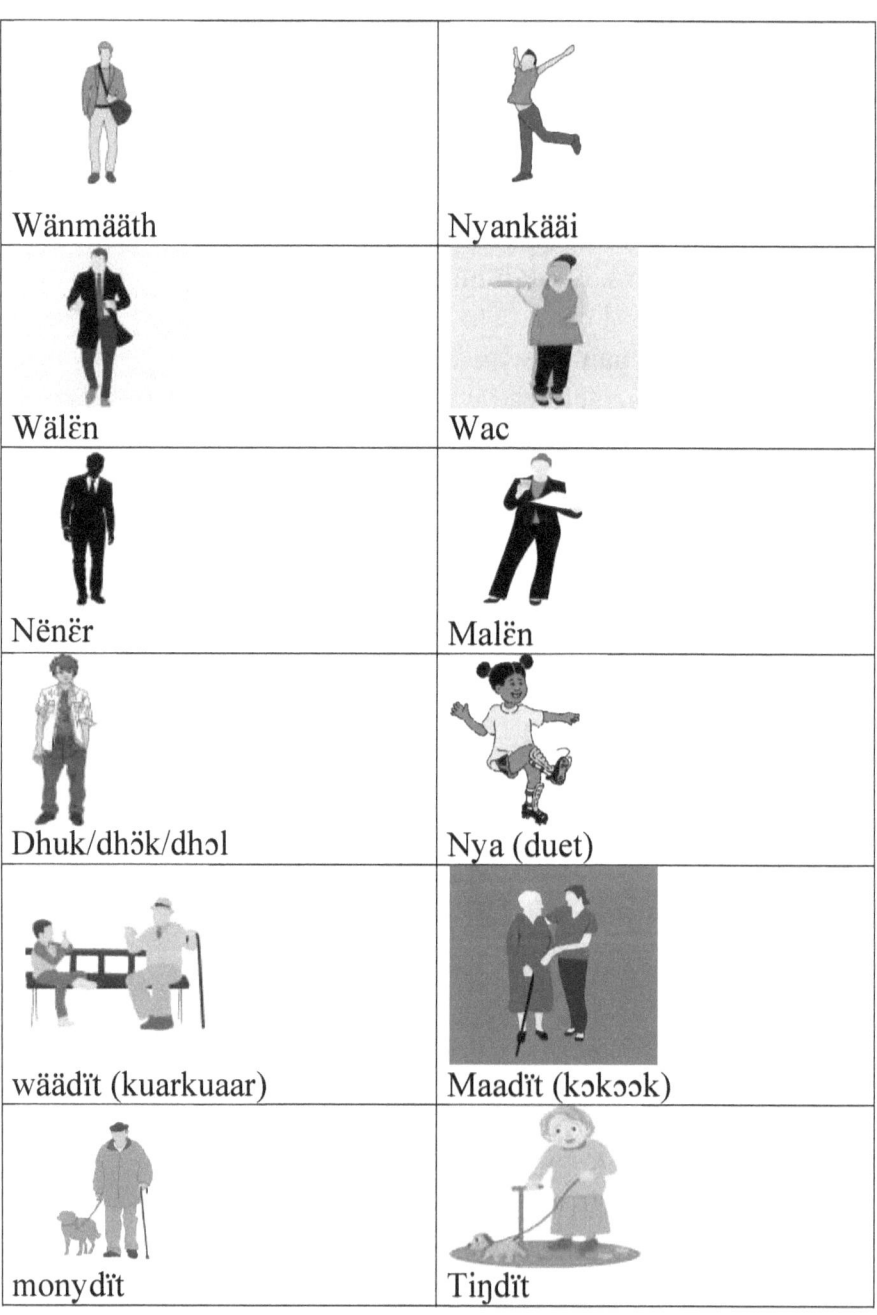

Wänmääth	Nyankääi
Wälën	Wac
Nënër	Malën
Dhuk/dhɔ̈k/dhɔl	Nya (duet)
wäädït (kuarkuaar)	Maadït (kɔkɔɔk)
monydït	Tiŋdït

The Dinka's Grammar

Wëthii	Nyïrthii

6.1 Thëm de nom
Dhuk ye thiëc cië thïïc piinykë nhïïm:

1) Ye man de baba du cɔɔl wudï?
2) Ye man de mama du cɔɔl wudï?
3) Ye wënkënë de baba du cɔɔl wudï?
4) Ye wën kënë de mama du cɔɔl wudï?
5) Ye nyan kënë de mama du cɔɔl wudï?
6) Ye nyan kënë de baba du cɔɔl wudï?

7.0 Mɔ̈th ku dhuk në Thoŋ de Jiëëŋ

7.1 Mɔ̈th de raan tök ku dhuk

Mɔ̈th	Dhuk
Looi yedi?	Acïn ke rac.
Ye kadë	Acïn kë rac.
Cië yï ruɔn?	Yɛn cië ruɔn.
Ca cool?	Yɛn cië cool apiɛth.
Cië yï thëi?	Yɛn cë thëi.
Cië yï bäk?	Yɛn cië bäk.
Yïn puɔl?	Yɛn puɔl.
Piɔl mïth gup baai?	Mïth apiɔl gup baai.
Yïn puɔ̈l?	Yɛn apuɔl.
Ca nin?	Yɛn cï nin.
Ye kueen yedï?	Acïn kë rac.

The Dinka's Grammar

7.2 Mɔ̈th de kɔc juëc ku dhuk

Mɔ̈th
Luɔi kë wädi?
Cië we ruɔ̈n?
Ca kë cool?
Ca kë cool wädï?
Cië we thëi?
Cië we bäk?
Ca kë but wädï?
Cak yiën dï?
We puɔl?
Piɔl mïth gup baai?
Cak kë nin?

dhuk
Acin kë rac.
Wɔ cië ke ruɔ̈n.
Wɔ cië cool.
Wɔ cië cool apieth.
Wɔ cië ke thëi.
Wɔ cië ke bäk.
Wɔ cië but apuɔth.
Wɔ ka puɔl.
Wuɔk ka puɔl.
Mïth apiɔl gup baai.
Wɔ cië nin.

7.3 Thiëc ku dhuk

Thiëc
Yïn e ŋa?
Ye yï cɔl ŋa?
Ye yïn ŋa?
Yeŋa tɔ̈u baai?
Cï baai thiɔ̈k?
Thär kuɔ thïc?
Moor tɔ̈u nou?
Ye lueel wudï?
Lɔ di?
Yeŋö kɔɔr?
Yeŋö yen në meth dhiëu?
Cië nyankui lɔ të nou?
Bï ɣön de gäär liep nɛn?
Yeŋö kɔɔr meth?

Dhuk
E ɣɛn Dut.
Ɣɛn ye cɔl Adut.
E ɣɛn Deŋ Thiep.
Acïn raan tɔ̈ baai.
Baai akën thiɔ̈k
Athiɛ̈ɛ̈c.
Maar acië lɔ të de luɔi.
Acïn kë luɛɛl.
ɣɛn lɔ baai
Ɣɛn kɔɔr pïu ba dek.
Meth acï cɔk dɔm.
Nyankääi acië lɔ tëde luɔi.
Abë liep thok në pɛɛi bɔ̈.
Akɔɔr bë ruëth në ca.

The Dinka's Grammar

8.0 Kïït/buuk në Thoŋ de Jiëëŋ

8.1 Kïït ke Jieeŋ

Kë ɣer	Kë tɔ̈c
Kë thith	Kë maŋök
Kë luat	Kë Malith
Kë col	Kë Manyaŋ

8.2 Kïït ke ɣɔ̈k në Thoŋ de Jiëëŋ

Buuk ke Miöör	Buuk ke ŋuut
Macäär	Acol
Mabiöör	Yäär
Malual	Aluɛɛl
Manyaŋ	Nyaaŋ
Mayen	Ayen
Makëër	Akëër
Madiŋ	Diŋ
Malith	Lith
Maŋäär	Ɖäär
Marial	Rial
majök	Ajök
Majak	Ajak
Maketh	Keth
Mameer	Ameer
Mabil	Bil
Macuɔɔr	Cuɔɔr
Makuac	Akuac
Mayɔm	Yɔm
Magɔ̈k	Gɔ̈k
Mamuɔ̈ɔ̈r	Amuɔ̈ɔ̈r
Mathiäŋ	Athiëëŋ

The Dinka's Grammar

Maŋök   Ŋök
Makɔ̈l   Akɔ̈l

9.0 Jam wään, Jam de ye köölë ku jam de miäk

9.1 Jam cië wan (tëëk)
- Yɛn cië dek në pïu.
- Yɛn cië athöör gɔ̈ɔ̈r.
- Yɛn cië yɔ̈k kuaath kiir.
- Yɛn cië kuïn thaal.
- Deŋ acië jäl.
- Weŋ acië raak.
- Meth acië cam.
- Bol acië lɔ yön de gäär.
- Awaak acië waak.
- Acol acië waak në pïu tuc.
- Madom acië domde puur.
- Awaar acië lanhde waar.
- Magɔɔk acië ye thok gɔɔk.
- Alakiir acië ca kiir.
- Aweeŋ acië weŋ kuaath.

9.2 Jam de ye mɛɛn
- Yɛn dëk në pïu.
- Yɛn gäär athöör.
- Yɛn kuɛɛth yɔ̈k kiir.
- Yɛn thal kuïn.
- Deŋ ajël.
- Weŋ arak.
- Meth acäm.
- Bol alɔ yön de gäär.
- Awaak awaak.
- Acol awaak në pïu tuc.

The Dinka's Grammar

- Madom apuur domde.
- Awaar awaar alanhde.
- Magɔɔk agɔk ye thok.
- Alakiir akiir ca.
- Aweeŋ akuath weŋ.

9.3 Jam bɔ̈ tueŋ

- Ɣɛn bë dek në pïu.
- Ɣɛn bë athöör gɔ̈ɔ̈r.
- Ɣɛn bë ɣɔ̈k kuaath kiir.
- Ɣɛn bë kuïn thaal.
- Deŋ abë jäl.
- Weŋ abë raak.
- Meth abë cam.
- Bol abë lɔ ɣön de gäär.
- Awaak abë waak.
- Acol abë waak në pïu tuc.
- Madom abë domde puur.
- Awaar abë lanhde waar.
- Magɔɔk abë ye thok gɔɔk.
- Alakiir abë ca kiir.
- Aweeŋ abë weŋ kuaath.

10.0 Jam wään, Jam de ye köölë ku Jam de miäk
10.1 Jam wään

- Deŋ acië tuɛny wään.
- Pɛɛi acië wil wään.
- Ɣɛn cië jam thïn wään.
- Weŋ acië kiu wään.
- Tik acië guar wään.
- Nya acië ɣöt wään.
- Akuɔl acië rap ɣɔ̈ɔ̈l wään.

The Dinka's Grammar

- Ajɔ̈k acië aduuk waak wään.
- Majök acië ket wään.
- Mïth acië lɔ kuaŋ wään.
- Meth acië thuat wään.
- Aliɛɛr acië bën wään.
- Makëër acië këp wut.
- Acol acië weŋ raak wään.
- Mɔny atooc acië riäi geer.
- Madhöl acië lɔ mai në rec.
- Bul acië lɔ ɣön de gäär wään.
- Majak acië lɔ yäp.
- Moc acië pur.
- Nya acië dïer.
- Bol acië kuën.
- Awɛak acië waak.
- Col acië lɔ nyop në cool.
- Akëër acië guët roop.
- Mayëp acië tim yep në yiëp.
- Akec acië piny weec.
- Ater acië teer ke wun.
- Diäär aacië lɔ ŋer në noon.
- Röör aacië lɔ në thiëëkic.
- Mawiën acië wiën yiëër.
- Matiɔp acië tiɔp wec ye tök.
- Deŋ acië thuëëc ke Gäräŋ.
- Ɣɛn cië daai në wïr.
- Dut acië lɔ mai në rec.
- Atooc acië lɔ dep në rec.
- Wëthii aacië ɣöt ŋaany.
- Duyïk acië ɣöt yïk.
- Acol acë thät.
- Jö acië thök cop.
- Amël aacië kat.

The Dinka's Grammar

- Yɔ̈k aacië lɔ tooc.
- Diɛt aacië päär.
- Anyol aacië luɔk.
- Kɔc aacië jäl.
- Lith acië mɛɛnh ajïth gɔp.

10.2 Jam de ye köölë
- Deŋ atueny.
- Pɛɛi awil në ye köölë.
- Yɛn jam thïn e man në.
- Weŋ akiu.
- Tik aguëër.
- Nya ayɔ̈t.
- Akuɔl ayɔ̈l rap.
- Ajɔ̈k awak aduuk.
- Majök akët.
- Mïth akuaŋ.
- Meth athuët.
- Aliɛɛr abɔ̈.
- Makëër akëp wut.
- Acol arak weŋ.
- Mɔny atooc ageer riäi.
- Madhöl amäi në rec.
- Bul alɔ yön de gäär.
- Majak alɔ yäp.
- Moc apur.
- Nya adiër.
- Bol akuën.
- Awaak awaak.
- Col alɔ nyop në cool.
- Akëër arop guët.
- Mayëp ayep tim në yiëp.
- Akec awec piny.

The Dinka's Grammar

- Ater atɛɛr ke wun.
- Diäär aalɔ ŋer në noon.
- Röör aalɔ në thiëëkic.
- Mawiën ayiëër wiën.
- Matiɔp awec tiɔp ye tök.
- Deŋ athuëëc ke Gäräŋ.
- Ɣɛn daai në wïr.
- Dut alɔ mai në rec.
- Atooc alɔ dep në rec.
- Wëthii aaŋany ɣöt.
- Duyïk ayïk ɣöt.
- Acol athät.
- Jö acop thök.
- Amël aakat.
- Ɣök aalɔ tooc.
- Diɛt apäär.
- Anyol aalok.
- Kɔc aajiël.
- Lith agɔp mɛɛnh ajïth.

10.3 Jam de miäk
- Deŋ abë atueny miäk.
- Pɛɛi abë wil miäk.
- Ɣɛn bë jam thïn miäk.
- Weŋ abë kiu miäk.
- Tik abë guar miäk.
- Nya abë ɣöt miäk.
- Akuɔl abë rap ɣɔ̈ɔ̈l miäk.
- Ajɔ̈k abë aduuk waak miäk.
- Majök abë ket miäk.
- Mïth abë kuaŋ miäk.
- Meth abë thuat miäk.
- Aliëër abë bën miäk.

The Dinka's Grammar

- Makëër abë këp wut.
- Acol abë weŋ raak miäk.
- Mɔny atooc abë riäi geer.
- Madhöl abë lɔ mai në rec.
- Bul abë lɔ ɣönde gäär miäk.
- Majak abë lɔ yäp miäk.
- Moc abë pur.
- Nya abë diër.
- Bol abë kuen.
- Awaak abë waak.
- Col abë lɔ nyop në cool.
- Akëër abë guët roop.
- Mayëp abë tim yep në yiëp.
- Akec abë piny weec.
- Ater abë teer ke wun.
- Diäär aabë lɔ ŋer në noon.
- Röör aabë lɔ në thiëëkic.
- Mawiën abë wiën yiëër.
- Matiɔp abë tiɔp wec ye tök.
- Deŋ abë thuëëc ke Gäräŋ.
- Ɣɛn bë daai në wïr.
- Dut abë lɔ mai në rec.
- Atooc abë lɔ dep.
- Wëthii aabë ɣöt ŋaany.
- Duyïk abë ɣöt yïk.
- Acol abë thät.
- Jö abë thök cop.
- Amël aacië kat.
- Ɣök aabë lɔ tooc.
- Diɛt abë päär.
- Anyol aabë luɔk.
- Kɔc aabë jäl.
- Lith abë mɛɛnh ajïth gɔp.

The Dinka's Grammar

10.4 Thëm de nom

i) Gɛɛrë e coor de ke wël tɔu piinykë keke ye jam de ye köölë

Jam wään	Jam de ye köölë
Meth acië dhiaau.	....
Adut acië lɔ wëric.	....
Ɣɛn cië cam në kuïn.	....
Matim acië tim yep.	....
Col acië ruëth në ca.	....
Nya acë ɣɔt.	....

ii) Gɛɛrë e coor de ke wël tɔu piinykë, keke ye jam de miäk

Jam de ye köölë	Jam de miäk
Ɣɛn daai në läi.	....
Deŋ agäär athöör.	....
Kuur ayith nhial në kuur.	....
Matoc alɔ tooc.	....
Riënythi aagäär ke nïïm.	....
Makëër alɔ yäp në läi.	....

iii) Gɛɛrë ye coor de ke wël tɔu piinykë, keke ye jam wään:

Jam de miäk	Jam wään
Ɣën bë lɔ com anyol.	....
Tik abë thät në riŋ.	....
Deŋ abë riäi geer.	....
Monydït abë taap piith.	....
Biöör abë lɔ biöök në ɣɔk.	....
Köör abë maguar cam.	....

The Dinka's Grammar

11.0 Jam cië wan (tëëk), Jam de ye mɛɛn ku jam bɔ̈ tueŋ
 ➢ **Jam cië wan (tëëk)** – jam de ke cië rɔt looi në kaam thiin cië tëëk.
 ➢ **Jam de ye mɛɛn** - Jam de kë loi rɔt në ye mɛɛn.
 ➢ **Jam bɔ̈ tueŋ** – Jam de kë bë rɔt looi në kaam thiin bɔ̈ tueŋ.

11.1 Jam cië wan (tëëk) ku jam de ye mɛɛn

Jam cië wan (tëëk)	Jam de ye mɛɛn
Ɣɛn cië dier.	Ɣɛn dïer.
Ɣɛn cië cam.	Ɣɛn cäm.
Ɣɛn cië dek.	Ɣɛn dëk.
Deŋ acië kuen.	Deŋ akuën.
Acol acië thät.	Acol athät.
Adëëp acië dep.	Adëëp adëp.
Dupiööc acië piööc.	Dupiööc apiɔ̈ɔ̈c.
Dhuk acië gät.	Dhuk agëër.
Meth acië thuat.	Meth athuët.
Meth acië pol.	Meth apol.
Köör acië kat.	Köör akat.
Anyaar acië tɔ̈c.	Anyaar atɔ̈c.
Deŋ acië jam në wëtic.	Deŋ ajam në wëtic.
Diäär aacië lɔ wëric.	Diäär aalɔ wëric.
Nyïir aacië dier në bul.	Nyïir aadïer në bul.
Dhäk aacië thuëëc.	Dhäk aathuëëc.
Duyïk acië ɣöt yïk.	Duyïk ayïk ɣöt.
Tik acië tiim kuany.	Tik akuany tiim.
Thɔn ajïth acië kiu.	Thɔn ajïth akiu.
Majök acië löth met.	Majök amet löth.
Adit acië piny weec.	Adit awec piny.
Acän acië alëth waak.	Acän awak alëth.
Nya acië ye nyin piny.	Nya apiny ye nyin.
Mabil acië dom puur.	Mabil apuur dom.
Ɣɛn cië jam.	Ɣɛn jam.
Kɔc aacië jäl.	Kɔc aajël.

The Dinka's Grammar

Wɔ cïë pääc.	Wɔ pääc.
Dɔ̈ɔ̈r acïë ye nom tak.	Dɔ̈ɔ̈r atak ye nom.
Manyaŋ acïë lɔ peen.	Manyaŋ alɔ peen.
Abuk acïë rap kɔ̈ɔ̈m.	Abuk akäm rap.
Mïth aacïë wëër.	Mïth aawëër.
Biaar acïë cop.	Biaar acup.
Rïŋ acïë nyop.	Rïŋ anyuɔp.
Ɣɛn cïë thök në cäär.	Ɣɛn thök në cäär.
Adut acïë thök në guar.	Adut athök në guar.
Ɣɛn cïë thök në kuën.	Ɣɛn thök në kuën.

11.2 Jam bɔ̈ tueŋ

- Ɣɛn bë dier.
- Ɣɛn bë cam.
- Ɣɛn bë dek.
- Deŋ abë kuen.
- Acol abë thät.
- Adëëp abë dep
- Dupiööc abë piööc.
- Dhuk abë gät.
- Meth abë thuat.
- Meth abë pol.
- Köör abë kat.
- Anyaar abë tɔ̈c.
- Deŋ abë jam në wëtic.
- Diäär aabë lɔ wëric.
- Nyïïr aabë dier në bul.
- Dhäk aabë thuëëc.
- Duyïk abë ɣöt yïk.
- Tik abë tiim kuany.
- Thɔn ajïth abë kiu.
- Majök abë löth met.
- Adit abë piny weec.
- Acän abë alëth waak.

The Dinka's Grammar

- Nya abë ye nyin piny.
- Mabil abë dom puur.
- Yɛn bë jam.
- Kɔc aabë jäl.
- Wɔ bë pääc.
- Dɔ̈ɔ̈r abë ye nom tak.
- Manyaŋ abë lɔ peen.
- Abuk abë rap kɔ̈ɔ̈m.
- Mïth aabë wëër.
- Biaar abë cop.
- Riŋ abë nyop.
- Yɛn bë thök në cäär.
- Adut abë thök në guar.
- Yɛn bë thök kuën.

11.3 Thëm de nom

i) Gɛɛrë ye coor de ke wël tɔ̈u piinykë, keke ye jam de ye mɛɛn

Jam cië wan (tëëk)	Jam de ye mɛɛn
Yɛn cië thät.	………………………
Bol acië riɔ̈ɔ̈c.	………………………
Makëër acië waak.	………………………
Ayen acië lɔ töc.	………………………
Yɛn cië alath keet.	………………………
Abul acië kuïn köp.	………………………

ii) Gɛɛrë ye coor de ke wël tɔ̈u piinykë, keke ye jam bɔ̈ tueŋ:

Jam de ye mɛɛn	Jam bɔ̈ tueŋ
Akëër akut piny.	………………………
Yɛn cäm.	………………………

The Dinka's Grammar

E kat miäk duur.   Aaye kat miäk duur.
Ɣɛn ye cam në luɔ̈ɔ̈t.   Wɔ ye cam në luɔ̈ɔ̈t.
Yïn ye cam në luɔ̈ɔ̈t.   We ye cam në luɔ̈ɔ̈t.
E cam në luɔ̈ɔ̈t.   Aaye cam në luɔ̈ɔ̈t.
Ɣɛn nhiaar ca.   Wɔ nhiaar ca.
Yïn ye guɛl.   We ye guɛl.
Atëm e rɔt dɔc jɔt miäkduur.   Atëm e rɔt dɔc jɔt.
Ɣɛn thuëëc.   Wɔ thuëëc.
Acol e dɔc lɔ të de luɔi.   Acol e dɔc lɔ tëde luɔi.
Ɣɛn liu baai në ye köölë.   Wɔ liu baai në ye köölë.
Ɣɛn ce cam miäkduur.   Wɔ ce cam miäkduur.
Ɣɛn ce mïth thëëi.   Wɔ ce mïth thëëi.
Ɣɛn ye thuëëc në wet.   Wɔ ye thuëëc në wet.

II)   Ka yeya yith në luɔ̈ɔ̈t/nyinhdie
Coor de wël nyooth ye kï piiny:

Tök   **Ka juëc**

Nairobi atɔ̈u në Kenya.   Nairobi atɔ̈u në Kenya.
Juba acï tɔ̈u në Uganda.   Juba acï tɔ̈u në Uganda.
Yïn cï lëu ba pïïr të cïn pïu.   We cï lëu ba kë pïïr të cïr
Lëu ba pïïr të cïn pïu?   Lëu ba kë pïïr të cïn pïu?
Adit e nyaan pieth.   Adit e nyaan pieth.
Ɣɛn ce guɛl në Thoŋ peei.   Wɔ ce guɛl në Thoŋ peei.
Yïn ce guɛl në Thoŋ peei.   We ce guɛl në Thoŋ peei.
Ace guɛl në Thoŋ peei.   Aace guɛl në Thoŋ peei.
Ɣɛn ye jam në Thuɔŋ Nuëër.   Wɔ ye jam në Thuɔŋ Nuë
Yïn ye jam në Thuɔŋ Nuëër.   We ye jam në Thuɔŋ Nuë
E jam në Thuɔŋ Nuëër.   Aaye jam në Thuɔŋ Nuëë
Piny e rɔt wïïc akäl käu   Piiny aaye röth wïïc akäl

The Dinka's Grammar

Coor de wël nyooth ye kï piiny:

Tök

Yɛn ye jam akölköl.
Yɛn ye jam në nyindhia.
Yïn ye jam në nyindhia.
E jam në nyindhia.
Yɛn ye pur domic.
Yïn ye pur domic.
E pur në nyindhia.
Yɛn ye daai në wït.
Yïn ye daai në wït.
E daai në wït.
Yɛn ye kuen në luɔ̈ɔ̈t.
Yïn ye kuen luɔ̈ɔ̈t.
E kuen në luɔ̈ɔ̈t.
Yɛn ye waak në nyindhia.
Yïn ye waak në nyindhia.
E waak në nyindhia.
Yɛn ye pol aköl rïëëc.
Yïn ye pol aköl rïëëc.
E pol aköl rïëëc.
Yɛn ye kuaŋ akölköl.
Yïn ye kuaŋ akölköl.
E kuaŋ akölköl.
Yɛn ye tak në yïn.
Yïn ye tak në yeen.
E tak në yïïn.
Yɛn ye dek në nyindhia.
Yïn ye dek në nyindhia.
E dek në nyindhia.
Yɛn ye kat miäk duur.
Yïn ye kat miäk duur.

Ka juëc

Wɔ ye jam akölköl.
Wɔ ye jam në nyin dhia.
We ye jam në nyindhia.
Aaye jam në nyindhia.
Wɔ ye pur domic.
We ye pur domic.
Aaye pur domic.
Wɔ ye daai në wït.
We ye daai në wït.
Aaye daai në wït.
Wɔ ye kuen në luɔ̈ɔ̈t.
We ye kuen në luɔ̈ɔ̈t.
Aaye kuen në luɔ̈ɔ̈t.
Wɔ ye waak në nyindhia
We ye waak në nyindhia.
Aaye waak në nyindhia.
Wɔ ye pol aköl rïëëc.
We ye pol aköl rïëëc.
Aaye pol aköl rïëëc.
Wɔ ye kuaŋ akölköl.
We ye kuaŋ akölköl.
Aaye kuaŋ akölköl.
Wɔ ye tak në yïïn.
We ye tak në yeen.
Aaye tak në yïïn.
Wɔ ye dek në nyindhia.
We ye dek në nyindhia.
Aaye dek në nyindhia.
Wɔ ye kat miäk duur.
We ye kat miäk duur.

The Dinka's Grammar

E kat miäk duur. Aaye kat miäk duur.
Ɣɛn ye cam në luɔ̈ɔ̈t. Wɔ ye cam në luɔ̈ɔ̈t.
Yïn ye cam në luɔ̈ɔ̈t. We ye cam në luɔ̈ɔ̈t.
E cam në luɔ̈ɔ̈t. Aaye cam në luɔ̈ɔ̈t.
Ɣɛn nhiaar ca. Wɔ nhiaar ca.
Yïn ye guɛl. We ye guɛl.
Atëm e rɔt dɔc jɔt miäkduur. Atëm e rɔt dɔc jɔt.
Ɣɛn thuëëc. Wɔ thuëëc.
Acol e dɔc lɔ të de luɔi. Acol e dɔc lɔ tëde luɔi.
Ɣɛn liu baai në ye köölë. Wɔ liu baai në ye köölë.
Ɣɛn ce cam miäkduur. Wɔ ce cam miäkduur.
Ɣɛn ce mïth thëëi. Wɔ ce mïth thëëi.
Ɣɛn ye thuëëc në wet. Wɔ ye thuëëc në wet.

II)   Ka yeya yith në luɔ̈ɔ̈t/nyinhdie
Coor de wël nyooth ye kï piiny:

Tök **Ka juëc**

Nairobi atɔ̈u në Kenya. Nairobi atɔ̈u në Kenya.
Juba acï tɔ̈u në Uganda. Juba acï tɔ̈u në Uganda.
Yïn cï lëu ba piïr të cïn pïu. We cï lëu ba kë piïr të cïn pïu.
Lëu ba piïr të cïn pïu? Lëu ba kë piïr të cïn pïu?
Adit e nyaan pieth. Adit e nyaan pieth.
Ɣɛn ce guɛl në Thoŋ peei. Wɔ ce guɛl në Thoŋ peei.
Yïn ce guɛl në Thoŋ peei. We ce guɛl në Thoŋ peei.
Ace guɛl në Thoŋ peei. Aace guɛl në Thoŋ peei.
Ɣɛn ye jam në Thuɔŋ Nuëër. Wɔ ye jam në Thuɔŋ Nuëër.
Yïn ye jam në Thuɔŋ Nuëër. We ye jam në Thuɔŋ Nuëër.
E jam në Thuɔŋ Nuëër. Aaye jam në Thuɔŋ Nuëër.
Piny e rɔt wïïc akɔ̈l kɔ̈u. Piiny aaye röth wïïc akɔ̈l kɔ̈u.
Akɔ̈l e bën ciëën. Akɔ̈l e bën ciëën.
Akɔ̈l e riaar tueŋ. Akɔ̈l e riaar tueŋ.
Pɛɛi e wil tueŋ. Pɛɛi e wil tueŋ.

The Dinka's Grammar

Pɛɛi e muuth tueŋ.
Raan e wëëi aliir.
Weŋ e nyuäth në wal.
Raan e nin wakɔ̈u.
E raan adhuëŋ.

Pɛɛi e muuth tueŋ.
Kɔc aaye wëëi aliir.
Ɣɔ̈k aaye nyuäth në wal.
Kɔc aaye nin wakɔ̈u.
Aaye kɔc ye adhuëŋ.

III) Kë loi rɔt ye man në (kuka ce luɔɔi).
Coor de wël nyooth ye kï piiny:

Tök

Aca gam.
Aca jäi.
Aye Deŋ tak ke ye täŋ pieth.
Anɔŋ wëu juëc.
Acïn wëu.
Nɔŋ wëu juëc?
Matiɔp anɔŋ weŋ tök.
Ɣɛn cië dhäär.
Yïn cië dhäär.
Ɣɛn cï kuɔɔny du kɔɔr.
Yïn cï kuɔɔny dï kɔɔr.
Acï kuɔɔny du kɔɔr.
Ɣɛn ye raan ŋic käŋ.
Yïn ye raan ŋic käŋ.
E raan ŋic käŋ.
Ye kënë e riän dït.
Anhiaar Deŋ.
Aye tak ke pieth.
Anɔŋ riäi.

Ka juëc

Aa cukku gam.
Aa cukku jäi.
Aye Deŋ tak ke ye täŋ pieth.
Aa nɔŋ wëu juëc.
Aa cïn wëu.
Nɔŋ kë wëu juëc?
Matiɔp anɔŋ ɣɔ̈k juëc.
Wɔ cië dhäär.
We cië dhäär.
Wɔ cï kuɔɔny dun kɔɔr.
We cï kuɔɔny da kɔɔr.
Aa cï kuɔɔny da kɔɔr.
Wɔ ye kɔc ŋic käŋ.
We ye kɔc ŋic käŋ.
Aaye kɔc ŋic käŋ.
Ye kakë aaye riëth dït.
Aanhiaar Deŋ.
Aaye kë tak ke pieth.
Aa nɔŋ riäth.

IV) Jam de ye köölë gäm

Tök
Ɣɛn ye kat në nyindhia.

Ka juëc
Wɔ ye kat në nyindhia.

The Dinka's Grammar

Yïn ye kat në nyindhia.
E kat në nyindhia.
Ɣɛn ye ket në luɔ̈ɔ̈t.
Yïn ye ket në luɔ̈ɔ̈t.
E kat në luɔ̈ɔ̈t.

We ye kat në nyindhia.
Aa ye kat në nyindhia.
Wɔ ye ket në luɔ̈ɔ̈t.
We ye ket në luɔ̈ɔ̈t.
Aa ye kat në luɔ̈ɔ̈t.

V) Jam de ye köölë jai

Tök
Ɣɛn ce kat në nyindhia.
Yïn ce kat në nyindhia.
Ace kat në nyindhia.
Ɣɛn ce ket në luɔ̈ɔ̈t.
Yïn ce ket në luɔ̈ɔ̈t.
Ace kat në luɔ̈ɔ̈t.

Ka juëc
Wɔ ce kat në nyindhia.
We ce kat në nyindhia.
Aa ce kat në nyindhia.
Wɔ ce ket në luɔ̈ɔ̈t.
We ce ket në luɔ̈ɔ̈t.
Aa ce kat në luɔ̈ɔ̈t.

VI) Thiëc në jam de ye köölë tueŋ

Thiëc

Ɣɛn ye jam akölköl.
Wɔ ye jam akölköl.
Ɣɛn ye jam në nyindhia.
Wɔ ye jam në nyin dhia.
Yïn ye jam në nyindhia.
We ye jam në nyindhia.
E jam në nyindhia.
Aaye jam në nyindhia.
Ɣɛn ye waak.
Wɔ ye waak.
Yïn ye waak.
We ye waak.
E waak.
Aaye waak.

Ya jam akölköl?
Yukku jam akölköl?
Ya jam në nyindhia?
Yukku jam në nyindhia?
Ye jam në nyindhia?
Ya kë jam në nyindhia?
Ye jam në nyindhia?
Ye kë jam në nyindhia?
Ya waak?
Yukku waak?
Ye waak?
Yakë waak?
Ye waak?
Ye kë waak?

VII) Thëm de nom

The Dinka's Grammar

a) Gät ye coor de ke wël tɔ̈u piinykë keke ye thiëc:

Coor ke wël geer ke yiic   **Gäärë thiëc piny ye të në**

Aca gam.   ....
Yɛn cï kuɔɔny du kɔɔr.   ....
Raan e wëëi aliir.   ....
Weŋ e nyuäth në wal.   ....
Yɛn ye jam akölköl.   ....
Yɛn ye jam në nyindhia.   ....

b) Gät ye coor de ke wël tɔ̈u piinykë keke yeka juëc:
Ka juëc

Yɛn ye kuen në nyindhia.   ....
Yïn ye kuen në nyindhia.   ....
E kuen në nyindhia.   ....
Yɛn ye raan ŋic käŋ.   ....
Yïn ye raan ŋic käŋ.   ....
E raan ŋic käŋ.   ....
Yɛn ce guɛl në Thoŋ de Kenya.   ....
Yïn ce guɛl në Thoŋ de Kenya.   ....
Ace guɛl në Thoŋ de Kenya.   ....
Raan e wëëi aliir.   ....
Weŋ e nyuäth në wal.   ....
Raan e nin wakɔ̈u.   ....

c) Gät ye cöör de ke wël tɔ̈u piinykë keke ye töök:
Tök

Wɔ ye kat në luɔ̈ɔ̈t.   ....
We ye kat në luɔ̈ɔ̈t.   ....
Aa ye kat luɔ̈ɔ̈t.   ....
Aa cukku gam.   ....

The Dinka's Grammar

Yïn pol në wet.
Apol në wet.
Ɣɛn kuaŋ.
Yïn kuaŋ.
Akuaŋ.
Ɣɛn täk.
Yïn täk.
Atäk.
Ɣɛn dëk.
Yïn dëk.
Adek.
Ɣɛn kat.
Yïn kat.
A kat.
Ɣɛn cäm.
Yïn cäm.
Acäm.

We pol në wet.
Aa pol në wet.
Wɔ kuaŋ.
We kuaŋ
Aa kuaŋ.
Wɔ täk.
We täk.
Aa täk.
Wɔ dëk.
We dëk.
Aa dëk.
Wɔ kat.
We kat.
Aa kat.
Wɔ cäm.
We cäm.
Aa cäm.

II) Luɔɔi cië ye cök gɔl kuka lɔ ke lɔ tueŋ

Tök

Ɣɛn lɔ Rumbeek.
Agëër bë ya akïm de lec.
Bol akuen athöör.
Anɔŋ ka juëc nuan ɣa.
Acol awan yï roor.
Aliɛɛr akuën bë tiam.
Ɣɛn cath nhial në ye pen në.
Ɣɛn bë gäär dï thöl.
Ɣɛn lɔ baai në ye pën ë yic.
Ɣɛn pïööc gëër de diɛn wëëth.
Ɣɛn kuën ba ya dupïööc.

Ka Juëc

Wɔ lɔ Rumbeek në ye wik kë.
Aagëër bïkë ya akïïm ke lec.
Bol akuen athöör.
Anɔŋ ka juëc nuan wɔ.
Acol awan wɔ roor.
Aliɛɛr akuën bë tiam.
Wɔ cath nhial në ye pëi kë.
Wɔ bë gäär da thöl.
Wɔ lɔ baai në ye pen ë yic.
Wɔ pïööc gëër de diɛn wëëth.
Wɔ kuën bukku ya dupïööc.

The Dinka's Grammar

Akuën bë ya dupiööc.   Aa kuën bïk kë ya dupiööc.
Ɣɛn bë keny në run ë.   Wɔ bë keny në ye run ë.

III) Ka bë röth looi në kaam thiin bɔ̈ tueŋ

Tök
- Ɣɛn nɔŋ amat wɔ Ajääŋ në gääŋ akɔ̈l.
- Yïn nɔŋ amat we Ajääŋ në gääŋ akɔ̈l.
- Anɔŋ amat ke Ajääŋ në gääŋ akɔ̈l.
- Ba cam nën?
- Ɣɛn cï lɔ në lɔ̈ɔ̈r käu yic ye man käu ë.
- Yïn cï lɔ në lɔ̈ɔ̈r käu yic ye man käu ë.
- Ba bën we wɔɔk tëde lɔ̈ɔ̈r, ye man käu ë?
- Acï lɔ në lɔ̈ɔ̈r käu yic ye man käu ë.
- Abë miëth pieth guiir kuka kɔɔr ɣa ba bën.
- Majɔk abë dhuk ciëën në ye wik kë.
- Ɣɛn cï bë daai në bul ye man thëi yë.
- Ɣɛn nɔŋ cäär alë.
- Deŋ acï lɔ tooc ke ɣa në thaa bɔ̈.
- Mama abë dhuk ciëën në ye nïn kë yiic.
- Deŋ aɣööthë miäk.
- Deŋ abë ɣɔ̈ɔ̈th miäk.
- Nya abë lɔ në wïtic alëthëëi.
- Toc abë nyaai në miäk tï.

Ka juëc
- Wɔ nɔŋ amat Ajääŋ në gääŋ akɔ̈l.
- We nɔŋ amat Ajääŋ në gääŋ akɔ̈l.
- Aa nɔŋ amat Ajääŋ në gääŋ akɔ̈l.
- Ba kë cam nën?
- Wɔ cï lɔ në lɔ̈ɔ̈r käu yic ye man käu ë.
- We cï lɔ në lɔ̈ɔ̈r käu yic ye man käu ë.

The Dinka's Grammar

Akuën bë ya dupïööc. Aa kuën bïk kë ya dupïööc.
Ɣɛn bë keny në run ë. Wɔ bë keny në ye run ë.

III) Ka bë röth looi në kaam thiin bɔ̈ tueŋ

Tök
➤ Ɣɛn nɔŋ amat wɔ Ajääŋ në gääŋ akɔ̈l.
➤ Yïn nɔŋ amat we Ajääŋ në gääŋ akɔ̈l.
➤ Anɔŋ amat ke Ajääŋ në gääŋ akɔ̈l.
➤ Ba cam nën?
➤ Ɣɛn cï lɔ në lɔ̈ɔ̈r käu yic ye man käu ë.
➤ Yïn cï lɔ në lɔ̈ɔ̈r käu yic ye man käu ë.
➤ Ba bën we wɔɔk tëde lɔ̈ɔ̈r, ye man käu ë?
➤ Acï lɔ në lɔ̈ɔ̈r käu yic ye man käu ë.
➤ Abë mïëth pieth guiir kuka kɔɔr ɣa ba bën.
➤ Majɔk abë dhuk cïën në ye wik kë.
➤ Ɣɛn cï bë daai në bul ye man thëi yë.
➤ Ɣɛn nɔŋ cäär alë.
➤ Deŋ acï lɔ tooc ke ɣa në thaa bɔ̈.
➤ Mama abë dhuk cïën në ye nïn kë yiic.
➤ Deŋ aɣööthë miäk.
➤ Deŋ abë ɣɔ̈ɔ̈th miäk.
➤ Nya abë lɔ në wïtic alëthëëi.
➤ Toc abë nyaai në miäk tï.

Ka juëc
➤ Wɔ nɔŋ amat Ajääŋ në gääŋ akɔ̈l.
➤ We nɔŋ amat Ajääŋ në gääŋ akɔ̈l.
➤ Aa nɔŋ amat Ajääŋ në gääŋ akɔ̈l.
➤ Ba kë cam nën?
➤ Wɔ cï lɔ në lɔ̈ɔ̈r käu yic ye man käu ë.
➤ We cï lɔ në lɔ̈ɔ̈r käu yic ye man käu ë.

The Dinka's Grammar

- Ba kë bën në wɔɔk tëde lɔ̈ɔ̈r, ye man käu ë?
- Aa cï lɔ në lɔ̈ɔ̈r käu yic ye man käu ë.
- Aa bë mïïth pieth guiir kuka kɔɔr wɔ bukku bën.
- Majɔk abë dhuk ciëën në ye wik kë.
- Wɔ cï bë daai në bul ye man thëi yë.
- Wɔ nɔŋ cäär alë.
- Deŋ acï lɔ tooc ke wɔ në thaa bɔ̈.
- Mama abë dhuk ciëën në ye nïn kë yiic.
- Deŋ aɣöóthë miäk.
- Deŋ abë ɣɔ̈ɔ̈th miäk.
- Nyïir aa bë lɔ në wïtic alëthëëi.
- Toc abë nyaai në miäk tï.

IV) Kë rɛɛc ye cool ke loi rɔt

Tök
- Abul e cool ke riir kɔc nhïïm.
- E mɛɛnhë e cool në piɔ̈t.
- Akɔ̈l e math akölköl.
- Yïn ye bën keyï cië gääu në luɔ̈ɔ̈t!
- E but e tuɛny baai ye të në!
- E cool në guɛl.
- E cool ke loi duɔɔt.
- E cool ke kööŋ kɔc nhïïm në nyindhia.
- Yïn ye kɔc luɔ̈ɔ̈p gup në luɔ̈ɔ̈t.
- E cool ke lim kɔc kuerthok.
- Jö e ruur ke biɔ̈k.
- Baba ebën baai ke cië gääu në nyindhia.
- E mɛɛnh ye kɔc dït läät në luɔ̈ɔ̈t.
- E weŋ ye cool në määr.
- Yïn ye nom cool në bäth.

The Dinka's Grammar

Ka juëc
- Abul e cool ke riir kɔc nhïïm.
- Ye mïthkë aa ye cool në piɔ̈t.
- Akɔ̈l e math akölköl.
- We ye bën ke we cë gääu në luɔ̈ɔ̈t!
- E but e tuɛny baai ye të në!
- Aa ye cool në guɛl.
- Aaye cool keke loi duɔɔt.
- Aa ye cool keke kööŋ kɔc nhïïm në nyindhia.
- We ye kɔc luɔ̈ɔ̈p gup në luɔ̈ɔ̈t.
- Aa ye cool keke lim kɔc kuerthok.
- Jɔ̈k aa ye ruur keke biɔ̈k.
- Baba ebën baai ke cë gääu në nyindhia.
- Aa ye mïth ye kɔc dït läät në luɔ̈ɔ̈t.
- Aaye ɣɔ̈k ye cool në määr.
- We ye nïïm cool në bäth.

V) Jam de ye köölë de reu gäm

Tök

Ɣɛn kuën ye man në.
Yïn kuën ye man në.
Akuën ye man në.
Ɣɛn pur ye man në.
Yïn pur ye man në.
Apur ye man në.

Ka juëc

Wɔ kuën ye man në.
We kuën ye man në.
Aa kuën ye man në.
Wɔ pur ye man në.
We pur ye man në.
Aa pur ye man në.

VI) Jam de ye kööl de reu jai

Tök

Ka juëc

The Dinka's Grammar

Ɣɛn cï kuën ye man në.
Yïn cï kuën ye man në.
Acï kuën ye man në.
Ɣɛn cï pur ye man në.
Yïn cï pur ye man në.
Acï pur ye man në.

Wɔ cï kuën ye man në.
We cï kuën ye man në.
Aa cï kuën ye man në.
Wɔ cï pur ye man në.
We cï pur ye man në.
Aacï pur ye man në.

VII) Thiëc de jam de ye köölë de reu
Thiëc

Ɣɛn jam wɔ Deŋ.
Wɔ jam në Deŋ.
Yïn jam we Deŋ.
We jam në Deŋ.
Ajam ke Deŋ.
Aa jam në Deŋ.
Ɣɛn pur domic.
Wɔ pur domic.
Yïn pur domic.
We pur domic.
Apur domic.
Aa pur domic.
Ɣɛn cäm.
Yïn cäm.
Acäm.
Wɔ cäm.
We cäm.
Aa cäm.

Jam Deŋ ke ɣɛɛn?
Jam Deŋ ke wɔ?
Jam Deŋ ke yïn?
Jam Deŋ ke we?
Jam Deŋ ke yeen?
Jam Deŋ ke keek?
Pöör domic?
Puur ku domic?
Pöör ë domic?
Puur kë domic?
Puur domic?
Puur kë domic?
Cäm?
Cäm ë?
Ciëm?
Ciëm ku?
Cäm kë?
Ciëm kë?

VIII) Thëm de nom
a) Gät ye coor de ke wël tɔ̈u piinykë keke ye thiëc:

The Dinka's Grammar

Coor ke wël geer ke yiic **Gäärë thiëc piny ye të në**

Ɣɛn kääc në tim thar. ....
Bul adiër në leŋ. ....
Deŋ ageer riäi. ....
Acol arak weŋ. ....
Ɣɛn kët. ....
Yïn kët. ....
Akët. ....
Ɣɛn math tap në dak. ....
Yïn math tap në dak. ....
Amath tap në dak. ....

b) Gät ye coor de ke wël tɔu piinykë keke ye ka juëc:
Ka juëc

Ɣɛn waak. ....
Yïn waak. ....
Awaak. ....
Ɣɛn yep tim në yiëp. ....
Yïn yep tim në yiëp. ....
Ayep tim në yiëp. ....
Ɣɛn pur domic. ....
Yïn pur domic. ....
Apur domic. ....
E mɛɛnh ye kɔc dït läät në luɔ̈ɔ̈t. ....
E weŋ ye cool në määr. ....
Yïn ye nom cool në bäth. ....

The Dinka's Grammar

c) Gät ye cöör de ke wël t$ɔ̈$u piinykë keke ye tök:

Tök

Wɔ buth ɣöt në tiɔp. ....
We buth ɣöt në tiɔp. ....
Aa buth ɣöt në tiɔp. ....
Wɔ tem wëër në riäi. ....
We tem wëër në riäi. ....
Aa tem wëër në riäi. ....
Wɔ thiek thiek. ....
We thiek thiek. ....
Aa thiek thiek. ....
Wɔ kat. ....
We kat. ....
Aa kat. ....

12.1.3 Jam de ye köölë de diäk (present perfect)

Jam de ye köölë de diäk e luui në biäk ke diäk cië man cen në ke nyuɔɔth piinyë:

I) Kë cië rɔt looi në thaa cï ŋic ke kaam t$ɔ̈$u ë kën bɛ̈n

Tök	Ka juëc
Ɣɛn cië jam wɔ Deŋ.	Wɔ cië jam në Deŋ.
Yïn cië jam we Deŋ.	We cië jam në Deŋ.
Acië jam ke Deŋ.	Aa cië jam në Deŋ.
Ɣɛn cië dom puur.	Wɔ cië dom puur.
Yïn cië dom puur.	We cië dom puur.
Acië dom puur.	Aa cië dom puur.
Ɣɛn cë daai në wïr.	Wɔ cië daai në wïr.
Yïn cië daai në wïr.	We cië daai në wïr.

The Dinka's Grammar

Acië daai në wïr.
Ɣɛn cië athöör kueen.
Yïn cië athöör kueen.
Acië athöör kueen.
Ɣɛn icë waak në pïu.
Yïn cië waak në pïu.
Acië waak në pïu.
Ɣɛn cië pol në wet.
Yïn cië pol në wet.
Acië pol në wet.
Ɣɛn cië kuaŋ.
Yïn cië kuaŋ.
Acië kuaŋ.
Ɣɛn cië tak.
Yïn cië täk.
Acië täk.
Ɣɛn cië kat.
Yïn cië kat.
Acië kat.

Aacië daai në wïr.
Wɔ cië athöör kueen.
We cië athöör kueen.
Aacië athöör kueen.
Wɔ cië waak në pïu.
We cië waak në pïu.
Aacië waak në pïu.
Wɔ cië pol në wet.
We cië pol në wet.
Aacië pol në wet.
Wɔ cië kuaŋ.
We cië kuaŋ.
Aacië kuaŋ.
Wɔ cië tak.
We cë tak.
Aacië tak.
Wɔ cië kat.
We cië kat.
Aacië kat.

II) Kë cië piac thök në luɔi

Tök
- Ɣɛn e ɣɔɔc ɣöndï ye man në.
- Yïn e ɣɔɔc ɣön du ye man në.
- Aɣɔɔc ɣön de ye man në.
- Akuɔl acië aduɔ̈k kuem ye nɔɔn në.
- E looi ye dï?
- Acië tiam. Loku baai.
- Yïn ca thäl kuïn mit.
- Akën luɔɔi baai de thöl.
- Acï mama piŋ kuka cië maan arët.

The Dinka's Grammar

- Ɣɛn e cäm ye man në.
- Yïn e cäm ye man në.
- Acäm ye man në.
- Ɣɛn e dëk e nɔɔn në.
- Yïn e dëk e nɔɔn në.
- Adëk e nɔɔn në.

Ka juëc
- Wɔ ke ɣɔɔc ɣön da ye man në.
- We ke ɣɔɔc ɣön dun ye man në.
- Aake ɣɔɔc ɣön den ye man në.
- Akuɔl acië Aduuk kuem ye nɔɔn në.
- E loi kë ye dï?
- Aacë tiam. Loku baai.
- We ca thäl kuïn mit arët.
- Aakën luɔɔi baai den thöl.
- Acï mär kuɔ piŋ kuka cï kë maan arët.
- Wɔ ke cäm ye man në.
- We ke cäm ye man në.
- Aake cäm ye man në.
- Wɔ ke dëk e nɔɔn në.
- We ke dëk e nɔɔn në.
- Aake dëk e nɔɔn në.

III) Kë cië rɔt gɔl në kaam cië tëëk kuka ŋot ke loi rɔt

Tök
- Aca takic apɛi në thɛɛ ke reu.
- Yïn tɔu ke yï tuaany gɔl në wik wään cië lɔ.
- Ca naŋ nïn kedï ke yï tuaany?

The Dinka's Grammar

- Thëth agɔl cëŋ ye tënë në run ametpiny.
- Yäär e ɣööc në luɔ̈ɔ̈t.
- Bul acië ye jöŋ dɛɛn në mac në run juëc.
- Ɣɛn e gɔl määth wɔ yï në run de ca poth.
- Ɣɛn e gam Nhialic në run de määr akɔ̈l.
- Ɣɛn e jöt Yërul në run de Bilpääm.
- Ɣɛn e gɔl pɔ̈ɔ̈r de tap ke ɣa ye meth.
- Deŋ agɔl gëër de riän wïïr ke nɔŋ run ke 11.
- Acol awïk kët ke ye ayäl gäu.
- Bul agɔl wït ke koor.
- Akëër agɔl ɣät ku guär ke ye meth.
- Ɣɛn e gɔl kuaŋ në run në ruɔ̈ɔ̈n de bäny.
- Ɣɛn e gɔl gäär në run de dɔ̈ɔ̈r.

Ka Juëc

- Aacukku takic apɛi në thɛɛ ke reu.
- We tɔ̈u ke we tuaany gɔl në wik wään cië lɔ.
- Ca kë naŋ nïn kedï ke we tuaany?
- Thëth agɔl cëŋ ye tënë në run ametpiny.
- Yäär e ɣööc në luɔ̈ɔ̈t.
- Bul acië ye jɔ̈k kɛɛn kë mac në run juëc.
- Wɔ ke gɔl määth wɔ we në run de ca poth.
- Wɔ ke gam Nhialic në run de määr akɔ̈l.
- Wɔ ke jöt Yërul në run de Bilpääm.
- Wɔ ke gɔl pɔ̈ɔ̈r de taap ke wɔ ye mïth.
- Deŋ agɔl gëër de riän wïïr ke nɔŋ run ke 11.
- Acol awïk kët ke ye ayäl gäu.
- Bul agɔl wïr ke koor.
- Akëër agɔl ɣät ku guär ke ye meth.
- Wɔ ke gɔl kuaŋ në run de bäny.
- Wɔ ke gɔl gäär në run de dɔ̈ɔ̈r.

The Dinka's Grammar

IV) Jam de ye köölë de diäk gäm

Tök
Ɣɛn cië athöör gɔ̈t.
Yïn cië athöör gɔ̈t.
Acië athöör gɔ̈t.
Ɣɛn cië ɣöt yïk.
Yïn cië ɣöt yïk.
Acië ɣöt yïk.

Ka juëc
Wɔ cië athöör gɔ̈t.
We cië athɔ̈ɔ̈r gɔ̈t.
Aacië athöör gɔ̈t.
Wɔ cië ɣöt yïk.
We cië ɣöt yïk.
Aacië ɣöt yïk.

V) Jam de ye köölë de diäk jai

Tök
Ɣɛn kën athöör gɔ̈t.
Yïn kën athöör gɔ̈t.
Akën athöör gɔ̈t.
Ɣɛn kën ɣöt yïk.
Yïn kën ɣöt yïk.
Akën ɣöt yïk.

Ka juëc
Wɔ kën athöör gɔ̈t.
We kën athɔ̈ɔ̈r gɔ̈t.
Aakën athöör gɔ̈t.
Wɔ kën ɣöt yïk.
We kën ɣöt yïk.
Aakën ɣöt yïk.

VI) Thiëc de jam de ye köölë de diäk
Thiëc de ka lik

Ɣɛn cië jam wɔ Deŋ.
Yïn cië jam we Deŋ.
Acië jam ke Deŋ.
Ɣɛn cië dom dï puur.
Yïn cië dom du puur.
Acië dom de puur.

Ca jam wɔ Deŋ?
Ca jam we Deŋ?
Cië jam ke Deŋ?
Ca dom dï puur?
Ca dom du puur?
Cië dom de puur?

The Dinka's Grammar

Ɣɛn cië cam.   Ca cam?
Yïn cië cam.   Ca cam?
Acië cam.   Cië cam?

Thiëc de ka juëc

Wɔ cië jam në Deŋ.   Cukku jam në Deŋ?
We cië jam në Deŋ.   Ca kë jam në Deŋ?
Aacië jam në Deŋ.   Cï kë jam në Deŋ?
Wɔ cië dom da puur.   Cukku dom da puur?
We cië dom dun puur.   Ca kë dom dun puur?
Aacië dom den puur.   Cï kë dom den puur?
Wɔ cië cam.   Cukku cam?
We cië cam.   Ca kë cam?
Aacië cam.   Cï kë cam?

VII) Thëm de nom
a) Gät ye coor ke wël tɔ̈u piinykë keke ye thiëc:

Coor ke wël geer	Gäär thiëc piny ye të në
Ɣɛn kën athöör gɔ̈t.	…………………………………
Yïn kën athöör gɔ̈t.	…………………………………
Akën athöör gɔ̈t.	…………………………………
Wɔ kën athöör gɔ̈t.	…………………………………
We kën athɔ̈ɔ̈r gɔ̈t.	…………………………………
Aakën athöör gɔ̈t.	…………………………………
Ɣɛn e ɣɔɔc ɣöndï ye man në.	…………………………………

The Dinka's Grammar

Yïn e ɣɔɔc ɣön du ye man në. ....
Aɣɔɔc ɣön de ye man në. ....
Wɔ ke ɣɔɔc ɣön da ye man në. ....
We ke ɣɔɔc ɣön dun ye man në. ....
Aake ɣɔɔc ɣön den ye man në. ....
Ɣɛn cië daai në wïr. ....
Yïn cië daai në wïr. ....
Acië daai në wïr. ....

b) Gät ye coor de ke wël tɔ̈u piinykë keke ye ka juëc:

Coor ke wël	Ka juëc
Ɣɛn cië pol aguelen.	....
Yïn cië pol aguelen.	....
Acië pol aguelen.	....
Ɣɛn cië dep në rec.	....
Yïn cië ce dep rec.	....
Acië dep në rec.	....
Ɣɛn e dëk e man në.	....
Yïn e dëk e man në.	....
Adëk e man në.	....
Ɣɛn e gɔl kuaŋ në run apar.	....
Ɣɛn e gɔl gäär në run de dɔ̈ɔ̈r.	....
Ɣɛn e gɔl pɔ̈ɔ̈r de taap ke ɣa ye meth.	....

c) Gät ye coor de ke wël tɔ̈u piinykë keke ye töök:

Coor ke wël	Tök
Wɔ ke gɔl määth wɔ we në run de ca poth.	....
Wɔ ke gam Nhialic në run de määr akɔ̈l.	....

The Dinka's Grammar

Wɔ ke jöt Yërul në run de Bilpääm.   ....
Wɔ ke gɔl pɔ̈ɔ̈r de tap ke wɔ ye mïth.   ....
Aacukku takic apεi në thεε ke reu.   ....
We tɔ̈u ke we tuaany gɔl në wik wään cië lɔ. ....
Ca kë naŋ nïn kedï ke we tuaany?   ....
Wɔ cië tak.   ....
We cië tak.   ....
Aacië tak.   ....

12.1.4 Jam de ye köölë de ŋuan (present perfect continous)
Jam de ye köölë de ŋuan e luui në biäk ke reu cië man cen në ye nyuɔɔth piinyë:

I) Luɔɔi cië gɔl në kaam cië wan kuka ŋot ke loi rɔt në ye mεεn

Tök	Ka juëc
Ɣεn cië jam dɔc gɔl wɔ Deŋ.	Wɔ cië jam dɔc gɔl në Deŋ.
Yïn cië jam dɔc gɔl we Deŋ.	We cië jam dɔc gɔl we Deŋ.
Acië jam dɔc gɔl ke Deŋ.	Aacië jam dɔc gɔl në Deŋ.
Ɣεn cië pɔ̈ɔ̈r dɔc gɔl.	Wɔ cië pɔ̈ɔ̈r dɔc gɔl.
Yïn cië pɔ̈ɔ̈r dɔc gɔl.	We cië pɔ̈ɔ̈r dɔc gɔl.
Acië pɔ̈ɔ̈r dɔc gɔl.	Aacië pɔ̈ɔ̈r dɔc gɔl.
Ɣεn cië daai dɔc gɔl në wïr.	Wɔ cië daai dɔc gɔl në wïr.
Yïn cië daai dɔc gɔl në wïr.	We cië daai dɔc gɔl në wïr.
Acië daai dɔc gɔl në wïr.	Aacië daai dɔc gɔl në wïr.
Ɣεn cië athöör dɔc gɔl në kuën.	Wɔ cië athöör dɔc gɔl në kuën.
Yïn cië athöör dɔc gɔl në kuën.	We cië athöör dɔc gɔl në kuën.
Acië athöör dɔc gɔl në kuën.	Aacië athöör dɔc gɔl në kuën.
Ɣεn cië waak dɔc gɔl në pïu.	Wɔ cië waak dɔc gɔl në pïu.

The Dinka's Grammar

Yïn cië waak dɔc gɔl në pïu.
Acië waak dɔc gɔl në pïu.
Ɣɛn cië pol dɔc gɔl në wet.
Yïn cië pol dɔc gɔl në wet.
Acië pol dɔc gɔl në wet.
Ɣɛn cië kuaŋ dɔc gɔɔc.
Yïn cië kuaŋ dɔc gɔɔc.
Acië kuaŋ dɔc gɔɔc.
Ɣɛn cië täk dɔc gɔl.
Yïn cië täk dɔc gɔl.
Acië täk dɔc gɔl.
Ɣɛn cië dëk dɔc jɔɔk.
Yïn cië dëk dɔc jɔɔk.
Acië dëk dɔc jɔɔk.
Ɣɛn cë kat dap gɔl.
Yïn cië kat dap gɔl.
Acië kat dap gɔl.
Ɣɛn cië cäm dap gɔɔc.
Yïn cië cäm dap gɔɔc.
Acië cäm dap gɔɔc.

We cië waak dɔc gɔl në pïu.
Aacië waak dɔc gɔl në pïu.
Wɔ cië pol dɔc gɔl në wet.
We cië pol dɔc gɔl në wet.
Aacië pol dɔc gɔl në wet.
Wɔ cië kuaŋ dɔc gɔɔc.
We cië kuaŋ dɔc gɔɔc.
Aacië kuaŋ dɔc gɔɔc.
Wɔ cië täk dɔc gɔl.
We cië täk dɔc gɔl.
Aacië täk dɔc gɔl.
Wɔ cië dëk dɔc jɔɔk.
We cië dëk dɔc jɔɔk.
Aacië dëk dɔc jɔɔk.
Wɔ cië kat dap gɔl.
We cië kat dap gɔl.
Aacië kat dap gɔl.
Wɔ cië cäm dap gɔɔc.
We cië cäm dap gɔɔc.
Aacië cäm dap gɔɔc.

II)   **Ba nyuɔɔth ke këdë̈ cië rɔt piac looi**

Tök
- Ɣɛn ce nin apieth në ye nïn kë.
- Yïn ce nin apieth në ye nïn kë.
- Ace nïn apieth në ye nïn kë.
- Acol acië ya bën ke cë gääu në ye nïn kë.
- Ɣɛn cië dɔc ya tiaam në wïric në ye mɛɛn.
- Ɣɛn kën bɛɛr ya kuen apieth në ye pëi kë.
- Ɣɛn cië ya daai në wït arët në ye pɛɛi lɔŋë.
- Acië ye guɔ̈p yök ke cë pial në ye wik ke.
- Yeŋö e loi?

The Dinka's Grammar

- Yeŋa e jam ke yï wën?
- Yeŋa e rëër ye tënë?
- Yeŋö cië ɣöt ŋaany nom?
- Yeŋö cië tim wit?
- Ɣɛn cië ɣöt thiöök ku bëi.

Ka Juëc
- Wɔ ce nin apieth në ye nïn kë.
- We ce nin apieth në ye nïn kë.
- Aace nin apieth në ye nïn kë.
- Acol acië ya bën ke cië gääu në ye nïn kë.
- Wɔ cië dɔc ya tiaam në wïric në ye mɛɛn.
- Wɔ kën bɛɛr ya kuen apieth në ye pëikë.
- Wɔ cië ya daai në wït arët në ye pɛɛi lɔŋë.
- Aacië ke gup yök keke cië pial në ye wik kë.
- Yeŋö e luɔi kë?
- Yeŋa e jam ke we wën?
- Yeyï ŋa ke rëër ye të në?
- Yeŋö cë ɣööt ŋaany nïïm?
- Yeŋö cië tiim wit?
- Wɔ cië ɣöt thiöök ku bïï ku.

III) Jam de ye köölë de ŋuan gäm

Tök

Ɣɛn cië tïït në thaa tök.
Yïn cië tïït në thaa tök.
Acië tïït në thaa tök.
Ɣɛn cië rëër ye të në arët.
Yïn cië rëër ye të në arët.
Acië rëër ye të në arët

Ka juëc

Wɔ cië tïït në thaa tök.
We cië tïït në thaa tök.
Aacië tïït në thaa tök.
Wɔ cië rëër ye të në arët.
We cië rëër ye të në arët.
Aacië rëër ye të në arët

The Dinka's Grammar

IV) Jam de ye köölë de ŋuan jai

Tök	Ka juëc
Yɛn kën tïït në thaa tök.	Wɔ kën tïït në thaa tök.
Yïn kën tïït në thaa tök.	We kën tïït në thaa tök.
Akën tïït në thaa tök.	Aakën tïït në thaa tök.
Yɛn kën rëër ye të në arët.	Wɔ kën rëër ye të në arët.
Yïn kën rëër ye të në arët.	We kën rëër ye të në arët.
Akën rëër ye të në arët	Aakën rëër ye të në arët

V) Thiëc de jam de ye köölë de ŋuan

Thiëc de ka lik

Yɛn cië kat dap gɔl.	Ca kat dap gɔl?
Yïn cië kat dap gɔl.	Ca kat dap gɔl?
Acië kat dap gɔl.	Cië kat dap gɔl?
Yɛn cië cäm dap gɔɔc.	Ca cäm dap gɔɔc?
Yïn cië cäm dap gɔɔc.	Ca cäm dap gɔɔc?
Acië cäm dap gɔɔc.	Cië cäm dap gɔɔc?
Yɛn cië dëk dɔc jɔɔk.	Ca dëk dɔc gɔɔc?
Yïn cië dëk dɔc jɔɔk.	Ca dëk dɔc gɔɔc?
Acië dëk dɔc jɔɔk.	Cië dëk dɔc gɔɔc?

Thiëc de ka juëc

Wɔ cië kat dap gɔl.	Cukku kat dap gɔl?
We cië kat dap gɔl.	Ca kë kat dap gɔl?
Aacië kat dap gɔl.	Cï kë kat dap gɔl?
Wɔ cië cäm dap gɔɔc.	Cukku cäm dap gɔɔc?
We cië cäm dap gɔɔc.	Ca kë cäm dap gɔɔc?
Aacië cäm dap gɔɔc.	Cï kë cäm dap gɔɔc?
Wɔ cië dëk dɔc jɔɔk.	Cukku dëk dap gɔɔc?

The Dinka's Grammar

We cië dëk dɔc jɔɔk. Ca kë dëk dap gɔɔc?
Aacië dëk dɔc jɔɔk. Cï kë dëk dap gɔɔc?

VI) Thëm de nom
a) Gät ye coor de ke wël tɔ̈u piinykë keke ye thiëc:

Coor ke wël geer	Gäärë thiëc piny ye të në
Yɛn ce nin apieth në ye nïn kë.	....
Yïn ce nin apieth në ye nïn kë.	....
Ace nïn apieth në ye nïn kë.	....
Wɔ cië tïït në thaa tök.	....
We cië tïït në thaa tök.	....
Aacië tïït në thaa tök.	....
Wɔ cië gɔ̈k dɔc jɔɔk.	....
We cië gɔ̈k dɔc jɔɔk.	....
Aacië gɔ̈k dɔc jɔɔk.	....
Yɛn cië dëp de rec dap gɔl.	....
Yïn cië dëp de rec dap gɔl.	....
Acië dëp de rec dap gɔl.	....
Yɛn cië daai dɔc gɔl në wïr.	....
Yïn cië daai dɔc gɔl në wïr.	....
Acië daai dɔc gɔl në wïr.	....

b) Gät ye coor de ke wël tɔ̈u piinykë keke ye ka juëc:

Coor ke wël	Ka juëc
Ye ŋö e loi?	....
Ye ŋa e jam ke yï wën?	....
Ye ŋa e rëër ye të në?	....
Ye ŋa cë bëm?	....
Yɛn cë këdh de akɔ̈ɔ̈n dap gɔl.	....

The Dinka's Grammar

Yïn cë këdh de akɔ̈ɔ̈n dap gɔl. ....
Acë këdh de akɔ̈ɔ̈n dap gɔl ....
Ɣɛn ce cam apieth në ye nïn kë. ....
Yïn ce cam apieth në ye nïn kë. ....
Ace cam apieth në ye nïn kë. ....
Ɣɛn kën ceŋ ye të në arët. ....
Yïn kën ceŋ ye të në arët. ....
Akën ceŋ ye të në arët ....

c) Gät ye cöör de ke wël tɔ̈u piinykë keke ye töök:

Coor ke wël   **Tök**

Wɔ cië athöör dɔc gɔl në kuën. ....
We cië athöör dɔc gɔl në kuën. ....
Aacië athöör dɔc gɔl në kuën. ....
Wɔ cië dɔc ya tiaam në wïric në ye mɛɛn. ....
Wɔ kën bɛɛr ya kuen apieth në ye pëikë. ....
Wɔ cië ya daai në wït arët në ye pɛɛi lɔŋë. ....
Cukku cäm dap gɔl? ....
Ca kë cäm dap gɔl? ....
Cï kë cäm dap gɔl? ....
Ca miääu dap jɔɔk në dëk? ....
Ca miääu dap jɔɔk në dëk? ....
Cië miääu dap jɔɔk në dëk? ....

12.2 Jam wään (Past tense)
Jam wään acië tekic në ŋuan:

12.2.1 Jam wään tueŋ (Past simple)
12.2.2 Jam wään de reu (Past continous)
12.2.3 Jam wään de diäk (Past perfect)
12.2.4 Jam wään de ŋuan (Past perfect continous)

The Dinka's Grammar

12.2.1 Jam wään tueŋ (Past simple)

Jam wään tueŋ e luui në ka cië röth looi në kaam cië wan cië man cen në ye nyuɔɔth piinyë:

I) Ka cië röth looi në kaam cië wan

Tök	Ka juëc
Ɣɛn cië jam wɔ Deŋ.	Wɔ cië jam në Deŋ.
Yïn cië jam we Deŋ.	We cië jam në Deŋ.
Acië jam ke Deŋ.	Aacië jam në Deŋ.
Ɣɛn cië pur në dom.	Wɔ cië pur në dom.
Yïn cië pur në dom.	We cië pur në dom.
Acië pur në dom.	Aacië pur në dom.
Ɣɛn cië daai në wïr.	Wɔ cië daai në wïr.
Yïn cië daai në wïr.	We cië daai në wïr.
Acië daai në wïr.	Aacië daai në wïr.
Ɣɛn cië athöör kueen.	Wɔ cië athöör kueen.
Yïn cië athöör kueen.	We cië athöör kueen.
Acië athöör kueen.	Aacië athöör kueen.
Ɣɛn cië waak.	Wɔ cië waak.
Yïn cië waak.	We cië waak.
Acië waak.	Aacië waak.
Ɣɛn cië pol.	Wɔ cië pol.
Yïn cië pol.	We cië pol.
Acië pol.	Aacië pol.
Ɣɛn cië kuaŋ.	Wɔ cë kuaŋ.
Yïn cië kuaŋ.	We cë kuaŋ.
Acië kuaŋ.	Aacië kuaŋ.
Ɣɛn cië tak.	Wɔ cië tak.
Yïn cië tak.	We cië tak.

The Dinka's Grammar

Acië tak.
Ɣɛn cië dek.
Yïn cië dek.
Acië dek.
Ɣɛn cië kat.
Yïn cië kat.
Acië kat.
Ɣɛn e jiël baai në run de 1991.
Yïn e jiël baai në run de 1991.
Ajiël baai në run de 1991.
Ɣɛn cië piɔu bën miɛt arët.
Yïn cië piɔu bën miɛt arët.
Acië piɔu bën miɛt arët.
Ɣɛn e cï piɔu mit.
Yïn e cï piɔu mit.
Acï piɔu mit.
Ɣɛn cië rɔm piny wɔ Agääu wään.
Yïn cië rɔm piny we Agääu wään.
Acië rɔm piny ke Agääu wään.

Aacië tak.
Wɔ cë dek.
We cë dek.
Aacië dek.
Wɔ cië kat.
We cë kat.
Aacië kat.
Wɔ ke jiël baai në run e 1991.
We ke jiël baai në run e 1991.
Aake jiël baai në run de 1991.
Wɔ cië piɔɔth bën miɛt.
We cië piɔɔth bën miɛt.
Aacië piɔɔth bën miɛt.
Wɔ ke cï piɔɔth mit.
We ke cï piɔɔth mit.
Aake cï piɔɔth mit.
Wɔ cië rɔm piny wɔ Agääu wään.
We cië rɔm piny we Agääu wään.
Aacië rɔm piny Agääu wään.

II) Jam wään gäm

Tök

Ɣɛn cië luui në Juba në run wään.
Yïn cië luui në Juba në run wään.
Acië luui në Juba në run wään.

Ka juëc

Wɔ cië luui në Juba në run wään.
We cië luui në Juba në run wään.
Aacië luui në Juba në run wään.

The Dinka's Grammar

Ɣɛn cië cam wään.
Yïn cië cam wään.
Acië cam wään.

Wɔ cië cam wään.
We cië cam wään.
Aacië cam wään.

III) Jam wään jai

Tök

Ka juëc

Ɣɛn kën luui në Juba në run wään.
Yïn kën luui në Juba në run wään.
Akën luui në Juba në run wään.
Ɣɛn kën cam wään.
Yïn kën cam wään.
Akën cam wään.

Wɔ kën luui në Juba në run wään.
We kën luui në Juba në run wään.
Aakën luui në Juba në run wään.
Wɔ kën cam wään.
We kën cam wään.
Aakën cam wään.

IV) Thiëc

Thiëc

Ɣɛn cië dek.
Yïn cië dek.
Acië dek.
Ɣɛn cië kat.
Yïn cië kat.
Acië kat.
Ɣɛn cië cam.
Yïn cië cam.
Acië cam.
Wɔ cië dek.
We cië dek.
Aacië dek.
Wɔ cië kat.

Ca dek?
Ca dek?
Cië dek?
Ca kat?
Ca kat?
Cië kat?
Ca cam?
Ca cam?
Cië cam?
Ca dek?
Ca dek?
Cië dek?
Cukku kat?

The Dinka's Grammar

We cië kat.
Aacië kat.
Wɔ cië cam.
We cië cam.
Aacië cam.

Ca kë dek?
Cï kë dek?
Cukku cam?
Ca kë cam?
Cï kë cam?

V) Thëm de nom
a) Gät ye coor de ke wël tɔ̈u piinykë keke ye thiëc:

Coor ke wël geer	Gäärë thiëc piny ye të në
Ɣɛn cië kuaŋ.	....
Yïn cië kuaŋ.	....
Acië kuaŋ.	....
Ɣɛn cië tak.	....
Yïn cië tak.	....
Wɔ cië cam wään.	....
We cië cam wään.	....
Aacië cam wään.	....
Wɔ cië daai në wïr.	....
We cië daai në wïr.	....
Aacië daai në wïr.	....
Ɣɛn kën luui në Juba në run wään.	....
Yïn kën luui në Juba në run wään.	....
Akën luui në Juba në run wään.	....

b) Gät ye coor de ke wël tɔ̈u piinykë keke ye ka juëc:

Coor ke wël	Ka juëc
Ɣɛn e jiël baai në run de aboor.	....
Yïn e jiël baai në run de aboor.	....
Ajiël baai në run de aboor.	....

The Dinka's Grammar

Yɛn cië dhäär. ....
Yïn cië dhäär. ....
Acië dhäär. ....
Yɛn cië athöör gɔ̈t. ....
Yïn cië athöör gɔ̈t. ....
Acië athöör gɔ̈t. ....
Lëi acië tëëk. ....
Akɔ̈ɔ̈n acië dek. ....
Agɔɔk acië lɔ nhial. ....
Aŋui acë woŋ cam.

c) Gät ye cöör de ke wël tɔ̈u piinykë keke ye tök:

Coor ke wël   **Tök**

Wɔ cië mat në Col. ....
We cië mat në Col. ....
Aacië mat në Col. ....
Wɔ cië com anyol. ....
We cië com anyol. ....
Aacië com anyol. ....
Wɔ cië cuet në rïŋ. ....
We cië cuet në rïŋ. ....
Aacië cuet në rïŋ. ....
Wɔ cië thiaa në nyuɔ̈ɔ̈nic. ....
We cië thiaan në nyuɔ̈ɔ̈nic. ....
Aacië thiaan në nyuɔ̈ɔ̈nic. ....

12.2.2 Jam wään de reu (past continous)

Jam wään de reu e luui në biäk ke reu cië man cen në ye nyuɔɔth piinyë:

The Dinka's Grammar

I) Kake loi röth në kaam ŋic/lɔ cök cië tëëk

Tök
- Ɣɛn e rëër wɔ kaman yen akën ɣen bën wään.
- Yïn e rëër we kaman yen akën yïn bën wään.
- Arëër ke kaman yen akën yen bën wään.
- Ɣɛn e ruur e nïn abë piny bak.
- Yïn e ruur e nïn abë piny bak.
- Aruur e nïn abë piny bak.
- E yï ruur e nïn abë piny bak?
- Ɣɛn e cï rëër e path, ɣen e lui!
- Yïn e cï rëër e path, yïn e lui!
- Acï rëër e pac, alui!
- Ɣɛn e yiu ɣöt në wik cië wan.
- Yïn e yiu ɣöt në wik cië wan.
- E yiu ɣöt në wik cië wan.
- Ɣɛn e muk meth në thaa dhïc wën miäk.
- Yïn e muk meth në thaa dhïc wën miäk.
- Adut atiëët nyin në meth wën miäk.
- Adut tiëët nyin në mɛɛnhde të nou?
- Amuk meth në thaa dhïc wën miäk.
- Acol awak aduɔk wën akɔu.
- Yeŋö e wëk Acol aduɔk wën akɔu?
- Ɣɛn e kuën wën yup yen.
- Yïn e kuën wën yup yen.
- Akuën wën yup yen.
- Ɣɛn e cäm wën bïï e mathdië.
- Yïn e cäm wën bïï e mathdu.
- Acäm wën bïï e mathde.
- Col apol wën liiu aŋau.
- Ɣɛn e thuëëc në tim thar wën kën në deŋ tuɛny.
- Yïn e thuëëc në tim thar wën kën në deŋ tuɛny.
- Athuëëc në tim thar wën kën në deŋ tuɛny.

The Dinka's Grammar

- Yɛn e jam wɔ Deŋ.
- Yïn e jam we Deŋ.
- E jam ke Deŋ.
- Yɛn e pur domic.
- Yïn e pur domic.
- E pur domic.
- Yɛn e kuen athöör.
- Yïn e kuen athöör.
- E kuen athöör.
- Yɛn e waak në pïu tuc.
- Yïn e waak në pïu tuc.
- E waak në pïu tuc.
- Yɛn e pol në liɛɛtic.
- Yïn e pol në liɛɛtic.
- E pol në liɛɛtic.
- Yɛn e kuaŋ.
- Yïn e kuaŋ.
- E kuaŋ.
- Yɛn e lui.
- Yïn e lui.
- E lui.
- Ye ŋö e loi?
- Deŋ e tueny went cuɔ̈p yɛn.
- Yɛn e täk.
- Yïn e täk.
- E täk.
- Yɛn e dëk.
- Yïn e dëk.
- E dëk.
- Yɛn e kat.
- Yïn e kat.
- E kat.
- Yɛn e cäm.

The Dinka's Grammar

- Yïn e cäm.
- E cäm.

Ka juëc
- Wɔ ke rëër në kaman yen akën wɔ bën wään.
- We ke rëër në kaman yen akën we bën wään.
- Aake rëër në kaman yen aakën ke bën wään.
- Wɔ ke ruur e nïn abë piny bak.
- We ke ruur e nïn abë piny bak.
- Aake ruur e nïn abë piny bak.
- E we ruur e nïn abë piny bak?
- Wɔ ke cï rëër e path, wɔ ke lui!
- We ke cï rëër e path, we ke lui!
- Aake cï rëër e pac, aake lui!
- Wɔ ke yiu ɣöt në wik cië wan.
- We ke yiu ɣöt në wik cië wan.
- Aake yiu ɣöt në wik cië wan.
- Wɔ ke muk meth në thaa dhïc wën miäk.
- We ke muk meth në thaa dhïc wën miäk.
- Adut atiëët nyin në mïth wën miäk.
- Adut tiëët nyin në mïthke të nou?
- Amuk mïth në thaa dhïc wën miäk.
- Acol awak aduuk wën akɔ̈u.
- Yeŋö e wëk Acol aduuk wën akɔ̈u?
- Wɔ ke kuën wën yup yen.
- We ke kuën wën yup yen.
- Aake kuën wën yup yen.
- Wɔ ke cäm wën bïï e mëëthkï.
- We ke cäm wën bïï e mëëth kun.
- Aake cäm wën bïï e mëëth ken.
- Cuɔl aapol wën liiu aŋau.
- Wɔ ke thuëëc në tim thar wën kën në deŋ tuɛny.
- We ke thuëëc në tim thar wën kën në deŋ tuɛny.

The Dinka's Grammar

- Aake thuëëc në tim thar wën kën në deŋ tuɛny.
- Wɔ ke jam në Deŋ.
- We ke jam we Deŋ.
- Aake jam në Deŋ.
- Wɔ ke pur domic.
- We ke pur domic.
- Aake pur domic.
- Wɔ ke kuen athöör.
- We ke kuen athöör.
- Aake kuen athöör.
- Wɔ ke waak në pïu tuc.
- We ke waak në pïu tuc.
- Aake waak në pïu tuc.
- Wɔ ke pol në liɛɛtic.
- We ke pol në liɛɛtic.
- Aake pol në liɛɛtic.
- Wɔ ke kuaŋ.
- We ke kuaŋ.
- Aake kuaŋ.
- Wɔ ke lui.
- We ke lui.
- Aake lui.
- Yeŋö e luɔi kë?
- Deŋ e tueny wën cup wɔ.
- Wɔ ke täk.
- We ke täk.
- Aake täk
- Wɔ ke dëk.
- We ke dëk.
- Aake dëk.
- Wɔ ke kat.
- We ke kat.
- Aake kat.

The Dinka's Grammar

- Wɔ ke cäm.
- We ke cäm.
- Aake cäm.
-                              ➢

II) Ka ye kɔc rac piɔ̈ɔ̈th ye röth bɛɛr piny në kaam cië wan

Tök

- Wänmääth e cool në ŋuät arac.
- E but ke bui ya guɔ̈p.
- Deŋ e guɛl në nyindhia.
- Mama e nom cool në bath në käŋ të lɔ bäyäŋ.
- Ace raan ca yök, e cool ke lec ye nom.
- Ace tiŋ ca yök ke luup de kɔc gup.
- Ace tik yök ke riu de kɔc.
- Ace meth ke dït de piɔ̈u.
- E nyaan rac ke tai në bëi yiic.
- Ace nyaan ca yök ke kuɔ̈c piŋ.
- Ace wën ca yök ke jam de wël kɔ̈ɔ̈th.
- E weŋ cä gɔ̈i ke cäm de rap.
- Yïn ye cool në guɛl.
- E nyaan ye cool ke mär käŋ.
- E jöŋ ye cool ke kual käŋ.

Ka juëc

- Wätmëthkï aaye cool në ŋuät arac.
- Aaye but keke bui wɔ guɔ̈p.
- Deŋ e guɛl në nyindhia.
- Mama e nom cool në bath në käŋ të lɔ bäyäŋ.

The Dinka's Grammar

- Aace kɔc ca yök, aaye cool keke lec ke nhïïm.
- Aace diäär ca yök ke luup de kɔc gup.
- Aace diäär ca ke yök ke riu de kɔc.
- Aace mïth në dït de piɔ̈ɔ̈th.
- Aaye nyïïr rac ke tai në bëi yiic.
- Aace nyïïr ca yök ke kuɔ̈c piŋ.
- Aace wët ca yök ke jam de wël kɔ̈ɔ̈th.
- Aaye ɣɔ̈k cië kɔc gɔ̈i në cäm de rap.
- We ye cool në guɛl.
- Aaye nyïïr ye cool keke mär käŋ.
- Aaye jɔ̈k ye cool keke kual käŋ.

III) Jam wään gäm

Tök
- Ɣɛn e cool në kuën abë akɔ̈l cuɔl.
- Yïn e cool në kuën abë akɔ̈l cuɔl.
- Acol në kuën abë akɔ̈l cuɔl.
- Ɣɛn e daai në wït.
- Yïn e daai në wït.
- E daai në wït.

Ka juëc
- Wɔ ke cool në kuën abë akɔ̈l cuɔl.
- We ke cool në kuën abë akɔ̈l cuɔl.
- Aake col në kuën abë akɔ̈l cuɔl.
- Wɔ ke daai në wït.
- We ke daai në wït.
- Aake daai në wït.

IV) Jam wään jai

The Dinka's Grammar

Tök
- Ɣɛn e cï col në kuën abë aköl cuɔl.
- Yïn e cï col në kuën abë aköl cuɔl.
- Acï col në kuën abë aköl cuɔl.
- Ɣɛn e cï daai në wït.
- Yïn e cï daai në wït.
- E cï daai në wït.

Ka juëc
- Wɔ ke cï col në kuën abë aköl cuɔl.
- We ke cï col në kuën abë aköl cuɔl.
- Aake cï col në kuën abë aköl cuɔl.
- Wɔ ke cï daai në wït.
- We ke cï daai në wït.
- Aake cï daai në wït.

V) Thiɛc

Thiëc de ka lik

Ɣɛn e dëk.	E ɣa dëk?
Yïn e dëk.	E yï dëk?
E dëk.	Dëk?
Ɣɛn e kat.	E ɣa kat?
Yïn e kat.	E yï kat?
E kat.	Kɛt?
Ɣɛn e cäm.	E ɣa cäm?
Yïn e cäm.	E yï cäm?
E cäm.	Ciëm?

Thiëc de ka juëc

Wɔ ke dëk.	E wɔ dëk?
We ke dëk.	E we dëk?
Aake dëk.	E ke dëk?
Wɔ ke kat.	E wɔ kat?

The Dinka's Grammar

We ke kat.　　　　　　E we kat?
Aake kat.　　　　　　 E ke kat?
Wɔ ke cäm.　　　　　 E wɔ cäm?
We ke cäm.　　　　　 E we cäm?
Aake cäm.　　　　　　E ke cäm?

VI) Thëm de nom
 a) Gät ye coor de ke wël tɔ̈u piinykë keke ye thiëc:

Coor ke wël geer	Gäärë thiëc piny ye të në
Wɔ ke kuen athöör.	....
We ke kuen athöör.	....
Aake kuen athöör.	....
Wɔ ke waak në pïu tuc.	....
We ke waak në pïu tuc.	....
Aake waak në pïu tuc.	....
Ɣɛn e kat.	....
Yïn e kat.	....
E kat.	....
Ɣɛn e cäm.	....
Yïn e cäm.	....
E cäm.	....
Ɣɛn e cï daai në wït.	....
Yïn e cï daai në wït.	....

b) Gät ye coor de ke wël tɔ̈u piinykë keke ye ka juëc:

Coor ke wël	Ka juëc
Ɣɛn e waak.	....
Yïn e waak.	....
E waak.	....
Ɣɛn e cath.	....

The Dinka's Grammar

Yïn e cath. ....
E cath. ....
Ɣɛn e ruur e nïn aba pääc ɣa tök. ....
Yïn e ruur e nïn aba pääc yï tök. ....
Aruur e nïn abë pääc ye tök. ....
E yï ruur e nïn abë piny bak? ....
Ɣɛn e cï gääu abac, ɣɛn e lui! ....
Yïn e cï gääu abac, yïn e lui! ....
Acï gääu abac, alui! ....

c) **Gät ye cöör de ke wël tɔu piinykë keke ye töök:**

Coor ke wël	**Tök**
Aace dhäk ca yök ke kuɔc piŋ.	....
Aace dueet ca yök ke jam de wël kööth.	....
Aaye thök cië kɔc göi në cäm de anyol.	....
We ye cool në dhiëëu.	....
Aaye nyïïr ye cool keke kuem aduuk.	....
Wɔ ke ŋër në noon.	....
We ke ŋër në noon.	....
Aake ŋër në noon.	....
Wɔ ke cäm.	....
We ke lui.	....
Aake cäm.	....
Wɔ ke rëër në tim thar.	....

12.2.3   Jam wään de diäk (past perfect)

Jam wään de diäk e luui në biäk ke diäk cië man cen në nyuɔɔth piinyë:

I) Kë cië rɔt looi në dët nom në kaam cië tëëk

The Dinka's Grammar

Tök
- Ɣɛn cië guɔ̈p lɔ piny në ŋö ɣɛn cië kat gɔl.
- Yïn cië guɔ̈p lɔ piny në ŋö yïn cië kat gɔl.
- Acië guɔ̈p lɔ piny në ŋö acië kat gɔl.
- Ɣɛn cië ruur në rëër në ŋö ɣen nɔŋ lon baai dït.
- Yïn cië ruur në rëër në ŋö yïn nɔŋ lon baai dït.
- Acë ruur në rëër në ŋö anɔŋ lon baai dït.
- Ɣɛn kën piɔ̈u jiɛth, mɛɛnhdï aca yök.
- Yïn kën piɔ̈u jiɛth, mɛɛnhdu aca yök.
- Akën piɔ̈u jiɛth, mɛɛnhde acië yök.
- Ɣɛn e piööc Thuɔŋ Nuëër ke ɣa kën jɔt Nuëër.
- Yïn e piööc Thuɔŋ Nuëër ke yï kën jɔt Nuëër.
- Apiööc Thuɔŋ Nuëër ke kën jɔt Nuëër.
- Ɣɛn e kën Thoŋ de mathiɔ̈ɔ̈ŋ piɔ̈ɔ̈c ɣɔn bïï ɣɛn Kiɛɛrtuɔ̈ɔ̈m.
- Yïn e kën Thoŋ de mathiɔ̈ɔ̈ŋ piɔ̈ɔ̈c ɣɔn bïï yïn Kiɛɛrtuɔ̈ɔ̈m.
- Akën Thoŋ de mathiɔ̈ɔ̈ŋ piɔ̈ɔ̈c ɣɔn bïï yen kiɛɛrtuɔ̈ɔ̈m.
- Ɣɛn e cïn wëu në ŋö ɣɛn e cië wëu waan baai.
- Yïn e cïn wëu në ŋö yïn e cië wëu waan baai.
- E cïn wëu në ŋö acië wëu waan baai.
- Aca lueel ye ca ye alanh piethë ɣɔɔc thuuk.
- Ɣɛn cië jam wɔ Deŋ ku jäl.
- Yïn cië jam we Deŋ ku jäl ë.
- Acië jam ke Deŋ ku jïël.
- Ɣɛn cië thök në pɔ̈ɔ̈r ku la waak.
- Yïn cië thök në pɔ̈ɔ̈r ku lɔ waak.
- Acië thök në pɔ̈ɔ̈r ku le waak.
- Ɣɛn cië thök daai në wïtku la wutic.
- Yïn cië thök daai në wïtku lɔ wutic.
- Acië thök në daai në wïtku le wutic.
- Ɣɛn cë athöör kueen ku niɛɛn.

The Dinka's Grammar

- Yïn cë athöör kueen ku nin
- Acë thöör kueen ku niin.
- Ɣɛn e waak në pïu tuc ku tääc.
- Ɣɛn e thök në luɔɔi ku lɛɛr meth ɣön de gäär.
- Yïn e thök në luɔɔi ku lɛɛrë meth ɣön de gäär.
- Athök në luɔɔi ku leer meth ɣön de gäär.
- Ɣɛn e thök në cäm ku dëk.
- Yïn e thök në cäm ku dëk kë.
- Athök në cäm ku dëk.

Ka juëc
- Wɔ cië gup lɔ piny në ŋö wɔ cië kat gɔl.
- We cië gup lɔ piny në ŋö we cië kat gɔl.
- Aacië gup lɔ piny në ŋö aacië kat gɔl.
- Wɔ cië ruur në rëër në ŋö wɔ nɔŋ lon baai dït.
- We cië ruur në rëër në ŋö we nɔŋ lon baai dït.
- Aacië ruur në rëër në ŋö aanɔŋ lon baai dït.
- Wɔ kën piɔ̈ɔ̈th jiɛth, mïthkuɔ aacukku ke yök.
- We kën piɔ̈ɔ̈th jiɛth, mïthkun aaca kë ke yök.
- Aakën piɔ̈ɔ̈th jiɛth, mïthken aacï kë ke yök.
- Wɔ ke piööc Thuɔŋ Nuëër ke wɔ kën jɔt Nuëër.
- We ke piööc Thuɔŋ Nuëër ke we kën jɔt Nuëër.
- Aake piööc Thuɔŋ Nuëër keke kën jɔt Nuëër.
- Wɔ ke kën Thoŋ de mathiɔ̈ɔ̈ŋ piɔ̈ɔ̈c ɣɔn bïï wɔ Kiɛɛrtuɔ̈ɔ̈m.
- We ke kën Thoŋ de mathiɔ̈ɔ̈ŋ piɔ̈ɔ̈c ɣɔn bïï we Kiɛɛrtuɔ̈ɔ̈m.
- Aake kën Thoŋ de mathiɔ̈ɔ̈ŋ piɔ̈ɔ̈c ɣɔn bïï ke kiɛɛrtuɔ̈ɔ̈m.
- Wɔ ke cïn wëu në ŋö wɔ ke cië wëu waan baai.
- We ke cïn wëu në ŋö we ke cië wëu waan baai.
- Aacïn wëu në ŋö aacië wëu waan baai.
- Aacakë lueel ye cakë ye alëth piethkë ɣɔɔc thuuk.
- Wɔ cië jam në Deŋ ku jiël ku.

The Dinka's Grammar

- We cië jam në Deŋ ku jälkë.
- Aacië jam në Deŋ ku jiëlkë.
- Wɔ cië thök në pɔ̈ɔ̈r ku lo ku waak.
- We cië thök në pɔ̈ɔ̈r ku lakë waak.
- Aacië thök në pɔ̈ɔ̈r ku lekë waak.
- Wɔ cië thök daai në wït ku loku wutic.
- We cië thök daai në wït ku lakë wutic.
- Aacië thök në daai në ku lekë wutic.
- Wɔ cië athöör kueen ku niin ku.
- We cië athöör kueen ku niɛɛn kë.
- Aacië thöör kueen ku niin kë.
- Wɔ ke waak në pïu tuc ku tëëc ku.
- Wɔ ke thök në luɔɔi ku leer ku mïth ɣön de gäär.
- We ke thök në luɔɔi ku lɛɛr kë mïth ɣön de gäär.
- Aake thök në luɔɔi ku leer kë mïth ɣön de gäär.
- Wɔ ke thök në cäm ku dëk ku.
- We ke thök në cäm ku dëk kë.
- Aake thök në cäm ku dëk kë.

II)   Kë cië rɔt kan looi në kaam lɔ gɔk cië tëëk

Tök
- Ɣɛn e jiël, ke ɣɔ̈k kën në raak.
- Yïn e jiël ke ɣɔ̈k kën në raak.
- Ajiël ke ɣɔ̈k raak.
- Bëër ayöt wutic ke wut kën në lony.
- Ɣɛn e nin ke thaa thiëër ŋoot.
- Yïn e nin ke thaa thiëër ŋoot.
- Anin ke thaa thiëër ŋoot.
- Ɣɛn e thiëk ke run de 1987 kën thök.
- Yïn e thiëk ke run de 1987 kën thök.
- Athiëk ke run de 1987 kën thök.

The Dinka's Grammar

- Yɛn kën lɔ̈ɔ̈r kan gut agut cië ya akäl.
- Yïn kën lɔ̈ɔ̈r kɔn gut agut cië ya akäl.
- Akën lɔ̈ɔ̈r kɔn gut agut cië ya akäl.
- Yɛn e jiël akën thök dek.
- Yïn e jiël akën thök dek.
- Ajiël aken thök dek.

Ka juëc
- Wɔ ke jiël, ke ɣɔ̈k kën ke raak.
- We ke jiël, ke ɣɔ̈k kën ke raak.
- Aake jiël ke ɣɔ̈k kën raak.
- Bëër ayöt wutic ke wut kën në lony.
- Wɔ ke nin ke thaa thiëër ŋoot.
- We ke nin ke thaa thiëër ŋoot.
- Aake nin ke thaa thiëër ŋoot.
- Wɔ ke thiëk ke run de 1987 kën thök.
- We ke thiëk ke run de 1987 kën thök.
- Aake thiëk ke run de 1987 kën thök.
- Wɔ kën lɔ̈ɔ̈r kan gut agut cië ya akäl.
- We kën lɔ̈ɔ̈r kɔn gut agut cië ya akäl.
- Aakën lɔ̈ɔ̈r kɔn gut agut cië ya akäl.
- Wɔ ke jiël akën thök dek.
- We ke jiël akën thök dek.
- Aake jiël aken thök dek.

III) Kë cië rɔt gɔl në kaam cië wan ku le tueŋ agut bë ben thök në kaam cië wan

Tök
- Yɛn cië ye paan në ceŋ në run ke reu ke kën guɔ ɣaac.
- Yïn cië ye paan në ceŋ në run ke reu ke kën në guɔ ɣaac.
- Acië ye paan në ceŋ në run ke reu ke kën guɔ ɣaac.
- Yɛn e kɔɔr thom ku yen cië guɔ ɣɔ̈c athöör.

The Dinka's Grammar

- Yïn e kɔɔr thom ku yïn cïë guɔ ɣöc athöör.
- Akɔɔr thom kuka cïë guɔ ɣöc athöör.
- Ɣɛn cïë ceŋ Pajomba në run ke thiëër ke ɣa kën guɔ köök Piɔm de kɔc rac.
- Yïn cïë ceŋ Pajomba në run thiëër ke yïn kën guɔ köök piɔm de kɔc rac.
- Acïë ceŋ Pajomba në run thiëër ke kën guɔ köök Piɔm de kɔc rac.
- Ɣɛn cïë ye ɣön në ceŋ në run ke dhïc ke kën guɔ nyop.
- Yïn cïë ye ɣön në ceŋ në run ke dhïc ke kën guɔ nyop.
- Acïë ye ɣön në ceŋ në run ke dhïc ke kën guɔ nyop.
- Ɣɛn e tɛɛr wɔ Bol ku jäl.
- Yïn e tɛɛr we Bol ku jälë.
- Atɛɛr ke Bol ku jiël.

Ka juëc
- Wɔ cïë ye paan në ceŋ në run ke reu ke kën ku guɔ ɣaac.
- We cïë ye paan në ceŋ në run ke reu ke kën kë guɔ ɣaac.
- Aacïë ye paan në ceŋ në run ke reu ke kën kë guɔ ɣaac.
- Wɔ ke kɔɔr thom ku wɔ cïë guɔ ɣöc athöör.
- We ke kɔɔr thom ku we cïë guɔ ɣöc athöör.
- Aake kɔɔr thom kuka cïë guɔ ɣöc athöör.
- Wɔ cïë ceŋ Pajomba në run ke thiëër ke wɔ kën guɔ köök Piɔm de kɔc rac.
- We cïë ceŋ Pajomba në run ke thiëër ke we kën guɔ köök piɔm de kɔc rac.
- Aacïë ceŋ Pajomba në run ke thiëër keke kën guɔ köök Piɔm de kɔc rac.
- Wɔ cïë ye ɣön në ceŋ në run ke dhïc ke kën guɔ nyop.
- We cïë ye ɣön në ceŋ në run ke dhïc ke kën guɔ nyop.
- Aacïë ye ɣön në ceŋ në run ke dhïc ke kën guɔ nyop.
- Wɔ ke tɛɛr në Bol ku jiëlku.
- We ke tɛɛr në Bol ku jäl kë.

The Dinka's Grammar

Aake ke tɛɛr në Bol ku jiël kë.

IV) Jam wään de diäk gäm

Tök	Ka juëc
Ɣɛn cië alath mɔ̈ɔ̈r.	Wɔ cië alëth mɔ̈ɔ̈r.
Yïn cië alath mɔ̈ɔ̈r.	We cië alëth mɔ̈ɔ̈r.
Acië alath mɔ̈ɔ̈r.	Aacië alëth mɔ̈ɔ̈r.
Ɣɛn cië weŋ nɔ̈k.	Wɔ cië weŋ nɔ̈k.
Yïn cië weŋ nɔ̈k.	We cië weŋ nɔ̈k.
Acië weŋ nɔ̈k.	Aacië weŋ nɔ̈k.

V) Jam wään de diäk jai

Tök	Ka juëc
Ɣɛn kën alath mɔ̈ɔ̈r.	Wɔ kën alëth mɔ̈ɔ̈r.
Yïn kën alath mɔ̈ɔ̈r.	We kën alëth mɔ̈ɔ̈r.
Akën alath mɔ̈ɔ̈r.	Aakën alëth mɔ̈ɔ̈r.
Ɣɛn kën weŋ nɔ̈k.	Wɔ kën ɣɔ̈k nɔ̈k.
Yïn kën weŋ nɔ̈k.	We kën ɣɔ̈k nɔ̈k.
Akën weŋ nɔ̈k.	Aakën ɣɔ̈k nɔ̈k.

VI) Thiëc

Thiëc de ka lik

Ɣɛn e jiël ke thaa tök kën thök.
Yïn e jiël ke thaa tök kën thök.
Ajiël ke thaa tök kën thök.
Ɣɛn e cïn ɣöt agut cië run de

E ɣa jiël ke thaa tök kën thök?
E yï jiël ke thaa tök kën thök?
E Jiël ke thaa tök kën thök?
E ɣa cïn ɣöt agut cië run de 2002?
E yï cïn ɣöt agut cië run de

The Dinka's Grammar

2002.
Yïn e cïn ɣöt agut cië run de 2002.
Acïn ɣöt agut cië run de 2002.

Wɔ ke jiël ke thaa tök kën thök.
We ke jiël ke thaa tök kën thök.
Aake jiël ke thaa tök kën thök.
Wɔ ke cïn ɣöt agut cië run de 2002.
We ke cïn ɣöt agut cië run de 2002.
Aake cïn ɣöt agut cië run de 2002.

2002?
E cïn ɣöt agut cië run de 2002?

Thiëc de ka juëc

E wɔ jiël ke thaa tök kën bën?
E we jiël ke thaa tök kën bën?
E ke jiël ke thaa tök kën bën?
E wɔ cïn ɣöt agut cië run de 2002?
E we cïn ɣöt agut cië run de 2002?
E ke cïn ɣöt agut cië run de 2002?

VII) Thëm de nom

a) Gät ye coor de ke wël tɔu piinykë keke ye thiëc:

Coor ke wël geer	Gäärë thiëc piny ye të në
Wɔ ke nin ke thaa thiëër ŋoot.	....
We ke nin ke thaa thiëër ŋoot.	....
Aake nin ke thaa thiëër ŋoot.	....
Ɣɛn e jiël, ke ɣɔk kën në raak.	....
Yïn e jiël ke ɣɔk kën në raak.	....
Ajiël akën në ɣɔk raak.	....
Ɣɛn cië thök në pɔ̈ɔ̈r ku la waak.	....
Yïn cië thök në pɔ̈ɔ̈r ku lɔ waak.	....
Acië thök në pɔ̈ɔ̈r ku le waak.	....

The Dinka's Grammar

Wɔ cië thök daai në wït ku loku wutic. ....
We cië thök daai në wït ku lakë wutic. ....
Aacië thök në daai në wït ku lekë wutic. ....
Ɣɛn cië athöör kueen ku niɛɛn. ....
Yïn cië athöör kueen ku nin ....
Acië thöör kueen ku niin. ....

b) Gät ye coor de ke wël tɔ̈u piinykë keke ye ka juëc:

Coor ke wël   **Ka juëc**

Ɣɛn cië ruur në rëër abë piny bak. ....
Yïn cië ruur në rëër abë piny bak. ....
Acië ruur në rëër abë piny bak. ....
Ɣɛn kën piɔ̈u riääk, acië ya gäm awäc. ....
Yïn kën piɔ̈u riääk, acië yï gäm awäc. ....
Akën piɔ̈u riääk, acië ye gäm awäc. ....
Ɣɛn kën thɔ̈k nɔ̈k. ....
Yïn kën thɔ̈k nɔ̈k. ....
Akën thɔ̈k nɔ̈k. ....
Ɣɛn e lööny dhöl ke ɣɔ̈k kën në lony. ....
Yïn e lööny dhöl ke ɣɔ̈k kën në lony. ....
Alööny dhöl ke ɣɔ̈k kën në lony. ....

c) Gät ye cöör de ke wël tɔ̈u piinykë keke ye töök:

Coor ke wël   **Tök**

Wɔ ke thiëk ke run de yaŋ de miir kën thök. ....
We ke thiëk ke run de yaŋ de miir kën thök. ....
Aake thiëk ke run de yaŋ de miir kën thök. ....
Wɔ kën kan kuaŋ kiir agut cië ya akäl. ....
We kën kɔn kuaŋ kiir agut cië ya akäl. ....
Aakën kɔn kuaŋ kiir agut cië ya akäl. ....

The Dinka's Grammar

Wɔ ke cïn wëu nëŋö wɔ ke cië wëu waan baai. ....
We ke cïn wëu nëŋö we ke cië wëu waan baai. ....
Aacïn wëu nëŋö aacë wëu waan baai. ....
Wɔ ke piööc thuɔŋ Nuëër ke wɔ kën jɔt Nuëër. ....
We ke piööc thuɔŋ Nuëër ke we kën jɔt Nuëër. ....
Aake piööc thuɔŋ Nuëër keke kën jɔt Nuëër. ....

12.2.4 Jam wään de ŋuan (Past perfect continous)

Jam wään de ŋuan e luui cië man cen në ye nyuɔɔth piinyë:

I) Kë cë rɔt gɔl në luɔɔi ku le tueŋ agut bë jal thök në kaam dët cë tëëk/agut bë dët rɔt looi

Tök
- Ɣɛn e ruur në cäth agut ba cop në Juba ɣɔn miäk.
- Yïn e ruur në cäth agut ba cop në Juba ɣɔn miäk.
- Aruur në cäth agut bë cop në Juba ɣɔn miäk.
- Ɣɛn cië gum në run juëc agut ba pial
- Yïn cië gum në run juëc agut ba pial.
- Acië gum në run juëc agut bë pial.
- Ɣɛn kën cɔk nëŋö ɣɛn e col në cäm.
- Yïn kën cɔk nëŋö yïn e col në cäm.
- Akën cɔk nëŋö e col në cäm.
- Ɣɛn e but e tiët e tenë agut bë cop.
- Yïn e but e tiët etë në agut bë cop.
- Abut e tiët e të në agut bë cop.
- Ɣɛn cië luui në ruɔɔn tök ku jal ya nyuɔ̈ɔ̈c.
- Yïn cië luui në ruɔ̈ɔ̈n tök ku jal yï nyuɔ̈ɔ̈c.
- Acië luui në ruɔ̈ɔ̈n tök ku jal nyuɔ̈ɔ̈c.
- Ɣɛn cië cuai nëŋö ɣɛn cië ya cam arët.
- Yïn cië cuai nëŋö yïn cië ya cam arët.

The Dinka's Grammar

- Acië cuai nëŋö acië ya cam arët.
- Yɛn cië yal nëŋö yɛn ye luui në ruɛlic.
- Yïn cië yal nëŋö yïn ye luui në ruɛlic.
- Acië yal nëŋö yɛn e luui në ruɛlic.
- Yɛn miök yön de gäär, nëŋö yɛn e ruur në diëër.
- Yïn miök yön de gäär, nëŋö yïn e ruur në diëër.
- Amiök yön de gäär, nëŋö e ruur në diëër.
- Yɛn e thök në jam wɔ Deŋ ku bɔ̈ Bol
- Yïn e thök në jam we Deŋ ku bɔ̈ Bol
- E thök në jam ke Deŋ ku bɔ̈ Bol.
- Yɛn e thök në pɔ̈ɔr domic ku la në thiëëkic.
- Yïn e thök në pɔ̈ɔr domic ku lɔ në thiëëkic.
- E thök në pɔ̈ɔr domic ku ler në thiëëkic.
- Yɛn e daai në wït agut bë wëthii cop.
- Yïn e daai në wït agut bë wëthii cop.
- E daai në wït agut bë wëthii cop.
- Yɛn e kuen athöör abë nïn ya dɔm.
- Yïn e kuen athöör abë nïn yï dɔm.
- E kuen athöör abï nïn dɔm.
- Yɛn e waak go wiir ya gɔp guɔ̈p.
- Yïn e waak go wiir yï gɔp guɔ̈p.
- E waak go wiir gɔp guɔ̈p.
- Yɛn e dek pïu aba ŋɔk.
- Yïn e dek pïu aba ŋɔk.
- E dek pïu abë ŋɔk.
- Yɛn nëk diir nëŋö yɛn e cool e kat.
- Yïn nëk diir nëŋö yïn e cool e kat.
- Anëk diir nëŋö e cool e kat.

Ka juëc
- Wɔ ke ruur në cäth agut bukku cop në Juba yɔn miäk.
- We ke ruur në cäth agut bakë cop në Juba yɔn miäk.

The Dinka's Grammar

- Aake ruur në cäth agut bïkë cop në Juba ɣɔn nhiäk.
- Wɔ cië gum në run juëc agut bukku pial.
- We cië gum në run juëc agut ba kë pial.
- Aacië gum në run juëc agut bï kë pial.
- Wɔ kën cɔk nëŋö wɔ ke col në cäm.
- We kën cɔk nëŋö we ke col në cäm.
- Aakën cɔk nëŋö aake col në cäm.
- Wɔ ke but në tiët ye tënë agut bë cop.
- We ke but në tiët ye tënë agut bë cop.
- Aake but në tiët ye të në agut bë cop.
- Wɔ cië luui në ruɔ̈ɔ̈n tök ku jal wɔ nyuɔ̈ɔ̈c.
- We cië luui në ruɔ̈ɔ̈n tök ku jal we nyuɔ̈ɔ̈c.
- Aacië luui në ruɔ̈ɔ̈n tök ku jal ke nyuɔɔ̈ɔ̈c.
- Wɔ cië cuai nëŋö wɔ cië ya cam arët.
- We cië cuai nëŋö we cië ya cam arët.
- Aacië cuai nëŋö aacië ya cam arët.
- Wɔ cië yal nëŋö wɔ ye luui në ruɛlic.
- We cië yal nëŋö we ye luui në ruɛlic.
- Aacië yal nëŋö aaye luui në ruɛlic.
- Wɔ miök ɣön de gäär nëŋö wɔke ruur në diëër.
- We miök ɣön de gäär nëŋö weke ruur në diëër.
- Aamiök ɣön de gäär nëŋö aake ruur në diëër.
- Wɔ ke thök në jam në Deŋ ku bɔ̈ Bol.
- We ke thök në jam në Deŋ ku bɔ̈ Bol.
- Aake thök në jam në Deŋ ku bɔ̈ Bol.
- Wɔ ke thök në pɔ̈ɔ̈r domic ku lokku në thiëëkic.
- We ke thök në pɔ̈ɔ̈r domic ku la kë në thiëëkic.
- Aake thök në pɔ̈ɔ̈r domic ku le kë në thiëëkic.
- Wɔ ke daai në wït agut abë wëthii cop.
- We ke daai në wït agut bë wëthii cop.
- Aake daai në wït agut bë wëthii cop.
- Wɔ ke kuen athöör abë nïn wɔ dɔm.
- We ke kuen athöör abë nïn we dɔm.

The Dinka's Grammar

- Aake kuen athöör aabï nïn ke dɔm.
- Wɔ ke waak go wiir wɔ gɔp gup.
- We ke waak go wiir we gɔp gup.
- Aake waak go wiir ke gɔp gup.
- Wɔ ke dek pïu abukku ŋɔk.
- We ke dek pïu aabakë ŋɔk.
- Aake dek pïu aabï kë ŋɔk.
- Wɔ nëk diir nëŋö wɔ ke cool në kat.
- We nëk diir nëŋö we ke cool në kat.
- Aanëk diir nëŋö aake cool në kat.

II) Jam wään de ŋuan gäm

Tök

Yɛn cië tïït abë akɔ̈l cuɔl.
Yïn cië tïït abë akɔ̈l cuɔl.
Acië tïït abë akɔ̈l cuɔl.
Yɛn e ruur në kuën abë piny bak.
Yïn e ruur në kuën abë piny bak.
Aruur në kuën abë piny bak.

Ka juëc

Wɔ cië tïït abë akɔ̈l cuɔl.
We cië tïït abë akɔ̈l cuɔl.
Aacië tïït abë akɔ̈l cuɔl.
Wɔ ke ruur në kuën abë piny bak.
We ke ruur në kuën abë piny bak.
Aake ruur në kuën abë piny bak.

II) Jam wään de ŋuan jai

Tök

- Yɛn kën tïït abë akɔ̈l cuɔl.
- Yïn kën tïït abë akɔ̈l cuɔl.
- Akën tïït abë akɔ̈l cuɔl.
- Yɛn kën ruur në kuën abë piny bak.
- Yïn kën ruur në kuën abë piny bak.
- Akën ruur në kuën abë piny bak.

Ka juëc

The Dinka's Grammar

- Wɔ kën tïït abë akɔ̈l cuɔl.
- We kën tïït abë akɔ̈l cuɔl.
- Aakën tïït abë akɔ̈l cuɔl.
- Wɔ kën ruur në kuën abë piny bak.
- We kën ruur në kuën abë piny bak.
- Aakën ruur në kuën abë piny bak.

IV) Thiëc

Thiëc de ka lik

Ɣɛn cïë tïït abë akɔ̈l cuɔl.
Yïn cïë tïït abë akɔ̈l cuɔl.
Acïë tïït abë akɔ̈l cuɔl.
Ɣɛn e ruur në kuën abë piny bak.
Yïn e ruur në kuën abë piny bak.
Aruur në kuën abë piny bak.
Ɣɛn kën tïït abë akɔ̈l cuɔl.
Yïn kën tïït abë akɔ̈l cuɔl.
Akën tïït abë akɔ̈l cuɔl.
Ɣɛn kën ruur në kuën abë piny bak.
Yïn kën ruur në kuën abë piny bak.
Akën ruur në kuën abë piny bak.

Ca tïït abë akɔ̈l cuɔl?
Ca tïït abë akɔ̈l cuɔl?
Cïë tïït abë akɔ̈l cuɔl?
Ca ruur ke ɣa kuën abë piny bak?
Ca ruur ke yï kuën abë piny bak?
Cïë ruur ke kuën abë piny bak?
Kën tïït abë piny cuɔl?
Kën në tïït abë piny cuɔl?
Kën tïït abë piny cuɔl?
Kën ruur në kuën abë piny bak?
Kën në ruur në kuën abë piny bak?
Kën ruur në kuën abë piny bak?

Thiëc de ka juëc

Wɔ cïë tïït abë akɔ̈l cuɔl.
Cukku tïït abë akɔ̈l cuɔl?

The Dinka's Grammar

We cië tïït abë akɔ̈l cuɔl. Ca kë tïït abë akɔ̈l cuɔl?
Aacië tïït abë akɔ̈l cuɔl. Cï kë tïït abë akɔ̈l?
Wɔ ke ruur në kuën abë piny bak. Cukku ruur në kuën abë piny bak?
We ke ruur në kuën abë piny bak. Ca kë ruur në kuën abë piny bak?
Aake ruur në kuën abë piny bak. Cï kë ruur në kuën abë piny bak?
Wɔ kën tïït abë akɔ̈l cuɔl. Kën ku tïït abë akɔ̈l cuɔl?
We kën tïït abë akɔ̈l cuɔl. Kën kë tïït abë akɔ̈l cuɔl?
Aakën tïït abë akɔ̈l cuɔl. Kën kë tïït abë akɔ̈l cuɔl?
Wɔ kën ruur në kuën abë piny bak. Kën ku ruur në kuën abë piny bak?
We kën ruur në kuën abë piny bak. Kën kë ruur në kuën abë piny bak?
Aakën ruur në kuën abë piny bak. Kën kë ruur në kuën abë piny bak?

V) Thëm de nom
a) Gät ye coor de ke wël tɔ̈u piinykë, keke ye thiëc:

Coor ke wël geer	Gäärë thiëc piny ye tënë
Yɛn e thök në jam wɔ Deŋ ku bɔ̈ Bol	....
Yïn e thök në jam we Deŋ ku bɔ̈ Bol	....
E thök në jam ke Deŋ ku bɔ̈ Bol.	....
Yɛn e thök në pɔ̈ɔ̈r domic ku la në thiëëkic.	....
Yïn e thök në pɔ̈ɔ̈r domic ku lɔ në thiëëkic.	....
E thök në pɔ̈ɔ̈r domic ku ler në thiëëkic.	....
Wɔ kën cɔk nëŋö wɔ ke col në cäm.	....
We kën cɔk nëŋö we ke col në cäm.	....

The Dinka's Grammar

Aakën cɔk nëŋö aake col në cäm. ....
Wɔ ke waak go wiir wɔ gɔp gup. ....
We ke waak go wiir we gɔp gup. ....
Aake waak go wiir ke gɔp gup. ....
Ɣɛn kën tïït abë akɔ̈l cuɔl. ....
Yïn kën tïït abë akɔ̈l cuɔl. ....
Akën tïït abë akɔ̈l cuɔl. ....

b) Gät ye coor de ke wël tɔ̈u piinykë keke ye ka juëc:

Coor ke wël   **Ka juëc**

Ɣɛn e daai në wït agut bë nyïïr jäl. ....
Yïn e daai në wït agut bë nyïïr jäl. ....
E daai në wït agut bë nyïïr jäl. ....
Ɣɛn e gät athöör aba kök näk. ....
Yïn e gät athöör aba kök näk. ....
E gät abë kök näk. ....
Ɣɛn e ruur në kuën agut cië kiu ajïnh tueeŋ. ....
Yïn e ruur në kuën agut cië kiu ajïnh tueeŋ. ....
Aruur në kuën agut cië kiu ajïnh tueeŋ. ....
Ɣɛn e thök në pɔ̈ɔ̈r ku la wutic. ....
Yïn e thök në pɔ̈ɔ̈r ku lɔ wutic. ....
E thök në pɔ̈ɔ̈r ku le wutic. ....

c) Gät ye cöör de ke wël tɔ̈u piinykë, keke ye töök:

Coor ke wël   **Tök**

Wɔ cië gum në run juëc agut bukku pial. ....
We cië gum në run juëc agut ba kë pial. ....

The Dinka's Grammar

Aacië gum në run juëc agut bï kë pial. ....
Wɔ kën cɔk nëŋö wɔ ke col në cäm. ....
We kën cɔk nëŋö we ke col në cäm. ....
Aakën cɔk nëŋö aake col në cäm. ....
Wɔ nëk diir nëŋö wɔ ke cool në kat. ....
We nëk diir nëŋö we ke cool në kat. ....
Aanëk diir nëŋö aake cool në kat. ....
Wɔ cië yal nëŋö wɔ ke lui në ruɛlic. ....
We cië yal nëŋö we ke lui në ruɛlic. ....
Aacië yal nëŋö aake lui në ruɛlic. ....

12.3 Jam de miäk (Future tense)
Jam de miäk acië tekic në ŋuan:

11.3.1 Jam de miäk tueŋ (Future simple)
11.3.2 Jam de miäk de reu (Future continous)
11.3.3 Jam de miäk de diäk (Future perfect)
11.3.4 Jam de miäk de ŋuan (Future perfect continous)

11.3.1 Jam de miäk tueŋ (Simple future)
Jam de miäk tueŋ e luui në biäk ke reu cië man cen në ye nyuɔɔth piinyë:

I)   Kë   bë   rɔt   looi   miäk

Tök
- Abë ruur në diëër abë piny run.
- Abë naŋ run ke thiëër në pen bɔ̈.
- Bë naŋ run ke dï në pen bɔ̈?
- Abë liɛɛr arët në pen bɔ̈.

The Dinka's Grammar

- Acï bë liɛɛr në pen bɔ̈.
- Aŋääth ke yï bë cath në pial de guɔ̈p.
- Aŋääth ke yï cï piɔ̈u bë riääk.
- Yɛn cï bë bɛɛr gääu.
- Yïn cï bë bɛɛr gääu.
- Acï bë bɛɛr gääu.
- Bë cop në thaa dï?
- Abë piɔ̈u miɛt apɛi të len ye döt.
- Yɛn bë cam në kaam bɔ̈.
- Yïn bë cam në kaam bɔ̈.
- Abë cam në kaam bɔ̈.
- Aya gam ke ye yan bë piath arët.
- Yɛn bë jam wɔ Deŋ.
- Yïn bë jam we Deŋ.
- Abë jam ke Deŋ.
- Yɛn bë pur në dom.
- Yïn bë pur në dom.
- Abë pur në dom.
- Yɛn bë daai në wït.
- Yïn bë daai në wït.
- Abë daai në wït.
- Yɛn bë athöör kueen.
- Yïn bë athöör kueen.
- Abë athöör kueen.
- Yɛn bë waak.
- Yïn bë waak.
- Abë waak.
- Yɛn bë pol.
- Yïn bë pol.
- Abë pol
- Yɛn bë kuaŋ.
- Yïn bë kuaŋ.
- Abë kuaŋ.

The Dinka's Grammar

- Yɛn bë tak.
- Yïn bë tak.
- Abë tak.
- Yɛn bë dek.
- Yïn bë dek.
- Abë dek.
- Yɛn bë kat.
- Yïn bë kat.
- Abë kat.
- Yɛn bë cam.
- Yïn bë cam.
- Abë cam.

Ka juëc
- Aabë ruur në diëër abë piny run.
- Aabë naŋ run ke thiëër në pen bɔ̈.
- Bï kë naŋ run ke dï në pen bɔ̈?
- Abë liɛɛr arët në pëi bɔ̈.
- Acï bë liɛɛr në pëi bɔ̈.
- Aŋäthku ke we bë cath në pial de guɔ̈p.
- Aŋäthku ke we cï piɔ̈ɔ̈th bë riääk.
- Wɔ cï bë bɛɛr gääu.
- We cï bë bɛɛr gääu.
- Aacï bë bɛɛr gääu.
- Bï kë cop në thaa dï?
- Aabë piɔ̈ɔ̈th miɛt apɛi të le kek ye döt.
- Wɔ bë cam në kaam bɔ̈.
- We bë cam në kaam bɔ̈.
- Aabë cam në kaam bɔ̈.
- Aayoku gam ke ye yan bë piath arët.
- Wɔ bë jam në Deŋ.
- We bë jam në Deŋ.
- Aabë jam në Deŋ.

The Dinka's Grammar

- Wɔ bë pur në dom.
- We bë pur në dom.
- Aabe bë pur në dom.
- Wɔ bë daai në wït.
- We bë daai në wït.
- Aabë daai në wït.
- Wɔ bë athöör kueen.
- We bë athöör kueen.
- Aabë athöör kueen.
- Wɔ bë waak.
- We bë waak.
- Aabë waak.
- Wɔ bë pol.
- We bë pol.
- Aabë pol.
- Wɔ bë kuaŋ.
- We bë kuaŋ.
- Aabë kuaŋ.
- Wɔ bë tak.
- We bë tak.
- Aabë tak.
- Wɔ bë dek.
- We bë dek.
- Aabë dek.
- Wɔ bë kat.
- We bë kat.
- Aabë kat.
- Wɔ bë cam.
- We bë cam.
- Aabë cam.

III) Tɔ̈ɔu de nom/Kë lui e këdë

The Dinka's Grammar

Tök
- Yïn ba ya kony në luɔ̈ɔ̈t.
- Ɣɛn bë ye thëmë tiaam.
- Yïn bë ye thëmë tiaam.
- Abë ye thëmë tiaam.
- Yïn ba neem alë.
- Yïn bë ɣa neem alë.
- Abë ɣa neem alë.
- Ba bën we ɣa?
- Aca bë kɔn pɔ̈l.
- Ɣɛn cï piɔ̈u bë kɔn dhäär.
- Yïn cï piɔ̈u bë kɔn dhäär.
- Acï piɔ̈u bë dhäär.
- Aba looi miäk.
- Na ca lääu ke riän aba looi.
- Yïn ca bë waan.
- Ɣɛn cï nom bë bäth në yïn.
- Yïn ba thiaak.
- Yïn ba neem në kööl de dhetem.
- Ɣɛn bë alëthku waak miäk.
- Ɣɛn bë ɣɔ̈k ku lɔ biɔ̈ɔ̈k miäk.

Ka juëc
We bukku ke ya kony në luɔ̈ɔ̈t.
Wɔ bë ye thëmë tiaam.
We bë ye thëmë tiaam.
Aabë ye thëmë tiaam.
Yïn bukku neem alë.
Yïn bë wɔ neem alë.
Aabë wɔ neem alë.
Ba bën we wɔ?
Aacukku bë kɔn pɔ̈l.

The Dinka's Grammar

Wɔ cï piɔ̈ɔ̈th bë kɔn dhäär.
We cï piɔ̈ɔ̈th bë kɔn dhäär.
Aacï piɔ̈ɔ̈th bë kɔn dhäär.
Aabukku looi miäk.
Na cukku lääu ke riäi aabukku looi.
We cukku ke bë waan.
Wɔ cïï nïïm bë bäth në week.
We bukku ke thiaak.
We bukku ke neem në kööl de dhetem.
Wɔ bë alëthkun waak miäk.
Wɔ bë ɣɔ̈k kun lɔ biɔ̈ɔ̈k miäk.

III) Jam de miäk tueŋ gäm

Tök

Ɣɛn bë athöör tuɔɔc miäk.
Yïn bë athöör tuɔɔc miäk.
Abë athöör tuɔɔc miäk.
Ɣɛn bë lɔ baai miäk.
Yïn bë lɔ baai miäk.
Abë lɔ baai miäk.

Ka juëc

Wɔ bë athöör tuɔɔc miäk.
We bë athöör tuɔɔc miäk.
Aabë athöör tuɔɔc miäk.
Wɔ bë lɔ baai miäk.
We bë lɔ baai miäk.
Aabë lɔ baai miäk.

IV) Jam de miäk tueŋ jai

Tök

Ɣɛn cïï athöör bë tuɔɔc miäk.
Yïn cïï athöör bë tuɔɔc miäk.
Acïï athöör bë tuɔɔc miäk.
Ɣɛn cïï bë lɔ baai miäk.
Yïn cïï bë lɔ baai miäk.

Ka juëc

Wɔ cïï athöör bë tuɔɔc miäk.
We cïï athöör bë tuɔɔc miäk.
Aacïï athöör bë tuɔɔc miäk.
Wɔ cïï bë lɔ baai miäk.
We cïï bë lɔ baai miäk.

The Dinka's Grammar

Acïï bë lɔ baai miäk.   Aacïï bë lɔ baai miäk.

V) Thiëc

Thiëc de ka lik

Yɛn bë athöör tuɔɔc miäk.   Ba athöör tuɔɔc miäk?
Yïn bë athöör tuɔɔc miäk.   Ba athöör tuɔɔc miäk?
Abë athöör tuɔɔc miäk.   Bë athöör tuɔɔc miäk?
Yɛn bë lɔ baai miäk.   Ba lɔ baai miäk?
Yïn bë lɔ baai miäk.   Ba lɔ baai miäk?
Abë lɔ baai miäk.   Bë lɔ baai miäk?
Yɛn cïï athöör bë tuɔɔc miäk.   Ca athöör bë tuɔɔc miäk?
Yïn cïï athöör bë tuɔɔc miäk.   Cï athöör bë tuɔɔc miäk?
Acï athöör bë tuɔɔc miäk.   Cïï athöör bë tuɔɔc miäk?
Yɛn cïï bë lɔ baai miäk.   Ca bë lɔ baai miäk?
Yïn cïï bë lɔ baai miäk.   Cï bë lɔ baai miäk?
Acïï bë lɔ baai miäk.   Cïï bë lɔ baai miäk?

Thiëc de ka juëc

Wɔ bë athöör tuɔɔc miäk.   Bukku athöör tuɔɔc miäk?
We bë athöör tuɔɔc miäk.   Ba kë athöör tuɔɔc miäk?
Aabë athöör tuɔɔc miäk.   Bï kë athöör tuɔɔc miäk?
Wɔ bë lɔ baai miäk.   Bukku lɔ baai miäk?
We bë lɔ baai miäk.   Ba kë lɔ baai miäk?
Aabë lɔ baai miäk.   Bï kë lɔ baai miäk?
Wɔ cïï athöör bë tuɔɔc miäk.   Cukku athöör bë tuɔɔc miäk?
We cïï athöör bë tuɔɔc miäk.   Ca kë athöör bë tuɔɔc miäk?
Aacïï athöör bë tuɔɔc miäk.   Cï kë athöör bë tuɔɔc miäk?
Wɔ cïï bë lɔ baai miäk.   Cukku bë lɔ baai miäk?
We cïï bë lɔ baai miäk.   Ca kë bë lɔ baai miäk?
Aacïï bë lɔ baai miäk.   Cï kë bë lɔ baai miäk?

VI) Thëm de nom

The Dinka's Grammar

a) Gät ye coor de ke wël tɔ̈u piinykë, keke ye thiëc:

Coor ke wël geer	Gäärë thiëc piny ye tënë
Wɔ bë ye thëmë tiaam.	....
We bë ye thëmë tiaam.	....
Aabë ye thëmë tiaam.	....
Yïn ca bë waan.	....
Yɛn cï nom bë bäth në yïn.	....
Yïn ba thiaak.	....
Wɔ cï bë bɛɛr gääu.	....
We cï bë bɛɛr gääu.	....
Aacï bë bɛɛr gääu.	....
Yɛn bë kat.	....
Yïn bë kat.	....
Abë kat.	....
Yɛn bë kuaŋ.	....
Yïn bë kuaŋ.	....
Abë kuaŋ.	....

b) Gät ye coor de ke wël tɔ̈u piinykë keke ye ka juëc:

Coor ke wël	Ka juëc
Yɛn bë athöör gɔ̈t.	....
Yïn bë athöör gɔ̈t.	....
Abë athöör gɔ̈t.	....
Yɛn bë lɔ yep në tim.	....
Yïn bë yep në tim.	....
Abë yep në tim.	....
Weŋ abë lɔ tooc.	....
Thɔ̈k abë tet në yïth ke tim.	....
Amääl abë dek në pïu.	....
Akɔ̈ɔ̈n abë tëëk.	....

The Dinka's Grammar

Anyaar abë liec ye man në. ....

c) Gät ye coor de ke wël tɔ̈u piinykë, keke ye töök:

Coor ke wël	Tök
Wɔ bë pur.	....
We bë pur.	....
Aabë pur.	....
Wɔ bë cam.	....
We bë cam.	....
Aabë cam.	....
Yïn ba neem alë.	....
Yïn bë ɣa neem alë.	....
Abë ɣa neem alë.	....
Ɣɛn cï piɔ̈u bë kɔn dak.	....
Yïn cï piɔ̈u bë kɔn dak.	....
Acï piɔ̈u bë dak.	....

12.3.2 Jam miäk de reu (Future continous)

Jam de miäk de reu e luui cië man cen në ye nyuɔɔth piinyë:

I) Ka bë röt gɔl në luɔi ke lɔ tueŋ në kaam bɔ̈ tueŋ

Tök
- Ɣɛn bë ruur në diëër abë piny run.
- Yïn bë ruur në diëër abë piny run.
- Abë ruur në diëër abë piny run.
- Yeŋö ba ruur ke luɔɔi?
- Yeŋö ba ruur ke loi?
- Yeŋö bë ruur ke looi?
- Ɣɛn bë luui ke ɣa thiääk we ye.
- Yïn bë luui ke yï thiääk we ye.

The Dinka's Grammar

- Abë luui ke thiääk ke ye.
- Ɣɛn bë Deŋ yök ke nin.
- Yïn bë Deŋ yök ke nin.
- Abë Deŋ yök ke nin.
- Adit abë yök ke thät miäk në thaa diäk.
- Yïn bë bën, ku yök ɣa ke ɣa tït.
- Ye të nou ban yï yök ke yï tït?
- Ba kat agut cië nɛn?
- Ba kat agut cië nɛn?
- Bë kat agut cië nɛn?
- Ɣɛn bë kat agut ba dak.
- Yïn bë kat agut ba dak.
- Abë kat agut bë dak.
- Yïn bë ɣa yök ke ɣa jam wɔ Deŋ.
- Yïn ba yök ke yï jam we Deŋ.
- Aba yök ke jam ke Deŋ.
- Yïn bë ɣa yök ke ɣa puur domic.
- Yïn ba yök ke yï puur domic.
- Aba yök ke puur domic.
- Yïn bë ɣa yök ke ɣa daai në wït.
- Yïn ba yök ke yï daai në wït.
- Aba yök ke daai në wït.
- Yïn bë ɣa yök ke ɣa kuen athöör.
- Yïn ba yök ke yï kuen athöör.
- Aba yök ke kuen athöör.
- Yïn bë ɣa yök ke ɣa waak.
- Yïn ba yök ke yï waak.
- Aba yök ke waak.
- Yïn bë ɣa yök ɣa pol.
- Yïn ba yök ke yï pol.
- Aba yök ke pol.
- Yïn bë ɣa yök ke ɣa kuaŋ.
- Yïn ba yök ke yï kuaŋ.

The Dinka's Grammar

- Aba yök ke kuaŋ.
- Yïn bë ya yök ke ya täk.
- Yïn ba yök ke yï täk.
- Aba yök ke täk.
- Yïn bë ya yök ke ya dëk.
- Yïn ba yök ke yï dëk.
- Aba yök ke dëk.
- Yïn bë ya yök ke ya kat.
- Yïn ba yök ke yï kat.
- Aba yök ke kat.

Ka juëc
- Wɔ bë ruur në diëër abë piny run.
- We bë ruur në diëër abë piny run.
- Aabë ruur në diëër abë piny run.
- Yeŋö bukku ruur ke loi ku?
- Yeŋö ba kë ruur ke luɔi kë?
- Yeŋö bï kë ruur ke loi kë?
- Wɔ bë luui ke wɔ thiääk në keek.
- We bë luui ke we thiääk në keek.
- Aabë luui keke thiääk ke keek.
- Wɔ bë Deŋ yök ke nin.
- We bë Deŋ yök ke nin.
- Aabë Deŋ yök ke nin.
- Adit abë yök ke thät miäk në thaa diäk.
- We bë bën, ku yɔ̈k kë wɔ ke wɔ tït.
- Ye të nou ban we yök ke we tït?
- Bukku kat agut cië nɛn?
- Ba kë kat agut cië nɛn?
- Bï kë kat agut cië nɛn?
- Wɔ bë kat agut bukku dak.
- We bë kat agut ba kë dak.
- Aabë kat agut bï kë dak.

The Dinka's Grammar

- We bë wɔ yök ke wɔ jam në Deŋ.
- We ba yök ke we jam në Deŋ.
- Aaba ke yök keke jam në Deŋ.
- We bë wɔ yök ke wɔ puur domic.
- We ba yök ke we puur domic.
- Aaba ke yök keke puur domic.
- We bë wɔ yök ke wɔ daai në wït.
- We ba yök ke we daai në wït.
- Aaba ke yök keke daai në wït.
- We bë wɔ yök ke wɔ kuen athöör.
- We ba yök ke we kuen athöör.
- Aaba ke yök keke kuen athöör.
- We bë wɔ yök ke wɔ waak.
- We ba yök ke we waak.
- Aaba ke yök keke waak.
- We bë wɔ yök ke wɔ pol.
- We ba yök ke we pol.
- Aaba ke yök keke pol.
- We bë wɔ yök ke wɔ kuaŋ.
- We ba yök ke we kuaŋ.
- Aaba ke yök keke kuaŋ.
- We bë wɔ yök ke wɔ täk.
- We ba yök ke we täk.
- Aaba ke yök keke täk.
- We bë wɔ yök ke wɔ dëk.
- We ba ke yök ke we dëk.
- Aaba ke yök keke dëk.
- We bë wɔ yök ke wɔ kat.
- We ba ke yök ke we kat.
- Aaba ke yök keke kat.

II) **Jam de miäk de reu gäm**

The Dinka's Grammar

Tök

Yïn bë ɣa yök ke ɣa kut ɣötic.
Yïn ba yök ke yï kut ɣötic.
Aba yök ke kut ɣötic.
Yïn bë ɣa yök ke ɣa cäm.
Yïn ba yök ke yï cäm.
Aba yök ke cäm.

Ka juëc

Yïn bë wɔ yök ke wɔ kut ɣötic.
We ba ke yök ke we kut ɣötic.
Aaba ke yök keke kut ɣötic.
Yïn bë wɔ yök ke wɔ cäm.
We ba ke yök ke we cäm.
Aaba ke yök keke cäm.

III) Jam de miäk de reu jai

Tök

Yïn cï ɣa bë yök ke ɣa kut ɣötic.
Yïn ca bë yök ke yï kut ɣötic.
Aca bë yök ke kut ɣötic.
Yïn cï ɣa bë yök ke ɣa cäm.
Yïn ca bë yök ke yï cäm.
Aca bë yök ke cäm.

Ka juëc

Yïn cï wɔ bë yök ke wɔ kut ɣötic.
We ca ke bë yök ke we kut ɣötic.
Aaca ke yök keke kut ɣötic.
Yïn cï wɔ bë yök ke wɔ cäm.
We ca ke bë yök ke we cäm.
Aaca ke bë yök keke cäm.

IV) Thiëc
Ka lik
- Yïn bë ɣa yök ke ɣa kut ɣötic.
- Yïn ba yök ke yï kut ɣötic.
- Aba yök ke kut ɣötic.
- Yïn bë ɣa yök ke ɣa cäm.
- Yïn ba yök ke yï cäm.
- Aba yök ke cäm.
- Yïn cï ɣa bë yök ke ɣa kut ɣötic.
- Yïn ca bë yök ke yï kut ɣötic.
- Aca bë yök ke yï cäm.
- Aca bë yök ke cäm.ke kut ɣötic.

The Dinka's Grammar

- Yïn cï ɣa bë yök ke ɣa cäm.
- Yïn ca bë yök.

Thiëc de ka lik
- Ba ɣa yök ke ɣa kut ɣötic?
- Ba yï yök ke yï kut ɣötic?
- Ba yök ke kut ɣötic?
- Ba ɣa yök ke ɣa cäm?
- Ba yï yök ke yï cäm?
- Ba yök ke cäm?
- Cï ɣa bë yök ke ɣa kut ɣötic?
- Ca yï bë yök ke yï kut ɣötic?
- Ca bë yök ke kut ɣötic?
- Cï ɣa bë yök ke ɣa cäm?
- Ca yï bë yök ke yï cäm?
- Ca bë yök ke cäm?

Ka juëc
- Yïn bë wɔ yök ke wɔ kut ɣötic.
- We ba ke yök ke we kut ɣötic.
- Aaba ke yök keke kut ɣötic.
- Yïn bë wɔ yök ke wɔ cäm.
- We ba ke yök ke we cäm.
- Aaba ke yök keke cäm.
- Yïn cï wɔ bë yök ke wɔ kut ɣötic.
- We ca ke bë yök ke we kut ɣötic.
- Aaca ke bë yök keke kut ɣötic.
- Yïn cï wɔ bë yök ke wɔ cäm.
- We ca ke bë yök ke we cäm.
- Aaca ke bë yök keke cäm.

Thiëc de ka juëc
- Ba wɔ yök ke wɔ kut ɣötic?

The Dinka's Grammar

- Ba we yök ke we kut ɣötic?
- Ba ke yök keke kut ɣötic?
- Ba wɔ yök ke wɔ cäm?
- Ba we yök ke we cäm?
- Ba ke yök keke cäm?
- Cï wɔ bë yök ke wɔ ke wɔ kut ɣötic?
- ca we bë yök ke we kut ɣötic?
- Ca ke bë yök keke kut ɣötic?
- Cï wɔ bë yök ke wɔ cäm?
- Ca we bë yök ke we cäm?
- Ca ke bë yök keke cäm?

VI) Thëm de nom
a) Gät ye coor de ke wël tɔ̈u piinykë, keke ye thiëc:

Coor ke wël geer	Gäärë thiëc piny ye të në
Ɣɛn bë ruur në diëër abë piny run.	....
Yïn bë ruur në diëër abë piny run.	....
Abë ruur në diëër abë piny run.	....
We bë wɔ yök ke wɔ dëk.	....
We ba ke yök ke we dëk.	....
Aaba ke yök keke dëk.	....
We bë wɔ yök ke wɔ kat.	....
We ba ke yök ke we kat.	....
Aaba ke yök keke kat.	....
Yïn bë ɣa yök ke ɣa pol.	....
Yïn ba yök ke yï pol.	....
Aba yök ke pol.	....
Yïn bë ɣa yök ke ɣa kuaŋ.	....
Yïn ba yök ke yï kuaŋ.	....
Aba yök ke kuaŋ.	....

The Dinka's Grammar

b) Gät ye coor de ke wël tɔ̈u piinykë keke ye ka juëc:

Coor ke wël	Ka juëc
Ba rëër ye tënë agut cië nɛn?	....
Ba rëër ye tënë agut cië nɛn?	....
Bë rëër ye tënë agut cië nɛn?	....
Ɣɛn bë cath agut ba dhäär.	....
Yïn bë cath agut ba dhäär.	....
Abë cath agut bë dhäär.	....
Yïn bë ɣa yök ke ɣa jiëëm Deŋ.	....
Yïn ba yök ke yï jiëëm Deŋ.	....
Aba yök ke jiëëm Deŋ.	....
Yïn cï ɣa bë yök ke ɣa dëk në mɔ̈u.	....
Yïn ca bë yök ke yï dëk në mɔ̈u.	....
Aca bë yök ke dëk në mɔ̈u.	....

c) Gät ye cöör de ke wël tɔ̈u piinykë, keke ye töök:

Coor ke wël	Tök
We bë wɔ yök ke wɔ cuet rëc.	....
We ba yök ke we cuet rëc.	....
Aaba ke yök keke cuet rëc.	....
We bë wɔ yök ke wɔ thär anyɔu.	....
We ba yök ke we thär anyɔu.	....
Aaba ke yök keke thär anyɔu.	....
We bë wɔ yök ke wɔ kuen wëu.	....
We ba yök ke we kuen wëu.	....
Aaba ke yök keke kuen wën.	....
Wɔ bë Akoi yök ke yaŋ thɔ̈k në tim thar.	....
We bë Akoi yök ke yaŋ thɔ̈k në tim thar.	....
Aabë Akoi yök ke yaŋ thɔ̈k në tim thar.	....

The Dinka's Grammar

12.3.3 Jam de miäk de diäk (Future perfect)

Jam de miäk de diäk e luui në biäk ke diäk cië man cen në ye nyuɔɔth piinyë:

I) Kë bë rɔt kɔn looi në dët nom në kaam bɔ̈ tueŋ:

Tök
- Acol abï man yök kë cië lon de thöl.
- Abuk aba yök ke cië wɔ thät të cuɔ̈p ɣɛn baai.
- Ɣɛn bë thök në jam wɔ Deŋ ku jäl.
- Yïn bë thök në jam we Deŋ ku jälë.
- Abë thök në jam ke Deŋ ku jiël.
- Ɣɛn bë thök në pɔ̈ɔ̈r domic ku la waak.
- Yïn bë thök në pɔ̈ɔ̈r domic ku lɔ waak.
- Abë thök në pɔ̈ɔ̈r domic ku le waak.
- Ɣɛn bë thök në daai në wït ku la wutic.
- Yïn bë thök në daai në wït ku lɔ wutic.
- Abë thök në daai në wït ku le wutic.
- Ɣɛn bë thök në jam ku kuɛɛn athöör.
- Yïn bë thök në jam ku kuen athöör.
- Abë thök në jam ku kueen athöör.
- Ɣɛn bë thök në pol në wet ku bëi.
- Yïn bë thök në pol në wet ku bä.
- Abë thök në pol në wet ku bïï.
- Ɣɛn bë thök në kuaŋ ku tääu alëth kï.
- Yïn bë thök në kuaŋ ku tääu ë alëthku.
- Abë thök në kuaŋ ku tëëu alëth ke.
- Ɣɛn bë thök në dëk ku cäm.
- Yïn bë thök në dëk ku cämë.
- Abë thök në dëk ku ciëm.
- Ɣɛn bë rɔt jɔt ku kat.
- Yïn bë rɔt jɔt ku katë.

The Dinka's Grammar

➢ Abë rɔt jɔt ku kɛt.

Ka juëc
➢ Acol abï man yök kë cië lon de thöl.
➢ Abuk aabukku yök ke cië wɔ thät të cup wɔ baai.
➢ Wɔ bë thök në jam wɔ Deŋ ku jiël ku.
➢ We bë thök në jam në Deŋ ku jäl kë.
➢ Aabë thök në jam në Deŋ ku jiël kë.
➢ Wɔ bë thök në pɔ̈ɔ̈r domic ku lok ku waak.
➢ We bë thök në pɔ̈ɔ̈r domic ku lak kë waak.
➢ Aabë thök në pɔ̈ɔ̈r domic ku lek kë waak.
➢ Wɔ bë thök në daai në wït ku lok ku wutic.
➢ We bë thök në daai në wït ku lak kë wutic.
➢ Aabë thök në daai në wït ku lek kë wutic.
➢ Wɔ bë thök në jam ku kuen ku athöör.
➢ We bë thök në jam ku kuɛn kë athöör.
➢ Aabë thök në jam ku kuen kë athöör.
➢ Wɔ bë thök në pol në wet ku buk ku.
➢ We bë thök në pol në wet ku bäk kë.
➢ Aabë thök në pol në wet ku bïï kë.
➢ Wɔ bë thök në kuaŋ ku tëëu ku alëth kuɔ.
➢ We bë thök në kuaŋ ku tëëu kë alëthkun.
➢ Aabë thök në kuaŋ ku tëëu kë alëth ken.
➢ Wɔ bë thök në dëk ku ciëm ku.
➢ We bë thök në dëk ku cäm kë.
➢ Aabë thök në dëk ku ciëm kë.
➢ Wɔ bë röth jɔt ku kɛt ku.
➢ We bë röth jɔt ku kat kë.
➢ Aabë röth jɔt ku kɛt kë.

The Dinka's Grammar

II) Kë bë rɔt kɔn looi në thaa lɔ cök bɔ̈ tueŋ:

Tök
- Miäk wälë në pɛɛi de dhorou ke rap acië thiëëp.
- Në pɛɛi bɔ̈, ke yïn bë pial.
- Dëŋ ke arëth abë tuɛny gɔl në pɛɛi de diäk.
- Na pääc cië, ke kuïn aba yök ke cië tuak.
- Miäk wälë, ke pïïr da acië rɔt waar.
- Në pɛɛi de thiëër ku tök, ke dëŋ acië yiël.
- Mïak ke Deŋ abë naŋ wik tök ke rëër ye tök.
- Ne thaa dhetem keka cië dhuk baai.
- Na le ya thaa thiëër ku reu keka cië dier arët.
- Na lɔ piny run miäk keka cië nin apɛi.
- Na ye run tï keka cië lec weer.

Ka juëc
- Miäk wälë në pɛɛi de dhorou ke rap acië thiëëp.
- Në pɛɛi bɔ̈, ke we bë pial.
- Dëŋ ke arëth abë tuɛny gɔl në pɛɛi de diäk.
- Na pääc kë, ke kuïn aba kë yök ke cië tuak.
- Miäk wälë, ke pïïr den acië rɔt waar.
- Në pɛɛi de thiëër ku tök, ke dëŋ acië yiël.
- Mïak ke Deŋ abë naŋ wik tök ke rëër ye tök.
- Ne thaa dhetem keka cië dhuk baai.
- Na le ya thaa thiëër ku reu keka cië dier arët.
- Na lɔ piny run miäk keka cië nin apɛi.
- Na ye run tï keka cië lec weer.

III) Kë bë lɔ ke loi rɔt agut cë kaam bɔ̈ tueŋ:

The Dinka's Grammar

Tök
- Në aköl de tök bɔ̈, ke ɣɛn bë naŋ run ke thiëër ke ɣa cië thiëëk.
- Bëc abë naŋ wiik ke reu ke bec miäk.
- Në pɛɛi de ŋuan ke wɔ bë naŋ run ke dhïc në Juba.
- Akon abë naŋ pëi ke dhetem në miäk ti.
- Në pen bɔ̈, ke ɣɛn bë naŋ run ke reu ɣön de gäär.
- Acol abë naŋ run ke thiëër në luɔi yic në pɛɛi de thiëër ku reu.
- Në wik bɔ̈ ke ɣɛn cië ceŋ baai ye tën në pëi ke diäk.
- Ne pɛɛi de bët keka be naŋ pëi ke thiëër ke lui ke ɣa.

Ka juëc
- Në aköl de tök bɔ̈, ke wɔ bë naŋ run ke thiëër ke wɔ cë röth thiaak.
- Bëc abë naŋ wiik ke reu ke bec miäk.
- Në pɛɛi de ŋuan ke ɣɛn bë naŋ run ke dhïc në Juba.
- Akon abë pëi ke dhetem në miäk ti.
- Në pen bɔ̈, ke wɔ bë naŋ run ke reu ɣön de gäär.
- Acol abë naŋ run ke thiëër në luɔi yic në pɛɛi de thiëër ku reu.
- Në wik bɔ̈ ke wɔ cië ceŋ baai ye tën në pëi ke diäk.
- Ne pɛɛi de bët keka bë naŋ pëi ke thiëër ke lui ke wɔ.

IV) Jam de miäk de diäk gäm

Tök
- Ne pen bɔ̈ ke ɣɛn cië thök në gäär.
- Ne pen bɔ̈n ke yïn cië thök në gäär.
- Ne pen bɔ̈ keka cië thök në gäär.
- Ɣɛn bë tɔ̈u ke ɣa cië rɔt guiir të jäl wek baai.
- Yïn bë tɔ̈u ke yï cë rɔt guiir të jiël kek baai.

The Dinka's Grammar

➢ Abë tɔu ke cë rɔt guiir të jiël kek baai.

Ka juëc
➢ Në pen bɔ̈ ke wɔ cië thök në gäär.
➢ Në pen bɔ̈ ke we cië thök në gäär.
➢ Në pen bɔ̈n ke kaa cië thök në gäär.
➢ Wɔ bë tɔu ke wɔ cië röth guiir të jäl wek baai.
➢ We bë tɔu ke we cië röth guiir të jiël kek baai.
➢ Aabë tɔu keke cië röth guiir të jiël kek baai.

V) **Jam de miäk de diäk jai**
Tök
➢ Ne pen bɔ̈ ke γɛn kën thök në gäär.
➢ Ne pen bɔ̈n ke yïn kën thök në gäär.
➢ Ne pen bɔ̈ keka kën thök në gäär.
➢ Υɛn bë tɔu ke γa kën rɔt guiir të jäl wek baai.
➢ Yïn bë tɔu ke yï kën rɔt guiir të jiël kek baai.
➢ Abë tɔu ke kën rɔt guiir të jiël kek baai.

Ka juëc
➢ Në pen bɔ̈ ke wɔ kën thök në gäär.
➢ Në pen bɔ̈ ke we kën thök në gäär.
➢ Në pen bɔ̈ ke kaa kën thök në gäär.
➢ Wɔ bë tɔu ke wɔ kën röth guiir të jäl wek baai.
➢ We bë tɔu ke we kën röth guiir të jiël kek baai.
➢ Aabë tɔu keke kën röth guiir të jiël kek baai.

VI) Thiëc
Tök
➢ Ne pen bɔ̈ ke γɛn cië thök në gäär.
➢ Ne pen bɔ̈n ke yïn cië thök në gäär.
➢ Ne pen bɔ̈ keka cië thök në gäär.

The Dinka's Grammar

- Yɛn bë tɔ̈u ke ɣa cië rɔt guiir të jäl wek baai.
- Yïn bë tɔ̈u ke yï cië rɔt guiir të jiël kek baai.
- Abë tɔ̈u ke cië rɔt guiir të jiël kek baai.
- Ne pen bɔ̈ ke yɛn kën thök në gäär.
- Ne pen bɔ̈n ke yïn kën thök në gäär.
- Ne pen bɔ̈ keka kën thök në gäär.
- Yɛn bë tɔ̈u ke ɣa kën rɔt guiir të jäl wek baai.
- Yïn bë tɔ̈u ke yï kën rɔt guiir të jiël kek baai.
- Abë tɔ̈u ke kën rɔt guiir të jiël kek baai.

Thiëc de ka lik
- Në pen bɔ̈ ke ɣa bë thök në gäär?
- Në pen bɔ̈ ke yï thök në gäär?
- Në pen bɔ̈ ke bë thök në gäär?
- Ba tɔ̈u ke ɣa cië rɔt guiir të jäl wek baai?
- Ba tɔ̈u ke yï cië rɔt guiir të jiël kek baai?
- Bë tɔ̈u ke cië rɔt guiir të jiël kek baai?
- Ne pen bɔ̈ ke ɣa kën thök në gäär?
- Ne pen bɔ̈ ke yï kën thök në gäär?
- Ne pen bɔ̈ ke kën thök në gäär?
- Ba tɔ̈u ke ɣa kën rɔt guiir të jäl wek baai?
- Ba tɔ̈u ke yï kën rɔt guiir të jiël kek baai?
- Bë tɔ̈u ke kën rɔt guiir të jiël kek baai?

Kajuëc
- Në pen bɔ̈ ke wɔ cië thök në gäär.
- Në pen bɔ̈ ke we cië thök në gäär.
- Në pen bɔ̈n ke kaa cië thök në gäär.
- Wɔ bë tɔ̈u ke wɔ cië röth guiir të jäl wek baai.
- We bë tɔ̈u ke we cië röth guiir të jiël kek baai.
- Aabë tɔ̈u keke cië röth guiir të jiël kek baai.
- Në pen bɔ̈ ke wɔ kën thök në gäär.
- Në pen bɔ̈ ke we kën thök në gäär.

The Dinka's Grammar

- Në pen bö ke kaa kën thök në gäär.
- Wɔ bë tɔu ke wɔ kën röth guiir të jäl wek baai.
- We bë tɔu ke we kën röth guiir të jiël kek baai.
- Aabë tɔu keke kën röth guiir të jiël kek baai.

Thiëc de ka juëc
- Bukku thök në gäär në pen bö?
- Ba kë thök në gäär në pen bö?
- Bï kë thök në gäär në pen bö?
- Bukku tɔu ke wɔ cië röth guiir të jäl wek baai?
- Ba kë tɔu ke we cië röth guiir të jiël kek baai?
- Bï kë tɔu keke cië röth guiir të jiël kek baai?
- Në pen bö, ke wɔ kën thök në gäär?
- Në pen bö, ke we kën thök në gäär?
- Në pen bö, ke kaa kën thök në gäär?
- Bukku tɔu ke wɔ kën röth guiir të jäl wek baai?
- Ba kë tɔu ke we kën röth guiir të jiël kek baai?
- Bi kë tɔu keke kën röth guiir të jiël kek baai?

v) **Thëm de nom**

a) **Gät ye coor de ke wël tɔu piinykë, keke ye thiëc:**

Coor ke wël geer	Gäärë thiëc piny ye të në
Ɣɛn bë thök në daai në wït ku la wutic.	....
Yïn bë thök në daai në wït ku lɔ wutic.	....
Abë thök në daai në wït ku le wutic.	....
Na pääc kë, ke kuïn aba kë yök ke cië tuak.	....
Miäk wälë, ke pïïr den acië rɔt waar.	....
Në pɛɛi de thiëër ku tök, ke dëŋ acië yiël.	....

The Dinka's Grammar

Wɔ bë thök në kuaŋ ku tëëu ku alëth kuɔ. ....
We bë thök në kuaŋ ku tëëu kë alëthkun. ....
Aabë thök në kuaŋ ku tëëu kë alëth ken. ....
Ɣɛn bë thök në pol në wet ku bëi. ....
Yïn bë thök në pol në wet ku bä. ....
Abë thök në pol në wet ku bïï. ....
Na le ya thaa thiëër ku reu keka cië dier arët. ....
Na lɔ piny run miäk keka cië nin apɛi. ....
Na ye run tï keka cië lec weer. ....

b) Gät ye coor de ke wël tɔ̈u piinykë keke ye ka juëc:

Coor ke wël	Ka juëc
Ɣɛn bë thök në kuën ku tääc.	....
Yïn bë thök në kuën ku tääcië.	....
Abë thök në kuën ku tëëc.	....
Ɣɛn bë rɔt jɔt ku lɔ̈ɔ̈ny dhöl.	....
Yïn bë rɔt jɔt ku lɔ̈ɔ̈nyë dhöl.	....
Abë rɔt jɔt ku lööny dhöl.	....
Në pɛɛi bö̈, ke yïn bë nom päl.	....
Dëŋ ke acuiil abë tuɛny gɔl në pɛɛi de diäk.	....
Na jɔt rɔt, ke rïŋ aba yök ke cië tuak.	....
Miäk wälë, ke pïïr da acië rɔt geer.	....
Në pɛɛi de thiëër ku reu, ke rut acië dhiäm.	....

c) Gät ye cöör de ke wël tɔ̈u piinykë, keke ye töök:

Coor ke wël	Tök
Wɔ bë thök në mäi ku lok ku baai.	....
We bë thök në mäi ku lak kë baai.	....
Aabë thök në mäi ku lek kë baai.	....
Wɔ bë thök në waak ku tëëu ku lupaai kuɔ.	....

The Dinka's Grammar

We bë thök në waak ku tëëu kë lupaai kun. ....
Aabë thök në waak ku tëëu kë lupaai ken. ....
Wɔ bë thök në cäm ku nin ku. ....
We bë thök në cäm ku niɛn kë. ....
Aabë thök në cäm ku nin kë. ....
Wɔ bë röth jɔt ku kɛt ku. ....
We bë röth jɔt ku kat kë. ....
Aabë röth jɔt ku kɛt kë. ....

12.3.4 Jam de miäk de ŋuan (Future perfect continous)

Jam de miäk de ŋuan e luui cië man cen në ye nyuɔɔth piinyë:

I) Kë bë lɔ ke loi rɔt agut cië thaa bɔ̈ tueŋ:

Tök
- Yïn bë ɣa yök ke ɣa puur domic.
- Yïn ba yök ke yï puur domic.
- Aba yök ke puur domic.
- Yïn bë ɣa yök ke ɣa daai në wït.
- Yïn ba yök ke yï daai në wït.
- Aba yök ke daai në wït.
- Yïn bë ɣa yök ke ɣa kuen athöör.
- Yïn ba yök ke yï kuen athöör.
- Aba yök ke kuen athöör.
- Yïn bë ɣa yök ke ɣa waak.
- Yïn ba yök ke yï waak.
- Aba yök ke waak.
- Yïn bë ɣa yök ɣa pol.
- Yïn ba yök ke yï pol.
- Aba yök ke pol.
- Yïn bë ɣa yök ke ɣa kuaŋ.
- Yïn ba yök ke yï kuaŋ.

The Dinka's Grammar

- Aba yök ke kuaŋ.
- Yïn bë ya yök ke ya täk.
- Yïn ba yök ke yï täk.
- Aba yök ke täk.
- Yïn bë ya yök ke ya dëk.
- Yïn ba yök ke yï dëk.
- Aba yök ke dëk.
- Yïn bë ya yök ke ya kat.
- Yïn ba yök ke yï kat.
- Aba yök ke kat.
- Yïn bë ya yök ke ya cäm.
- Yïn ba yök ke yï cäm.
- Aba yök ke cäm.
- Në pen de thiëër ku reu ke yɛn cië luui në run ke reu.
- Yɛn bë naŋ run ke thiëër në Juba në pɛɛi de thiëër ku reu.
- Yïn bë naŋ run ke thiëër në Juba në pɛɛi de thiëër ku reu.
- Abë naŋ run ke thiëër në Juba në pɛɛi de thiëër ku reu.
- Na cuɔp baai ke yɛn cië naŋ thɛɛ ke 10 ke ya gëër.
- Na lɔ aköl thiith ke yɛn cië cual ke 80 ke anyuɔl dhëëth.
- Abuk aruur në diëër kuka cïn në dhäär ye tiëŋ në ye guɔp.
- Na lɔ thök në gäär, ke ye run kedï ca ke looi ke yï gët?
- Abë wëër de kat bɔ̈ tiaam nëŋö acië rɔt guiir.
- Abë cop ke cië dhäär nëŋö abë tɔ̈u ke cië luui arët.

Ka juëc
- We bë wɔ yök ke wɔ puur domic.
- We ba ke yök ke we puur domic.
- Aaba ke yök keke puur domic.
- We bë wɔ yök ke wɔ daai në wït.
- We ba ke yök ke we daai në wït.
- Aaba ke yök keke daai në wït.
- We bë wɔ yök ke wɔ kuen athöör.
- We ba ke yök ke we kuen athöör.

The Dinka's Grammar

- Aaba yök keke kuen athöör.
- We bë wɔ yök ke wɔ waak.
- We ba ke yök ke we waak.
- Aaba ke yök keke waak.
- We bë wɔ yök ke wɔ pol.
- We ba ke yök ke we pol.
- Aaba ke yök keke pol.
- We bë wɔ yök ke wɔ kuaŋ.
- We ba ke yök ke we kuaŋ.
- Aaba ke yök keke kuaŋ.
- We bë wɔ yök ke wɔ täk.
- We ba ke yök ke we täk.
- Aaba ke yök keke täk.
- We bë wɔ yök ke wɔ dëk.
- We ba ke yök ke we dëk.
- Aaba ke yök keke dëk.
- We bë wɔ yök ke wɔ kat.
- We ba ke yök ke we kat.
- Aaba ke yök keke kat.
- We bë wɔ yök ke wɔ cäm.
- We ba ke yök ke we cäm.
- Aaba ke yök keke cäm.
- Në pen de thiëër ku reu ke wɔ cïë luui në run ke reu.
- Wɔ bë naŋ run ke thiëër në Juba në pɛɛi de thiëër ku reu.
- We bë naŋ run ke thiëër në Juba në pɛɛi de thiëër ku reu.
- Aabë naŋ run ke thiëër në Juba në pɛɛi de thiëër ku reu.
- Na cup ku baai ke wɔ cë naŋ thɛɛ ke thiëër ke wɔ gëër.
- Na lɔ akɔ̈l thiith ke wɔ cïë cual ke 80 ke anyuɔl dhëëth.
- Abuk aruur në diëër kuka cïn në dhäär ye tiëŋ në ye guɔ̈p.
- Na la kë thök në gäär, ke ye run kedï ke cakkë ke looi ke we gët?
- Aabë wëër de kat bɔ̈ tiaam nëŋö acië röth guiir.
- Aabë cop keke cïë dhäär nëŋö aabë tɔ̈u keke cïë luui arët.

The Dinka's Grammar

II) Jam de miäk de ŋuan gäm:
Tök
- Në run bɔ̈ ke ɣɛn cië piööc në run ke thiëër.
- Në run bɔ̈ ke yïn cië piööc në run ke thiëër.
- Në run bɔ̈ keka cië piööc në run ke thiëër.
- Yïn bë ɣa yök ke ɣa jam wɔ Deŋ.
- Yïn ba yök ke yï jam we Deŋ.
- Aba yök ke jam ke Deŋ.

Ka juëc
- Në run bɔ̈ ke wɔ cië piööc në run ke thiëër.
- Në run bɔ̈ ke we cië piööc në run ke thiëër.
- Në run bɔ̈ ke kaa cië piööc në run ke thiëër.
- We bë wɔ yök ke wɔ jam në Deŋ.
- We ba ke yök ke we jam në Deŋ.
- Aaba ke yök keke jam në Deŋ.

III) Jam de miäk de ŋuan jai:

Tök
- Në run bɔ̈ ke ɣɛn kën piööc në run ke thiëër.
- Në run bɔ̈ ke yïn kën piööc në run ke thiëër.
- Në run bɔ̈ keka kën piööc në run ke thiëër.
- Yïn bë ɣa yök ke ɣa cï jam wɔ Deŋ.
- Yïn ba yök ke yï cï jam we Deŋ.
- Aba yök ke cï jam ke Deŋ.

Ka juëc
- Në run bɔ̈ ke wɔ kën piööc në run ke thiëër.
- Në run bɔ̈ ke we kën piööc në run ke thiëër.

The Dinka's Grammar

- Në run bɔ̈ ke kaa kën piööc në run ke thiëër.
- We bë wɔ yök ke wɔ cï jam në Deŋ.
- We ba ke yök ke we cï jam në Deŋ.
- Aaba ke yök keke cï jam në Deŋ.

IV) Thiëc

Ka lik
- Në run bɔ̈ ke ɣɛn cië piööc në run ke thiëër.
- Në run bɔ̈ ke yïn cië piööc në run ke thiëër.
- Në run bɔ̈ keka cië piööc në run ke thiëër.
- Yïn bë ɣa yök ke ɣa jam wɔ Deŋ.
- Yïn ba yök ke yï jam we Deŋ.
- Aba yök ke jam ke Deŋ.
- Në run bɔ̈ ke ɣɛn kën piööc në run ke thiëër.
- Në run bɔ̈ ke yïn kën piööc në run ke thiëër.
- Në run bɔ̈ keka kën piööc në run ke thiëër.
- Yïn bë ɣa yök ke ɣa cï jam wɔ Deŋ.
- Yïn ba yök ke yï cï jam we Deŋ.
- Aba yök ke cï jam ke Deŋ.

Thiëc de ka lik
- Në run bɔ̈ ke ɣa cië piööc në run ke thiëër?
- Në run bɔ̈ ke yï cë piööc në run ke thiëër?
- Në run bɔ̈ ke cië piööc në run ke thiëër?
- Ba ɣa yök ke ɣa jam wɔ Deŋ?
- Ba yï yök ke yï jam we Deŋ?
- Ba yök ke jam ke Deŋ?
- Në run bɔ̈ ke ɣa kën piööc në run ke thiëër?
- Në run bɔ̈ ke yï kën piööc në run ke thiëër?
- Në run bɔ̈ ke kën piööc në run ke thiëër?
- Ba ɣa yök ke ɣa cï jam wɔ Deŋ?
- Ba yï yök ke yï cï jam we Deŋ?

The Dinka's Grammar

➤ Ba yök ke cï jam ke Deŋ.

Ka juëc
➤ Në run bɔ̈ ke wɔ cië piööc në run ke thiëër.
➤ Në run bɔ̈ ke we cië piööc në run ke thiëër.
➤ Në run bɔ̈ ke kaa cië piööc në run ke thiëër.
➤ We bë wɔ yök ke wɔ jam në Deŋ.
➤ We ba ke yök ke we jam në Deŋ.
➤ Aaba ke yök keke jam në Deŋ.
➤ Në run bɔ̈ ke wɔ kën piööc në run ke thiëër.
➤ Në run bɔ̈, ke we kën piööc në run ke thiëër.
➤ Në run bɔ̈ ke kaa kën piööc në run ke thiëër.
➤ We bë wɔ yök ke wɔ cï jam në Deŋ.
➤ We ba ke yök ke we cï jam në Deŋ.
➤ Aaba ke yök keke cï jam në Deŋ.

Thiëc de ka juëc
➤ Në run bɔ̈ ke wɔ cië piööc në run ke thiëër?
➤ Në run bɔ̈ ke we cië piööc në run ke thiëër?
➤ Në run bɔ̈ keke cië piööc në run ke thiëër?
➤ Ba kë wɔ yök ke wɔ jam në Deŋ?
➤ Bukku we yök ke we jam në Deŋ?
➤ Bukku ke yök keke jam në Deŋ?
➤ Në run bɔ̈, ke wɔ kën piööc në run ke thiëër?
➤ Në run bɔ̈, ke we kën piööc në run ke thiëër?
➤ Në run bɔ̈, keke kën piööc në run ke thiëër?
➤ Ba kë wɔ yök ke wɔ cï jam në Deŋ?
➤ Ba we yök ke we cï jam në Deŋ?
➤ Ba kë ke yök keke cï jam në Deŋ?

v) **Thëm de nom**
a) **Gät ye coor de ke wël tɔ̈u piinykë, keke ye thiëc:**

The Dinka's Grammar

Coor ke wël geer **Gäärë thiëc piny ye tënë**

Yïn bë ɣa yök ke ɣa puur domic. ....
Yïn ba yök ke yï puur domic. ....
Aba yök ke puur domic. ....
Yïn bë ɣa yök ke ɣa daai në wït. ....
Yïn ba yök ke yï daai në wït. ....
Aba yök ke daai në wït. ....
We bë wɔ yök ke wɔ dëk. ....
We ba ke yök ke we dëk. ....
Aaba ke yök keke dëk. ....
We bë wɔ yök ke wɔ kat. ....
We ba ke yök ke we kat. ....
Aaba ke yök keke kat. ....

b) Gät ye coor de ke wël tɔ̈u piinykë keke ye ka juëc:

Coor ke wël **Ka juëc**

Yïn bë ɣa yök ke ɣa rëër. ....
Yïn ba yök ke yï rëër. ....
Aba yök ke rëër. ....
Yïn bë ɣa yök ke ɣa lui. ....
Yïn ba yök ke yï lui. ....
Aba yök ke lui. ....
Yïn bë ɣa yök ke ɣa gëër. ....
Yïn ba yök ke yï gëër. ....
Aba yök ke gëër. ....
Yïn bë ɣa yök ke ɣa cï jam wɔ Col. ....
Yïn ba yök ke yï cï jam we Col. ....
Aba yök ke cï jam ke Col. ....

The Dinka's Grammar

c) Gät ye cöör de ke wël tɔ̈u piinykë, keke ye töök:

Coor ke wël	Tök
We bë ɔ yök ke wɔ yiëër wïn ke ɣɔ̈k.	....
We ba ke yök ke we yiëër wïn ke ɣɔ̈k.	....
Aaba ke yök keke yiëër wïn ke ɣɔ̈k.	....
We bë wɔ yök ke wɔ daai në lɔ̈ɔ̈r.	....
We ba ke yök ke we daai në lɔ̈ɔ̈r.	....
Aaba ke yök keke daai në lɔ̈ɔ̈r.	....
We bë wɔ yök ke wɔ wak piny.	....
We ba ke yök ke we wak piny.	....
Aaba yök keke wak piny.	....
Në pen bɔ̈ ke wɔ kën guɔ naŋ pëi ke reu.	....
Në pen bɔ̈ ke we kën guɔ naŋ pëi ke reu.	....
Në pen bɔ̈ keka kën guɔ naŋ pëi ke reu.	....

13.0 Kuën në Thoŋ de Jiëëŋ

13.1 Kuën de Nämbaai

Nämba	Gäär de		Gäär de
1	Tök	56	Thiërdhïc ku dhetem
2	Reu	57	Thiërdhïc ku dhorou
3	Diäk	58	Thiërdhïc ku bët
4	Ŋuan	59	Thiërdhïc ku dhoŋuan
5	Dhïc	60	Thiërdhetem
6	Dhetem	61	Thiërdhetem ku tök
7	Dhorou	69	Thiërdhetem ku dhoŋuan
8	Bët	70	Thiërdhorou
9	Dhoŋuan	71	Thiërdhorou ku tök
10	Thiëër	79	Thiërdhorou ku dhoŋuan
11	Thiëër ku tök	80	Thiërbët
12	Thiëër ku reu	81	Thiërbët ku tök
13	Thiëër ku diäk	89	Thiërbët ku dhoŋuan
14	Thiëër ku ŋuan	90	Thiërdhoŋuan
15	Thiëër ku dhïc	91	Thiërdhoŋuan ku tök
16	Thiëër ku dhetem	99	Thiërdhoŋuan ku dhoŋuan
17	Thiëër ku dhorou	100	Bɔɔt

The Dinka's Grammar

18	Thiëër ku bët	101	Bɔɔt ku tök
19	Thiëër ku dhoŋuan	109	Bɔɔt ku dhoŋuan
20	Thiëreu	110	Bɔɔt ku thiëër
21	Thiëreu ku tök	111	Bɔɔt ku thiëër ku tök
22	Thiëreu ku reu	119	Bɔɔt ku thiëër ku dhoŋuan
23	Thiëreu ku diäk	200	Bɔt ke reu
24	Thiëreu ku ŋuan	201	Bɔt ke reu ku tök
25	Thiëreu ku dhïc	209	Bɔt ke reu ku dhoŋuan
26	Thiëreu ku dhetem	300	Bɔt ke diäk
27	Thiëreu ku dhorou	301	Bɔt ke diäk ku tök
28	Thiëreu ku bët	309	Bɔt ke diäk ku dhoŋuan
29	Thiëreu ku dhoŋuan	400	Bɔt ke ŋuan
30	Thiërdiäk	401	Bɔt ke ŋuan ku tök
31	Thiërdiäk ku tök	409	Bɔt ke ŋuan ku dhoŋuan
32	Thiërdiäk ku reu	500	Bɔt ke dhïc
33	Thiërdiäk ku diäk	501	Bɔt ke dhïc ku tök
34	Thiërdiäk ku ŋuan	509	Bɔt ke dhïc ku dhoŋuan
35	Thiërdiäk ku dhïc	600	Bɔt ke dhetem
36	Thiërdiäk ku dhetem	601	Bɔt ke dhetem ku tök
37	Thiërdiäk ku dhorou	609	Bɔt ke dhetem ku tök
38	Thiërdiäk ku bët	700	Bɔt ke dhorou
39	Thiërdiäk dhoŋuan	701	Bɔt ke dhorou ku tök
40	Thiërŋuan	709	Bɔt ke dhorou ku dhoŋuan
41	Thiërŋuan ku tök	800	Bɔt ke bët
42	Thiërŋuan ku reu	801	Bɔt ke bët ku tök
43	Thiërŋuan ku diäk	809	Bɔt ke bët ku dhoŋuan
44	Thiërŋuan ku ŋuan	900	Bɔt ke dhoŋuan
45	Thiërŋuan ku dhïc	901	Bɔt ke dhoŋuan ku tök
46	Thiërŋuan ku dhetem	909	Bɔt ke dhoŋuan ku dhoŋuan
47	Thiërŋuan ku dhorou	1000	Tim tök
48	Thiërŋuan ku bët	1001	Tim tök ku tök
49	Thiërŋuan ku dhoŋuan	1009	Tim tök ku dhoŋuan
50	Thiërdhïc	1000 000 000	Thiërnyiɛɛny tök
51	Thiërdhïc ku tök	1000 000 001	Thiërnyiɛɛny tök ku tök
52	Thiërdhïc ku reu	2000 000 000	Thiërnyiɛɛny reu
53	Thiërdhïc ku diäk	2000 000 001	Thiërnyiɛɛny reu ku tök
54	Thiërdhïc ku ŋuan	3 000 000 000	Thiërnyiɛɛny diäk
55	Thiërdhïc ku dhïc	4 000 000 000	Thiërnyiɛɛny ŋuan

13.2 Thëm de nom

a) Gät nämbaai në wël gɔl në tök agut cië thiëër ku dhoŋuan

b) Gät ye nämbaai tɔ̈u në lɔŋ ciɛɛm du yë, keke ye wël në lɔŋ de cuiëc:

Nämbaai	Gäär de nämbaai në wël

The Dinka's Grammar

44	Thiër ŋuan ku ŋuan
7	....
11	....
200	....
101	....
3	....
14	....
30	....
31	....
60	....
61	....
55	....
88	....
99	....
1	....
9	....

c) Gät ye wël ke nämbaai töu në lɔŋ ciɛɛm du yë, keke ye nämbaai

Nämbaai	Gäär de nämbaai në wël
....	Thiëër
....	Thiäär ku dhïc
....	Thiër reu ku tök
....	Dhïc
....	Bët
....	Thiëër ku dhoŋuan
....	Bɔɔt ku diäk
....	Bɔt ke dhïc ku thiër dhïc
....	Thiër nyɛɛny tök
....	Bïän abuur reu

The Dinka's Grammar

13.3 Kuën de run në Thoŋ de Jiëëŋ

Ruɔ̈ɔ̈n	Rin ke ruɔ̈ɔ̈n në wël
2019	Run de tiim ke reu ku thiëër ku dhoŋuan
2018	Run de tiim ke reu ku thiëër ku bët
2017	Run de tiim ke reu ku thiëër ku dhorou
2016	Run de tiim ke reu ku thiëër ku dhetem
2015	Run de tiim ke reu ku thiëër ku dhïc
2014	Run de tiim ke reu ku thiëër ku ŋuan
2013	Run de tiim ke reu ku thiëër ku diäk
2012	Run de tiim ke reu ku thiëër ku reu
2011	Run de tiim ke reu ku thiëër ku tök
2010	Run de tiim ke reu ku thiëër
2009	Run de tiim ke reu ku dhoŋuan
2005	Run de tiim ke reu ku dhïc
2004	Run de tiim ke reu ku ŋuan
2003	Run de tiim ke reu ku diäk
2001	Run de tiim ke reu ku tök
2000	Run de tiim ke reu
1999	Run de tim tök ku bɔt ke dhoŋuan ku thiër dhoŋuan ku dhoŋuan
1998	Run de tim tök ku bɔt ke dhoŋuan ku thiër dhoŋuan ku bët
1991	Run de tim tök ku bɔt ke dhoŋuan ku thiër dhoŋuan ku tök
1990	Run de tim tök ku bɔt ke dhoŋuan ku thiër dhoŋuan
1989	Run de tim tök ku bɔt ke dhoŋuan ku thiërbët ku dhoŋuan
1981	Run de tim tök ku bɔt ke dhoŋuan ku thiërbët ku tök
1980	Run de tim tök ku bɔt ke dhoŋuan ku thiërbët
1977	Run de tim tök ku bɔt ke dhoŋuan ku thiërdhorou ku dhorou
1975	Run de tim tök ku bɔt ke dhoŋuan ku thiërdhorou ku dhïc
1972	Run de tim tök ku bɔt ke dhoŋuan ku thiërdhorou ku reu
1971	Run de tim tök ku bɔt ke dhoŋuan ku thiërdhorou ku tök
1970	Run de tim tök ku bɔt ke dhoŋuan ku thiërdhorou
1960	Run de tim tök ku bɔt ke dhoŋuan ku thiërdhetem
1956	Run de tim tök ku bɔt ke dhoŋuan ku thiërdhïc ku dhetem
1718	Run de tim tök ku bɔt ke dhorou ku thiëër ku bët
1568	Run de tim tök ku bɔt ke dhïc ku thiërdhetem ku bët
1490	Run de tim tök ku bɔt ke ŋuan ku thiërdhoŋuan

The Dinka's Grammar

13.3.1 Thëm de nom
a) Gät ye run cië gɔ̈ɔ̈r piinykë keke ye wël në cuënydu:

Ruɔ̈ɔ̈n	Rin ke ruɔ̈ɔ̈n në wël
1199	....
1333	....
999	....
1666	....
1777	....
1555	....
1260	....
1880	....
1889	....
1417	....
1924	....
1945	....
1946	....

b) Gät ye rin ke ruɔ̈ɔ̈n në wël në köŋ ciɛɛmdu:

Ruɔ̈ɔ̈n	Rin ke ruɔ̈ɔ̈n në wël
....	Run de tiim ke reu ku thiërdiäk.
....	Run de tim tök ku bɔt ke bët ku thiëër ku dhoŋuan.
....	Run de tim tök ku bɔt ke dhoŋuan ku thiëër ku reu.
....	Run de tiim ke reu ku thiëër ku dhorou.
....	Run de tim tök ku bɔɔt ku thiëër ku tök.
....	Run de tim tök ku bɔt ke reu ku thiër reu ku reu.
....	Run de tim tök ku bɔt ke dhïc ku thiër dhïc ku dhïc.
....	Run de bɔt ke dhorou ku thiër dhorou ku dhorou.
....	Run de bɔt ke bët ku thiëër.
....	Run de tim tök ku thiëër ku dhïc.
....	Run de tiim ke reu ku thiëër ku bët.
....	Run de tiim ke reu ku tök.

The Dinka's Grammar

| .... | Run de tiim ke reu ku diäk. |

14.0 Tök ku ka juëc në Thoŋ de Jiëëŋ

Anɔŋ të ye cɔ̈l tök ku të ye cɔ̈l ka juëc në Thoŋ de Jiëëŋ. Apieth bë raan kɔɔr bë Thoŋ de Jiëëŋ ŋic adik naŋ ŋïny pieth në të ye cɔ̈l tök ku të ye cɔ̈l ka juëc. Nyooth e të ye cɔ̈l tök kuka juëc kï cë nyuɔɔth piiny:

14.1 Tök ku ka juëc tueŋ:

Tök	Ka juëc	Tök	Ka juëc
Abiɔɔk	Abiɔk	Jö	Jök
Abïny	Abïïny	Jöŋ de nyapec	Jök ke nyapec
Abiŋic	Abiŋiic	Kabok	Kabook
Acuïïl	Acuïl	Kɔm	Kɔɔm
Adhɛɛk	Adheek	Ken	Keen
Aduɔ̈k	Aduuk	Kɛɛu	Keu
Agaal	Agal	Kiir	Kiɛɛr
Agaany	Agiɛny	Kil	Kiɛl
Agɔɔk	Agɔk	Köör	Kɔ̈ɔ̈r
Agen	Ageen	Kuac	Kuëc
Ajöŋköör	Ajöŋkɔ̈ɔ̈r	Kuëi	Kuëëth
Ajïth	Ajïïth	Kul	kuɔ̈l
Akaca	Akacaai	Lɔ̈ɔ̈c	Lɔ̈c
Akɔ̈ɔ̈n	Akön	Lony	Luɔny
Akëliëët	Akëliëët	Maguar	Maguɛɛr
Akuŋuɛɛt	Akuŋuet	Meth	Mïth
Alath	Alëth	Miir	Mir
Aluɔɔr	Alor	Moc	Röör
Amääl	Amël	Nya	Nyïr
Amom	Amoom	Nyaŋ	Nyiëŋ
Anyaar	Anyiɛɛr	Nyɔk	Nyök
Aŋau	Aŋääth	Ɖɛɛr	Ɖeer

151 | A p ä m

The Dinka's Grammar

Aŋui	Aŋuɔ̈ɔ̈th	Ɖuɔ̈t	Ɖuut
Apëyem	Apëyeem	Panom	Panïim
Arumjö	Arumjɔ̈k	Raan	Kɔc
Atok	Atook	Rɔu	Röth
Awan	Awën	Rëc	Rec
Awet	Aweet	Rumajër	Rumajëër
Beu	Bɔɔth	Thään	Thën
Biɔc	Biöc	Thɔ̈k	Thök
Boŋbaar	Boŋbɛɛr	Thɔn	Thön
Cuɔɔr	Coor	Thɔ̈rɔ̈t	Thɔ̈rɔ̈ɔ̈t
Dhɔ̈k	Dhäk	Thial	Thiët
Dhɔl	Dhɔɔl	Thiäŋ	Thiɔ̈ɔ̈ŋ
Dhuk	Dhuɔ̈k	Thööc	Thöc
Dit	Diɛt	Tik	Diäär
Duet	Dueet	Töny	Töny
Gon	Guɔn	Tuɔ̈t	Tut
Guil	Guiɛl	Wel	Wɛl
Gul	Guɔ̈l	Weŋ	Ɣɔ̈k
Guuk	Guk	Wëër	Wëër
Jak	Jak	Wut	Wuut

14.2 Tök ku ka juëc de reu

Tök	Ka juëc	Tök	Ka juëc	Tök	Ka juëc
Anyuɔl	Anyol	Thööc	Thöc	Nom	Nïim
Riöp	Riööp	Jö	Jɔ̈k	Tiëp	Tïip
Wäl	wal	Thääu	Thäu	Tim	Tiim
Lɔ̈ɔ̈m	Lɔm	Luth	Luɔth	Jur	Juɔ̈ɔ̈r
Moc	Röör	Wum	Wuum	Yïc	Yïth
Bël	Bel	Bith	Biith	Ruɔ̈ɔ̈n	Run
Këër	kër	Dääu	Dëu	Thok	Thook
Raau	Rap	Wïen	Wïin	Nhiëm	Nhïm

The Dinka's Grammar

Weŋ	ɣɔ̈k	Nyin	Nyïn	Ciëër	Ciër
Baai	Bëi	Cin	cin	Akeu	Akɛɛth
Wut	Wuɔ̈t	Cök	Cök	Kɔ̈u	Kɔ̈ɔ̈th
Roor	Ruɔɔr	Nhiaal	Nhiɔl	Kɔ̈m	Käm
Ajuɔɔŋ	Ajoŋ	Kɔɔr	Kɔr	Pul	Puɔ̈l
Miɔɔr	Miöör	Gëm	Gëm	Kau	Kɔɔu
Cuɛɛi	Cuei	Wel	Wɛl	Acɔ̈ɔ̈m	Acɔ̈m
Acuil	Acuiil	Guɔ̈p	Gup	Aguek	Agueek
ɣöt	ɣööt	Tap	Taap	Areu	Arëth
Akut	Akuut	Alath	Alëth	Kaam	Kɛm
Thiäŋ	thiɔ̈ɔ̈ŋ	Aŋuem	Aŋuem	ɣaar	ɣɔr
Aköp	Akööp	Riöp	Riööp	Thieec	Thiec
Luak	Luëk	Töny	Töny	Dhëël	Dhël
këroor	Karuɔɔr	ɣöt	ɣööt	Agen	Ageen
Kuïn	Kuïïn	Miir	Mir	Kil	Kiɛl
Wët	Wël	Piɔ̈u	Piɔ̈ɔ̈th	Apet	Apët
Tɔŋ	Tɔɔŋ	Anyëjoŋ	Anyëjooŋ	Awëër	Awëër
Ɖɛɛr	Ɖeer	Col	Cuɔl	Ayɔɔk	Ayɔk
Goŋ	Guɔŋ	Thïïk	Thïk	Dhuk	Dhuɔ̈k
Ariik	Arik	Löth	Löth	Kɛɛu	Keu
Lɔ̈ɔ̈r	Lɔ̈r	Akuɛm	Akuem	Ɖäär	Ɖɔ̈r
Kiir	Kiɛɛr	kueer	Kuɛɛr	Dhöl	Dhɔ̈l
Yeth	Yëth	Meth	Mïth	Luuŋ	Luɔ̈ŋ
Käu	kɔ̈th	Abɔi	Abɔɔi	Pɛɛi	Pëi
Lëc	Lec	Bäny	Bäny	Liep	Liëp
Yɔ̈l	Yɔ̈ɔ̈l	Cɔɔr	Cöör	Miŋ	Mïŋ
Kït	kïït	Diɛɛr	Diir	ɣäm	ɣɔ̈ɔ̈m
Guil	Guiɛl	Wuk	Wuɔ̈k	Lok	Luɔk
Col	Cuɔl	Thial	Thiët	Waai	Wai
Köt	Kööt	Aköt	Akööt	Nyiɛth	Nyith
Kuel	Kuɛl	kuiil	Kuiɛl	Kou	Kuɔɔth
Kɔm	Kɔɔm	Mac	Mëc	Käär	Kär
Yiëp	Yiëëp	Kacɔk	Kacɔɔk	Puur	Pur

The Dinka's Grammar

Dom   Dum   Yeth   Yëth   Piny   Piiny

14.3 Tök ku ka juëc de diäk

Tök	Ka juëc
Yup.	Yuɔp kë.
Maŋ.	Maŋ kë.
Liɛc.	Liɛc kë.
Kuaŋë.	Kuaŋ kë.
Gät.	Gät kë.
Gät të piny.	Gät kë piny
Guiir.	Guiɛɛr kë.
Cämë.	Cäm kë.
Dalë.	Dal kë.
Jaamë.	Jaam kë.
Jam.	Jaam kë.
Dek.	Dëk kë.
Cam.	Cam kë.
Kuac.	Kuac kë.
Kum.	Kuɔm kë.
Katë.	Kat kë.
Kɔt.	Kat kë.
Kɔc.	Kac kë.
Ket.	Kɛt kë.
Jɔt rɔt.	Jat kët röth.
Bärtën.	Bäk kë tën.
Ruaal yï nom.	Ruaal kë we nïïm
Tïŋ	Tiëŋ kë.
Nyoth.	Nyuɔth kë.
Riɛŋë.	Riɛŋ kë.
Pam yï cin.	Pam kë we cin.
Diëërë.	Diëër kë.
Nin.	Niɛɛn kë.

The Dinka's Grammar

Daai ë.	Daai kë.
Kɔth mac.	Kuɔth kë mac.
Mäi yë.	Mäi kë.
Mai rec.	Mai kë rec.
Pɔ̈ɔ̈r ë.	Pɔ̈ɔ̈r kë.
Puur rap.	Pɔ̈ɔ̈r kë rap.
Luɛl.	Luɛl kë.
Luɛl wët.	Luɛl kë wët.
Coth.	Cuɔth kë.
Jäp.	Jäp kë.
Jäp tim.	Jäp kë tim.
Waar.	Waar kë.
Waaric.	Waar kë yic.
Cuëc.	Cuëc kë.
Cuëc töny.	Cuëc kë töny.
Löm.	Löm kë.
Löm kë në.	Löm kë kënë.
Lom.	Luɔm kë.
Wɛɛi ë.	Wɛɛi kë.
Wɛɛi ë raan kat.	Wɛɛi kë raan kat.
Wëëi yë.	Wëëi kë.
Wëëi yë amääth.	Wëëi kë amääth.
Wɛc cië piny.	Wɛc kë piny.
Wɛc cië tim piny.	Wɛc kë tim piny.
Kuën në.	Kuën kë.
Kuen athöör.	Kuɛn kë athöör.
Gät të.	Gät kë.
Gät athöör.	Gät kë athöör.
Cath ë.	Cath kë.
Cath ë arët.	Cath kë arët.
Ket dït.	Kɛt kë dit.
Ket dit yï tök.	Kɛt kë dit we pëi.
Ÿɔc.	Ÿac kë.

The Dinka's Grammar

Ɣɔc alath.	Ɣac kë alëth.
Ɣaac cië.	Ɣaac kë.
Ɣaac cië piny.	Ɣaac kë piny.
Kut piny.	Kuɔt kë piny.
Wec piny e man në.	Wɛc kë piny e man në.
Thiɛɛu ë yï yïc.	Thiɛɛu kë we yïth.
Neer.	Nɛɛr kë.
Neeric.	Nɛɛr kë yic.
Dut.	Duɔt kë.
Git.	Giɛt kë.
Git piny.	Giɛt kë piny.
Git yï nyin.	Giɛt kë we nyïn.
Guar.	Guar kë.
Guar awac.	Guär kë awac.

14.4 Tök ku ka juëc de ŋuan

Tök	Ka juëc
Liep ɣöt.	Liɛp kë ɣöt.
Yup Leŋ.	Yuɔp ke leŋ.
Geer riäi.	Gɛɛr kë riäi.
Pol.	Pɔl kë.
Pɔɔlë.	Pɔɔl kë.
Cam kuïn.	Cam kë kuïn.
Ruëth ca.	Ruëth kë ca.
Dek pïu.	Dɛk kë pïu.
Yöp cuaai.	Yɔ̈p kë cuaai.
Wiët të.	Wiët kë.
Yɔth kiɛɛu.	Yath kë kiɛɛu.
Waak kë.	Waak kë.
Cathë.	Cath kë.
Liep yï thok.	Liɛp kë we thook.
Gɔk yï thok.	Gak kë we thook.
Piɛnyë.	Piɛny kë.

The Dinka's Grammar

Piny yï nyin.	Pieny kë we nyïn.
Wak piny.	Wak kë piny.
Kut ɣötic.	Kuɔt kë ɣötic.
Thol yï thok.	Thuɔl kë we thook.
Kääc cië.	Kääc kë.
Lɔ thuuk.	Lak kë thuuk.
Daai ë.	Daai kë.
Tueny thok.	Tueny kë thok.
Lääŋë.	Lääŋ kë.
Jat të yi kök nhial.	Jat kë we kök nhial.
Wak päny kɔ̈u.	Wak kë päny kɔ̈u.
Nai yë.	Nai kë.
Nai nhiëm.	Nai kë nhiëm.
Thät ë.	Thät kë.
Thal kuïn.	Thal kë kuïn.
Leŋ.	Lɛɛŋ kë.
Lɛɛŋë.	Lɛɛŋ kë.
Cop.	Cuɔp kë.
Keer ɣötic.	Kɛɛr kë ɣötic.
Wiu rap.	Wiɛu kë rap.
Käm rap.	Käm kë rap.
Wup ca.	Wuɔ̈p kë ca.
Yɔ̈p cäi.	Yɔ̈p kë cäi.
Loi ye man në.	Luɔi kë ye man në.
Gut nom.	Guɔ̈t kë nom.
Tɔɔr tönyic.	Taar kë tönyic.
Pïc mac.	Piëc kë mac.
Ɣot weka.	Ɣuɔt kë weka.
Lɔ të nou?	Lak kë të nou.
Wel rɔt.	Wɛl kë röth.
Tiëët të.	Tiëët kë.
Lɔr baai.	Lak kë baai.
Dhuk yï nhiaal.	Dhuɔ̈k kë we nhiɔl.

The Dinka's Grammar

Ɣoc rɔt.	Ɣuɔc kë röth
Ɣoc rɔt.	Ɣuɔckë röth.
Yïn gël ɣa nyin.	We gël wɔ nyïn.
Caar.	Caar kë.
Caar yï nom.	Caar kë we nïïm.
Tak.	Tak kë.
Takic.	Tak kë yic.
Math.	Math kë.
Math tap.	Math kë tap.
Math tap në dak.	Math kë tap në dëk.
Kiëët të yic.	Kiëët kë yic.
Kuɔ̈më.	Kuɔ̈m ke.
Kum meth.	Kuɔ̈m kë mith.
Kum nom.	Kuɔ̈m kë nom.
Kum yï nom.	Kuɔ̈m kë we nïïm.
Kathë.	Kath kë.
Kathë tim.	Kath kë tim.
Nhɛth.	Nhɛth kë.
Nhɛth tim.	Nhɛth kë tim.
Kom.	Kuɔm kë.
Kom rïŋ.	Kuɔm kë rïŋ.
Tok.	Tuɔk kë.
Tok mac.	Tuɔk kë mac.
Tɛm.	Tɛm kë.
Tɛm rïŋ.	Tɛm kë rïŋ.
Tuɔ̈ɔ̈c cië.	Tuɔ̈ɔ̈c kë.

14.5 Thëm de nom

a) Gɛɛrë ye coor de ke wël tɔ̈u piinykë, keke ye ka juëc:

Tök   **Ka juëc**
Git yï nyin.   ....

The Dinka's Grammar

Tak yï nom.
Jam.
Nyuc.
Jɔt rɔt.
Luel.
Pɔ̈ɔ̈r ë.
Tääc cië.
Cam.
Dɔl.
Ruëth ca.
Yöp cuaai.
Gɔk yï thok.
Piny yï nyin.
Thony yï wum.
Maŋ.
Liec.
Yɔth kiɛɛu.
Guiir.
Ɣɔt rɔt.
Ruaar yï nom.
Ket dit.
Ket alath
Tet thäu.
Get nyum
Det wët.
Tem rap.

b) Gɛɛrë ye coor ke wël tɔ̈u piinykë keke ye töök:

Ka juëc	Tök
Caar kë.	
Thal kë.	
Gät kë athöör.	
Tak kë yic.	

The Dinka's Grammar

Taar kë tönyic. ....
Piëc kë mac ....
Yiɛp kë tiim. ....
Lääŋkë. ....
Daai kë. ....
Kuɔt kë ɣötic. ....
Thuɔl kë we thook. ....
Pɔl kë. ....
Gɛɛr kë riäi. ....
Cam kë kuïn. ....
Tuɔk kë mac. ....
Tɛm kë rïŋ. ....
Tuɔɔc kë. ....
Lak kë baai. ....
We gël wɔ nyïn. ....
Wɛl kë röth. ....
Wak kë piny. ....
Cath kë. ....

c) Geer ye wël tɔ̈u në koŋ de camë keke ye töök

Ka juëc   **Tök**
Anyɛɛr   ....
Agɔk   ....
Kɔc
Dueet   ....
Ɣɔ̈k   ....
Amël   ....
Nyëŋ   ....
Miöör
Köɔ̈r   ....
Agueek   ....
Arik   ....
Luëk   ....

The Dinka's Grammar

Aŋuɔ̈ɔ̈th ....
Nyïn ....
Nyïïr ....
Diäär ....
Röör ....
Thön ....
Panïïm

d) Geer ye wël töök tɔ̈u në köŋ de came, keke ye ka juëc:

Tök	**Ka juëc**
Anyëjoŋ	....
Riöp	....
Cuɔɔr	....
Kuëi	....
Boŋbaar	....
Akɔ̈ɔ̈n	....
Kɔ̈m	....
Ajuɔɔŋ	....
Ajïth	....
Cïëër	....
Cök	....
Meth	....
Yeth	....
Rɔu	....
Maguar	....
Wïën	....
Tim	....
Anyuɔl	....
Tap	....
Jur	....
Thok	....
Aduɔ̈k	....

The Dinka's Grammar

Lony ....
Areu ....

15.0 Wël wääc nïïm
15.1 Nyooth dë wël wääc nïïm tueŋ

Kat	Cäth
Nïn	Yïn
Tuɔc	Liɛɛr
Atuc	Alir
Moc	Tik
nya	Dhuk
Duet	Dhɔl
Piath	Rac
ciɛk	Bëër
piny	Nhial
Arët	amääth
Apieth	Arac
Cam	Cuëc
Cïëën	Tueŋ
Pïïr	Thou
Nhiëër	Män
Tɔŋ	Dɔ̈ɔ̈r
Cɔk	Kuɛth
kë jöt	kë thɛɛr
Ba gam	Ba rɛɛc
Lëi	Raan
Nyuc	Jɔt rɔt
ket	Ret
Bär	Lɔr
Dɛk de rɔt	Tuɔc de guɔp
Ba ɣɔɔc	Ba ɣaac
Aköl	Wakɔ̈u

The Dinka's Grammar

Jai	Gäm
Thiëëk	Däk
Miäk duur	Thëëi
Ba ŋɔ̈ɔ̈r	Ba kuany cök
Ba thiöök	Ba liep
Thiök	Liep
Muk	Bäth
Mäth	Raan ater
Ba maan	Ba nhiaar
Ba kök	Ba rëër baai
Pial	Thiɛk
Ba tiam	Ba löny
Tɔŋ	Bith
Gɔny	Yuai
Gɔ̈c	Thök
Göl	Thök
Jɔk	Thöl
Thär	Thïc
Thär	Wath
Jäl	Bën
Mɛi	Thiɔ̈k
Lïk	Juëc
Guiir	Riäk
Juiir	Riäk
Ɖany	Yïk
Jam	Biɛt
Dɔm	Päl
Tɔ̈c	Rëër
Gam	Rɛɛc cië
Mat ë thïn	Mïït bei
Thöŋ	Wuɔ̈ɔ̈c
Kë ɣer	Kë col
Apac	Akec

The Dinka's Grammar

15.2 Nyooth dë wël wääc nïïm de reu

Monydït	Tiŋdït
Nhialic	Jɔŋrac
Ḍeeny	Riɔ̈ɔ̈c
Akɔ̈l	Wëër
Meth	Raandït
Wulën	Nënër
Baba	Mama
Wuur	Moor
Bëc	Pial
Gäm	Reec
Mät	Pɔ̈k
Piath	Rëëc
Nyuc	kɔ̈ɔ̈c
Dɔl	Dhiëëu
Dhëŋ	Rac
Adhuëŋ	Acɔk
Adhuëŋ	Kuiɛɛŋ
Ret	Kɔc
Liɛk	Cuäŋ
Ba teer	Ba gam
Ba dɔm	Ba lony
Ba cop	Ba jäl
Miɛt e guɔ̈p	Piäl de guɔ̈p
Dhiëth	Thou
Täu	Liu
Yic	Lueth
Mɔ̈ɔ̈ŋ	Nyaany
Tiëm	Bë yï tiaam

The Dinka's Grammar

Bëc	Pial de guɔ̈p
Gääu	Dɔc bën
Kë de thök	kë de göl
Ba gɔɔc	Ba thöl
Ɣëët	Mät
Alei	Raan baai
Riɔ̈ɔ̈c de piɔ̈u	Ŋeeny de piɔ̈u
Ba bën	Ba jäl
Bii	Thïn
Kë lɔ niäk	Kë ŋɔny
Raan tök	Kɔc kedhia
Tɔŋ moth	Tɔŋ dhuc
Wän muuth	Nyan kuui
Thar	Nom
Kë gäk	Ka lik
Wën du	Nyan du
Durdur	Nyaany
Kë mecic	Kë thiɔ̈kic
Tëŋ de yic	Mät
Kë dakic	Kë thiäŋ
Ka juëc	Ka lik
Ba gɔl	Ba thöl
Ba gël nom	Ba pär
Duaar	Piäl de guɔ̈p
Cuai	Nɔl
Kë kɔ̈cic	Kë rilic
Kë ciek	kë bäär
Kë dïtic	Kë kooric
Thoŋ de lɔ bii	Thoŋ de bën thïn
Kë pac	kë kec
Diɛny	kɛc
Adiny	akec

The Dinka's Grammar

15.3 Thëm de nom

Thiäänë wël wääc nïïm liu në ye ɣän ɣöriic në köŋ de cuëcië:

Wël wääc nïïm	Wël wääc nïïm
Dɔm	....
Gam	....
Nya	....
Tik	....
Guiir	....
Jäl	....
Nɔl	....
Ɖeeny	....
Nhial	....
Amääth	....
Cuiëc	....
Pïïr	....
Dɔl	....
Kuɛth	....
Diɛny	....
Thöŋ	....
Gɔc	....
Lueth	....
Tuɔ̈c	....
Ɣɛɛr	....
Thiɔ̈k	....
Nyuc	....
Ɖany	....
Thiɔ̈k	....
Jai	....
Kë jöt	....

The Dinka's Grammar

Monydït ....
Dai ....
Wiir ....

16.0 Wël lui ke Thoŋ de Jiëëŋ

Wël ke Thoŋ de Jiëëŋ lui aaye yï lëk ke loi rɔt në coor de wëlic. Na liu wët lui në coor töŋ de wëlic, keka cï ŋic ye ŋö loi rɔt. Wët lui e naŋ meide. Wël lui ke Thoŋ de Jiëëŋ kï cië nyuɔɔth piiny:

Mei de wët lui	Wët lui	Nyooth në jamic
Kët	Akët	Mïth akët.
Kat	Akat	Dhuɔ̈k akat në jö.
Thuët	Athuët	Meth athuët.
Jam	Ajam	Kɔc ajam arët.
Pol	Apol	Nyïïr apol në wet.
Gat	Agëër	Majök agëër (agët).
ɣät	Aɣɔ̈t	Tik aɣɔ̈t në tim thar.
thät	Athät	Aŋëër athät ɣööt.
Wëk	Awëk	Ajɔ̈ awëk.
Wak	Awak	Ajɔ̈ awak aduuk.
Waak	Awaak	Baba awaak.
Nyuɔ̈th	Anyuɔ̈th	Deŋ anyuɔ̈th.
Nïn	Anin	Meth anin
Rëër	Arëër	Göräŋ arëër në thööcic.
Kɔ̈ɔ̈c	Akääc	Riäi akääc në baai thok.
Dëk	Adek	Nyankiir adek pïu.
Mäc	Amac	Weŋ amac në wiën.
Mäi	Amäi	Dhäk amäi në rec wëric.
Göör	Agɔ̈ɔ̈r	Diɛt agɔ̈ɔ̈r nhial.
Buur	Abuur	Ajïth abuur toŋ

The Dinka's Grammar

Täk	Atäk	Kɔc dïtatäk arët.
Pït	Apït	Maŋäär apït kɔc.
Räk	Arak (aräk)	Acol arak weŋ. Acol aräk.
Puur	Apur	Tik ku moc apuur domic.
Tëm	Atëm (atem)	Diäär atem rap. Diäär atëm.
Kuaŋ	Akuaŋ	Mïth akuaŋ kiir.
Kuui	Akuui	Diäär akuui.
Kiu	Akiu	Weŋ akiu.
Këp	Akëp	Majak akëp wut.
Tuaar	Atuaar	Röördït atuaar në thiëëkic.
Diëër	Adiër (adiëër)	Nyïïr adiër (adiëër).
Kuën	Akuën	Mïth akuën.
Cäär	Acäär	Tiët acäär.
Wau	Awau	Diäär awau ɣööt.
Wal	Awal	Tik awal kuïn bï thät.
Riŋ	Ariŋ	Wethii ariŋ keke lɔ tooc.
Yäŋ	Ayaŋ	Dhäk ayaŋ weŋ.
Cɔŋ	Acaŋ	Dueet ku dhäk acaŋ
Kët	Aket	Tik aket alath (lupa).
Ɣɔɔl	Aɣaal	Deŋ aɣaal.
Tïïm	Atiëëm	Thɔ̈k atiëëm.
Dhiëth	Adhiëth	Amääl adhiëth.
Wiu	Awiu	Akuɔl awiu rap.
Thiëth	Athieth	Abuk athieth anyol.
Nai	Anai	Diäär anai në tim cök.
Kut	Akut	Apïu akut piny.
Wëc	Awec	Akëër awec piny.
Kuën	Akuën	Kueer akuen athöör.

16.1 Thëm de nom

a) Thiääŋë wël lui ku Nyoothden piny:

The Dinka's Grammar

Mei de wët lui	Wët lui	Nyooth
Kuaŋ	....	....
Gäär	....	....
Daai	....	....
Cäm	....	....
Pïŋ	....	....
Thät	....	....
Wec	....	....
Geer	....	....
Yïk	....	....
Kat	....	....

b) Gäärë mei ke ye wël lui töu piinykë piny:

Mei de wët lui	Wët lui
-------------------------------	Apol
-------------------------------	Adek
-------------------------------	Awaak
-------------------------------	Aguiir
-------------------------------	Ayep
-------------------------------	Adëp
-------------------------------	Akääc
-------------------------------	Aŋeer
-------------------------------	Aket
-------------------------------	Awëët
-------------------------------	Apiööc
-------------------------------	Arëër
-------------------------------	Apiny
-------------------------------	Awec

The Dinka's Grammar

17.0 Kë de ŋɛk tueŋ (1ˢᵗ Possessions)
Apieth ba të ba lëk kë du, kë dï, kë dun, kë da, ke de ku kë den ŋic adik në Thoŋ de Jiëëŋ. Nyooth de kë de ŋɛk kï cië nyuɔɔth piiny abër ye yic dhïc:

17.1 Dï, du, de, da, dun & den

Raan jam	Raan de reu	Raan de diäk
Täŋ dï	Täŋ du	Täŋ de
Täŋ da	Täŋ dun	Täŋ den
Jam dï	Jam du	Jam de
Jam da	Jam dun	Jam den
Din dï	Din du	Din de
Din da	Din dun	Din den
Luaŋ dï	Luaŋ du	Luaŋ de
Luaŋ da	Luaŋ dun	Luaŋ den
ɣön dï	ɣön du	ɣön de
ɣön da	ɣön dun	Ɣön den
Thɔ̈k dï	Thɔ̈k du	Thɔ̈k de
Thɔ̈k da	Thɔ̈k dun	Thɔ̈k den
waar dï	waar du	waar de
waar da	waar dun	waar den
Paan dï	Paan du	Paan de
Paan da	Paan dun	Paan den

17.2 Dï, du, da, dun & den

Raan jam	Raan de reu	Raan de diäk
Mama dï	mama du	mama de
mama da	mama dun	mama den
Wän määth dï	wännmuuth du	wänmëëthë de
Wänmääth da	wänmuuth dun	wänmëëthë den
Nyan kääi dï	nyankuui	nyan kën në

The Dinka's Grammar

Nyankääi da	nyankënë dun	nyan kën në den
Tiŋ dï	tiŋ du	tiŋ de
Tiŋ da	tiŋ dun	tiŋ den
Nyaan dï	Nyaan du	Nyaan de
Nyaan da	Nyaan dun	Nyaan den
Galam dï	Galam du	galam de
Galam da	Galam dun	galam den
dom dï	dom du	dom de
dom da	dom dun	dom den
baba dï	baba du	baba de
baba da	baba dun	baba den
Amäl dï	Amäl du	Amäl de
Amäl da	Amäl dun	Amäl den

17.3 Dï, du, de, da, dun & den

Raan jam	Raan de reu	Raan de diäk
Diëër dï	Diëër du	Diëër de
Diëër da	Diëër dun	Diëër den
Pial dï	Pial du	Pial de
Pial da	Pial dun	Pial den
Alanh dï	Alanh du	Alanh de
Alanh da	Alanh dun	Alanh den
Thurumbil dï	Thurumbil du	Thurumbil de
Thurumbil da	Thurumbil dun	Thurumbil den
Weŋ dï	Weŋ du	Weŋ de
Weŋ da	Weŋ dun	Weŋ den
Riɛm dï	Riɛm du	Riɛm de
Riɛm da	Riɛm dun	Riɛm den
Akutnom dï	Akutnom du	Akutnom de
Akutnom da	Akutnom dun	Akutnom den
Wët dï	Wët du	Wët de
Wët da	Wët dun	Wët den

The Dinka's Grammar

17.4 Kï, ku, ke, kuɔ, kun & ken

Raan jam	Raan de reu	Raan de diäk
Rec kï	Rec ku	Rec ken
Rec kuɔ	Rec kun	Rec ken
Alëth kï	Alëth ku	Alëth ke
Alëth kuɔ	Alëth kun	Alëth ken
Athöör kï	Athöör ku	Athöör ke
Athöör kuɔ	Athöör kun	Athöör ken
Rim kï	Rim ku	Rim ke
Rim kuɔ	Rim kun	Rim ken
Dum kï	Dum ku	Dum ke
Dum kuɔ	Dum kun	Dum ken
Rin kï	Rin ku	Rin ke
Rin Kuɔ	Rin kun	Rin ken
Wël kï	Wël ku	Wël ke
Wël kuɔ	Wël kun	Wël ken
Mïth kï	Mïth ku	Mïth ke
Mïth kuɔ	Mïth ken	Mïth ken

17.5 Kï, ku, ke, kuɔ, kun & ken

Raan jam	Raan de reu	Raan de diäk
Cuei kï	Cuei ku	Cuei ke
Cuei kuɔ	Cuei kun	Cuei ken
Ɣɔ̈k kï	Ɣɔ̈k ku	Ɣɔ̈k ke
Ɣɔ̈k kuɔ	Ɣɔ̈k kun	Ɣɔ̈k ken
Thök kï	Thök ku	Thök ke
Thök kuɔ	Thök kun	Thök ken
Amël kï	Amël ku	Amël ke
Amël kuɔ	Amël kun	Amël ken
Ciɛk kï	Ciɛk ku	Ciɛk ke

The Dinka's Grammar

Ciɛk kuɔ	Ciɛk kun	Ciɛk ken
Ajïïth kï	Ajïïth ku	Ajïïth ke
Ajïïth kuɔ	Ajïïth kun	Ajïïth ken
Diɛt kï	Diɛt ku	Diɛt ke
Diɛt kuɔ	Diɛt kun	Diɛt ken
Ɣööt kï	Ɣööt ku	Ɣööt ke
Ɣööt kuɔ	Ɣööt kun	Ɣööt ken
Wɛr kï	Wɛr ku	Wɛr ke
Wɛr kuɔ	Wɛr kun	Wɛr ken
Diäär kï	Diäär ku	Diäär ke
Diäär kuɔ	Diäär kun.	Diäär ken
Galɛɛm kï	Galɛɛm ku	Galɛɛm ke
Galɛɛm kuɔ	Galɛɛm kun	Galɛɛm ken

17.6 Thëm de nom

a) Thiääŋë wël liu në ye ɣän ɣɔriic piinyë:

Raan jam (Raan tueŋ)	Raan de reu	Raan de diäk
…………………	…………………	Din de
…………………	Jam du	…………………
Ɣön dï	…………………	…………………
…………………	…………………	Rin ke
…………………	Diëër du	…………………
Kuɛth dï	…………………	…………………
…………………	…………………	Dom de
…………………	Nom du	…………………
Weŋ dï	…………………	…………………
…………………	…………………	Athöör ke
…………………	Ajïïth ku	…………………
Baba dï	…………………	…………………
…………………	…………………	Diäär ke
…………………	Tiŋdu	

The Dinka's Grammar

| Ciɛk kï .... | .... | .... Atuel de |

b) Thiääŋë wël liu në ye ɣän ɣɔ̈riic piiny kë:

Raan jam (raan tueŋ)	Raan de reu	Raan de diäk
Thök kuɔ	.... Amël kun	.... Ajïïth ken
Ɣɔ̈k kuɔ	.... Cuei kun	.... Rim ken
Alëth kuɔ	.... Rec kun	.... Thurumbil den
Wɛr kuɔ	.... Ɣööt kun	.... Diɛt ken
Ciɛk kuɔ	.... Luëk kun	.... Galɛɛm ken
Dum kuɔ	.... Mïth kun	.... Rin ken
Run kuɔ	.... Nïn kun	.... Pëi ken

The Dinka's Grammar

18.0 Kë de ŋɛk de reu (2nd Possession)
18.1 Kë dï, kë de ku kë den (tök)

Kë dï(ë)	Kë du	Kë de
Ɣɛn nhiaar ɣön dï.	Yïn nhiaar ɣön du.	Anhiaar ɣön de.
Ɣɛn cam kuïn dï.	Yïn cam kuïn du.	Acam kuïn de.
Weŋ dï anyuäth.	Weŋ du anyuäth.	Weŋ de anyuäth.
Nyin dï atök.	Nyin du atök.	Nyin de atök.
Ye kë në, ace kë dï.	Ye kë në, ace kë du.	Ye kë në, ace kë de.
Cöök dï.	Cöök du.	Cöök de.
Nom dï.	Nom du.	Nom de.
Yenh dï.	Yenh du.	Yenh de.
Wum dï.	Wum du.	Wum de.
Cuëny dï.	Cuëny du.	Cuëny de.
Cam dï.	Cam du.	Cam de.
Cäm dï.	Cäm du.	Cäm de.
Rïŋ dï.	Rïŋ du.	Rïŋ de.
Nyinh dï.	Nyinh du.	Nyin de.
Täŋ dï.	Täŋ du.	Täŋ de.
Jam dï.	Jam du.	Jam de.
Wët dï.	Wët du.	Wët de.
Puur dï.	Puur du.	Puur de.
Tim dï.	Tim du.	Tim de.
Luɛɛl dï.	Luɛɛl du.	Luɛɛl de.
Thieny dï.	Thieny du.	Thieny de.
Athör dï.	Athör du.	Athör de.
Alanh dï.	Alanh du.	Alanh de.
Töny dï.	Töny du.	Töny de.
Liem dï.	Liem du.	Liem de.
Miöŋ dï.	Miöŋ du.	Miöŋ de.
Tuɔŋ dï.	Tuɔŋ du.	Tuɔŋ de.

The Dinka's Grammar

18.2 Kë da, kë dun ku kë den (ka juëc)

Kë da	Kë dun	Kë den
Weŋ da.	Weŋ dun.	Weŋ den.
Paan da	Paan dun.	Paan den.
Thɔk da.	Thɔk dun.	Thɔk den.
Luaŋ da.	Luaŋ dun.	Luaŋ den.
Kiir da.	Kiir dun.	Kiir den.
Wun da.	Wun dun.	Wun den.
Roŋ da.	Roŋ dun.	Roŋ den.
Täär da.	Täär dun.	Täär den.
Wëër da.	Wëër dun.	Wëër den.
Ɣön da.	Ɣön dun.	Ɣön den.
Piɔm da.	Piɔm dun.	Piɔm den.
Piny da.	Piny dun.	Piny den.
Tap da.	Tap dun.	Tap den.
Wën da.	Wën dun.	Wën den.
Nyaan da.	Nyaan dun.	Nyaan den.
Baba da.	Baba dun.	Baba den.
Mama da.	Mama dun.	Mama den.
Kɔkɔɔk da.	Kɔkɔɔk dun.	Kɔkɔɔk den.
Kuarkuaar da.	Kuarkuaar dun.	Kuarkuaar den.
Wälën da.	Wälën dun.	Wälën den.
Malën da.	Malën dun.	Malën den.
Biöŋ da.	Biöŋ dun.	Biöŋ den.
Athïn da.	Athïn dun.	Athïn den.
Thöny da.	Thöny dun.	Thöny den.
Agen da.	Agen dun.	Agen den.
Riɔ̈ɔ̈c da	Riɔ̈ɔ̈c dun	Riɔ̈ɔ̈c den
Ɲeeny da	Ɲeeny dun	Ɲeeny den

The Dinka's Grammar

18.3 Ka kï, kaku ku kake (tök)

Ka kï	Ka ku	Ka ke
Alëth kï.	Alëth ku.	Alëth ke.
Rim kï.	Rim ku.	Rim ke.
Ajïïth kï.	Ajïïth ku.	Ajïïth ke.
Ɣök kï.	Ɣök ku.	Ɣök ke.
Rin kï.	Rin ku.	Rin ke.
Lec kï.	Lec ku.	Lec ke.
Riööp kï.	Riööp ku.	Riööp ke.
Nhïm kï.	Nhïm ku.	Nhïm ke.
Nyïn kï.	Nyïn ku.	Nyïn ke.
Cin kï.	Cin ku.	Cin ke.
Rɛp kï.	Rɛp ku.	Rɛp ke.
Toŋ kï.	Toŋ ku.	Toŋ ke.
Ciɛk kï.	Ciɛk ku.	Ciɛk ke.
Pïu kï.	Pïu ku.	Pïu ke.
Thök kï.	Thök ku.	Thök ke.
Amël kï.	Amël ku.	Amël ke.
Anyol kï.	Anyol ku.	Anyol ke.
Wɛr kï.	Wɛr ku.	Wɛr ke.
Biith kï.	Biith ku.	Biith ke.
Tɔɔŋ kï.	Tɔɔŋ ku.	Tɔɔŋ ke.

18.4 Ka kuɔ, ka Kun ku ka ken (Ka juëc)

Ka kuɔ	Ka kun	Ka ken
Ɣök kuɔ.	Ɣök kun.	Ɣök ken.
Nyïïr kuɔ.	Nyïïr kun.	Nyïïr ken.
Dum kuɔ.	Dum kun.	Dum ken.
Thök kuɔ.	Thök kun.	Thök ken.
Rin kuɔ.	Rin kun.	Rin ken.
Amël kuɔ.	Amël kun.	Amël ken.
Rɛp kuɔ.	Rɛp kun.	Rɛp ken.

The Dinka's Grammar

Rec kuɔ.	Rec kun.	Rec ken.
Thëu kuɔ.	Thëu kun.	Thëu ken.
Aduuk kuɔ.	Aduuk kun.	Aduuk ken.
Ajïïth kuɔ.	Ajïïth kun.	Ajïïth ken.
Tiim kuɔ.	Tiim kun.	Tiim ken.
Kɔc kuɔ.	Kɔc kun.	Kɔc ken.
Dɔm ajïïth kuɔ.	Dam kë ajïïth kun.	Dam kë ajïïth ken.
Muk mïth kuɔ.	Mɔ̈k kë mïth kun.	Muɔ̈k kë mïth ken.
Cɔl dhäk kuɔ.	Cɔl kë dhäk kun.	Cal kë dhäk ken.
Kuany ku tiim kuɔ.	Kuany kë tiim kun.	Kuany kë tiim ken.
Wak ku alëth kuɔ.	Wak kë alëth kun.	Wak kë alëth ken.
Com ku rɛp kuɔ.	Cuɔm kë rɛp kun.	Cuɔm kë rɛp ken.
Pith ku taap kuɔ.	Piɛth kë taap kun.	Piɛthkë taap ken.
Jiɛɛm ku në diäär kuɔ.	Jaam kë në diäär kun.	Jaam kë në diäär ken.
Gät ku athöör kuɔ.	Gät kë athöör kun.	Gät kë athöör ken.
Tem ku rɛp kuɔ.	Tɛm kë rɛp kun.	Tɛm kë rɛp ken.
Biöök ku thök kuɔ.	Biɔ̈ɔ̈k kë thök kun.	Biöök kë thök ken.
Coth ku tɔɔŋ kuɔ.	Cuɔth kë tɔɔŋ kun.	Cuɔth kë tɔɔŋ ken.
Rïu ku wär kuɔ.	Riëu kë wär kun.	Riëu kë wär ken.
Thek ku mär kuɔ.	Thɛk kë mär kun.	Thɛk kë mär ken.
Nhom ku rin kuɔ.	Nhuɔm kë rin kun.	Nhuɔm kë rin ken.

18.5 Thëm de nom

a) Thiääŋë wël liu në ke ɣän ɣöriic piinykë yiic:

Raan jam (raan tueŋ)	Raan de reu	Raan de diäk
Nom dië	....	....
....	Cuëny du	....
....	....	Wët de
Wum dië	....	....
....	Puur du	....
....	....	Luɛɛl de
Töny dië	....	....
....	Tuɔŋ du	

The Dinka's Grammar

.... Lec kië .... Rɛp kië .... Nhïm kië .... Yïth kië	.... Nyïn ku .... Pïu ku .... Rin ku .... Paan du	Cin ke .... Tɔɔŋ ke .... Nyïïr ken .... Thök ke .... Kɔc kun

b) Thiääŋë wël liu në ke ɣän ɣöriic piinykë yiic:

Raan jam (raan tueŋ)	Raan de reu	Raan de diäk
Nïïm kuɔ	.... Wɛl kun	.... Wël ken
Wuum kuɔ	.... Puur kun	.... Luɛɛl den
Töny kuɔ	.... Cin kun	.... Tiim ken
Nyïn kuɔ	.... Rɛp kun	.... Tɔɔŋ ken
Pïu kuɔ	Nyïïr kun	....

The Dinka's Grammar

....	....	Wëu ken
Bëi kuɔ	....	....
....	Piiny kun	....
....	....	Aguiɛɛr den
Rin kuɔ	....	....
....	Ɣäk kun	....
....	....	Diɛt ken

19.0 Dëk, yɔ̈p ku ruëth

19.1 Dëk

Piu, miääu ku ka lir kedhia aa ye dek:

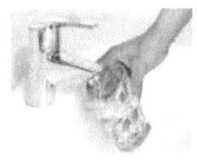

Ke cïë rɔt looi	Kë loi rɔt e man në
Ɣɛn cïë dek në pïu.	Ɣɛn dëk në pïu.
Wɔ cïë dek në pïu.	Wɔ dëk në pïu.
Diäär acïë dek në miääu.	Diäär adëk në miääu.
Gäraŋ acïë dek në pïu.	Gäräŋ adëk në pïu.
Ayak acie dek.	Ayak adëk.
Weŋ acïë dek.	Weŋ adëk.
Thɔ̈k acïë dëk.	Thɔ̈k adëk.
Anyaar acïë dek wïïr.	Anyaar adëk wïïr.
Thiɔ̈ɔ̈ŋ acïë dek kiir.	Thiɔ̈ɔ̈ŋ adëk kiir.
Röördït acïë dek në mɔ̈u.	Röör dït adëk në mɔ̈u.
Nyïïr acïë dek në pïu abïny.	Nyïïr aadëk në pïu abïny.

The Dinka's Grammar

Kë bë rɔt looi
- Ɣɛn bë dek në pïu.
- Wɔ bë dek në pïu.
- Diäär abë dek në miääu.
- Gäräŋ abë dek në pïu.
- Ayak abë dek.
- Weŋ abë dek.
- Thɔ̈k abë dek.
- Anyaar abë dek wïïr.
- Thiɔ̈ɔ̈ŋ abë dek kiir.
- Roordït abë dek në mɔ̈u.
- Nyïïr aabë dek ne pïu abïny.

19.2 Yɔ̈p

Cäi, bun, madita, cuaai ku ka tuc kɔ̈ɔ̈th kedhia aye yööp:

Kë cië rɔt looi	Kë loi rɔt e man në
Ɣën cië yöp në cuaai.	Ɣɛn yöp në cuaai.
Wɔ cië yöp në cuaai.	Wɔ yöp në cuaai.
Ɣɛn cië yöp cäi.	Ɣɛn yöp cäi.
Wɔ cië yöp në cäi.	Wɔ yöp cäi.
Ɣɛn cië yöp ne bun.	Ɣɛn yöp bun.
Wɔ cië yöp në bun.	Wɔ yöp bun.
Ɣɛn cië yöp në ciɛk tuc.	Ɣɛn yöp ciɛk tuc.
Wɔ cië yöp në ciɛk tuc.	Wɔ yöp ciɛk tuc.
Ɣɛn cië yöp në madita.	Ɣɛn yöp madita.
Wɔ cië yöp në madita.	Wɔ yöp madita.

The Dinka's Grammar

Kë bë rɔt looi
- Yɛn bë yöp në cuaai.
- Wɔ bë yöp në cuaai.
- Yɛn bë yöp në cäi.
- Wɔ bë yöp në cäi.
- Yɛn bë yöp në bun.
- Wɔ bë yöp në bun.
- Yɛn bë yöp në ciɛk tuc.
- Wɔ bë yöp në ciɛk tuc.
- Yɛn bë yöp në madita.
- Wɔ bë yöp në madita.

19.3 Ruëth

Ciɛk ke weŋ, thɔ̈k, amääl ku ciɛk kɔ̈k aye ruëëth. Ace Jiëëŋ ye lueel ye yɛn bë dek në ca. Ace Jiëëŋ ye lueel ye yɛn bë yöp në ca të liir ke. Ciɛk tuc aye yööp.

Ke cië rɔt looi	Kë loi rɔt e man në
Yɛn cië ruëth në ca.	Yɛn ruëth ca.
Wɔ cië ruëth në ca.	Wɔ ruëth ca.
Meth acië ruëth në ca.	Meth aruëth ca.
Mïth acië ruëth në ca.	Mïth aruëth ca.
Deŋ acië ruëth në ca.	Deŋ aruëth ca.
Mawut acië ca ruëëth.	Mawut aruëth ca.
Acol acië ruëth ca.	Acol aruëth ca.
Bol acië ruëth në ca.	Bol aruëth ca.

The Dinka's Grammar

Aweeŋ acië ruëth në ca.	Aweeŋ aruëth ca.
We cië ruëth në ca.	We ruëth në ca.
Nyïir acië ruëth në ca.	Nyïir aruëth në ca.
Acië ruëth në ca.	Aruëth në ca.

Kë bë rɔt looi

- Ɣɛn bë ruëth në ca.
- Wɔ bë ruëth në ca.
- Meth abë ruëth në ca.
- Mïth abë ruëth në ca.
- Deŋ abë ruëth në ca.
- Mawut abë ruëth në ca.
- Acol abë ruëth në ca.
- Bol abë ruëth në ca.
- Aweeŋ abë ruëth në ca.
- We bë ruëth në ca.
- Nyïir abë ruëth në ca.
- Abë ruëth në ca.

19.4 Thëm de nom:

Thiääŋë ke wël kë: yöp, ayöp, yööp, ruëth, aruëth, ruëëth, dek, adek, dëk në ke ɣän ɣöriic piinykë:

Col ------- cäi.	Baba abë ---- në ciɛk gueer.
Biaar ----- pïu lir.	------- ciɛk ku Bul.
Meth -------ca.	------ bun du kɔkɔɔk.
Baba ------- pïu.	Ɣɛn bë ------ në ciɛk miɔk.
Ɣɛn -------- në pïu.	Ɣɛn bë ------ në madida.
Ɣɛn cïï ------ në miääu.	Acääi ------ cäi.
Mama ----- cuaai.	Monydït ------ miääu

The Dinka's Grammar

Acol ------ cuaai ke rëi.	Ɣɛn ------ në mɔ̈u.
Agɔɔk ------- pïu.	Anyaar ------ wïir.
Weŋ ----- awäläŋ nom.	Meth abë ca ------.
Thɔ̈k acië pïu --------.	Tiŋdït acië cuaai --------.
Meth abë pïu -------.	------- miääu Majur.
------ ca Akɔ̈ɔ̈n.	-------- cäi mama.
------ pïu Aŋëër.	Ajïth ----- pïu.

20.0 Lueel bii de wët cië lueel

Wët cië lueel	Lueel bii de wët cië lueel
Acol: Ɣɛn nhiaar alanh cï baba ɣöc ɣa.	Alueel Acol, ye nhiɛɛr alanh cï baba de ɣöc e.
Acol: Baba acï guöp piɔl.	Alueel Acol ye cï baba de guöp piɔl.
Mawut ku Awut: Wɔ bë lɔ wut në pɛɛi de tök	Acï Mawut ku Awut lueel ye bï kë lɔ wut në pɛɛi de tök.
Deŋ: Yïn ba cɔɔl miäk.	Acï Deŋ lueel ye bë ɣa cɔɔl miäk.
Ajääŋ: Ɣɛn bë dɔc rial miäk.	Acï Ajääŋ lueel ye bë dɔc rial miäk.
Ajääŋ: Wänmääth alɔ tooc.	Acï Ajääŋ lueel ye cië wänmëëthë lɔ tooc.
Nyëbol: Ɣɛn cï luɔɔi nhiaar.	Acï Nyëbol lueel ye mɛɛn luɔɔi.
Nyëbol: Wën dï aman ɣön de gäär.	Acï Nyëbol lueel ye man wën de ɣön de gäär.
Kuɔl: Acïn luɔɔi ca yök.	Acï Kuɔl lueel ye cïn luɔɔi cië yök.
Kuɔl: Acïn lon ca yök.	Alueel kuɔl ye cïn lon cië yök.

The Dinka's Grammar

Kuɔl: Ɣɛn kën luɔi yök.	Acï Kuɔl lueel ye kën luɔi yök.
Agäu: Ɣɛn cië gääu në lɔ wïïr.	Acï Agäu lueel, ye cië gääu në lɔ wïïr.
Macäär ku Dääu: Wɔ cië thök në cäär.	Acï Macäär ku Dääu lueel, ye cï kë thök në cäär.
Maayät ku Yiëëp: Wɔ lɔ yep në tiim.	Acï Maayät ku Yiëëp lueel, ye le kë yep në tiim.
Madom ku Adum: Wɔ cië dom puur.	Acï Madom ku Adum lueel, ye cï kë dom puur.
Tik: Ɣɛn tem rap domic.	Acï tik lueel, ye tem rap domic.
Bäny: Biɛt kë we thook wedhia.	Acï Bäny lueel, ye biɛt kë we thook wedhia.
Gäräŋ: Ɣɛn cï piɔu mit të nɔŋ Kaamic.	Acï Gäräŋ lueel, ye cï piɔu mit të nɔŋ Kaamic.
Ajök ku Adit: Wɔ bë Aduuk waak ku kut ku piny.	Acï Ajök ku Adit lueel, ye bï kë aduuk waak ku kut kë piny.
Giɛɛt: Thök kï acië määr.	Acï Giɛɛt lueel, ye cië thök ke määr.
Gɔ̈c ku Jɔk: Ɣɔ̈k kuɔ acï kɔ̈ɔ̈r ke cam.	Acï Gɔ̈c ku Jɔk lueel, ye cië kɔ̈ɔ̈r ɣɔ̈k ken cam.
Bol: Ɣɛn cië dhäär.	Acï Bol lueel, ye cië dhäär.
Bol: Ɣɛn cië dak.	Acï Bol lueel, ye cië dak.
Akuiɛɛn: Ɣɛn mäth.	Acï Akuiɛɛn lueel ye mëth.
Akuiɛɛn: Ɣɛn math tap aduwäi.	Acï Akuiɛɛn lueel, ye mɛɛth tap aduwäi.
Akuiɛɛn: Ɣɛn math macir në dak.	Acï Akuiɛɛn lueel, ye mɛɛth macir në dak.

The Dinka's Grammar

20.1 Thëm de nom:

Luɛɛlë ke wël tɔ̈u piiny kë bii:
Gäräŋ: Ɣɛn lɔ në thiëëkic.   ....
Acol: Ɣɛn lɔ kuany në tiim.   ....
Bul: Ɣɛn lɔ leeŋ.   ....
Bol ku **Gäi**: Wɔ cië dom da puur.   ....
Aweeŋ: Weŋ dï acië dhiëth.   ....
Deŋ: Diäär ayïk ɣöt.   ....
Mawut: Ɣɛn bë lɔ wut miäk.   ....
Makäny: Ɣɛn bë keny miäk.   ....
Makëër: Miɔɔrdï ayup löth.   ....
Nyankiir: Ɣɛn lɔ të de luɔi.   ....
Adit: Ɣɛn bë ɣön de gäär.   ....
Biaar: Ɣɛn bë athöör gɔ̈ɔ̈r.   ....
Bol: Wɔ bë lɔ baai.   ....
Mabil: Wɔ bë ɣɔ̈k kuaath wiïr.   ....
Majök: Wɔ bë thök lɔ biɔ̈ɔ̈k.   ....
Alɛk: Ɣɛn bë ɣön dï yiu miäk.   ....
Abiaar: Ɣɛn bë lɔ ŋer në noon.   ....

21.0 Thiëc në Thoŋ de Jiëëŋ

21.1 Thiëc lääu nom:

Tök	Ka juëc
Nhiaar thät?	Nhiaar ku thät?
Nhiɛɛr thät?	Nhiaar kë thät?
Kaar ɣë we ɣa?	Kaar ɣë we wɔ?
Kaar wɔ yï?	Kaar wɔ we?
Kaarë we ye?	Kaarë we keek?
Raan në we ya?	Raan në we wɔ?
Raan wɔ yï?	Raan wɔ we?

The Dinka's Grammar

Raan në we ye?
Ciɛŋë të nou?
Töu të nou?
Ɖic raan ruääi ke ɣa?
Ɖic raan ruääi ke yï?
Ɖïc raan ruääi ke ye?
Rëërë we ŋa baai?
Ye kaki dï?
Ye kaku dï?
Ye kake dï?
La nou?
Lɔ nou?
Le nou?
Ca bö ɣöt?
Cï bö ɣöt?
Cï bö ɣöt?
Kɛt nou?
Kat të nou?
Kɛt të nou?
Kiu köör të nou?
Pol meth të nou?
Nyaan dï kou?
Nyaan du kou?
Nyaan de kou?
Cï lɔ baai?
Cï nhiaar?
Cië tik bën rokic?
Cië yï thiaak?
Ca thiëëk?
Ye mɛɛnh abun?
Ye mɛɛnh de thukul?
Ca cam?
Kën në cam?

Raan në we ke?
Ciɛŋ kë të nou?
Täu kë të nou?
Ɖic kɔc ruääi ke wɔ?
Ɖic kɔc ruääi ke we?
Ɖic kɔc ruääi në keek?
Rëër kë në ŋa baai?
Ye kakun dï?
Ye kakun dï?
Ye kaken dï?
Lokku nou?
Lak kë nou?
Lek kë nou?
Cukku bö ɣöt?
Ca kë bö ɣöt?
Cï kë bö ɣöt?
Kɛt ku nou?
Kat kë të nou?
Kɛt kë të nou?
Kiu köör të nou?
Pol mïth të nou?
Nyaan da kou?
Nyaan dun kou?
Nyaan den kou?
Cï kë lɔ baai?
Cï kë nhiaar?
Cië diäär bën rokic?
Cië we thiaak?
Ca kë thiëëk?
Ya kë mïth ke abun?
Ya kë mïth ke thukul?
Ca kë cam?
Kën kë cam?

The Dinka's Grammar

Ba cam?   Ba kë cam?
Kɔɔr ba cam?   Kɔɔr kë ba kë cam?
Kɔɔr ba mïth?   Kɔɔr kë ba kë mïth?
Ca yal?   Ca kë yal?
Ca dek?   Ca kë dek?
Kën në dek?   Kën kë dek?
Ba dek?   Ba kë dek?
Kɔɔr ba dek?   Kaar kë ba kë dek?
Ca waak?   Ca kë waak?
Kën në waak?   Kën kë waak?
Ba waak?   Ba kë waak?
Kɔɔr ba waak?   Kaar kë ba waak?
Kɔɔr laak?   Kaar kë ba kë laak?
Ca takic?   Ca kë takic?
Ba takic?   Ba kë takic?
Kën në takic?   Kën kë takic?
Kɔɔr ba takic?   Kɔɔr ba kë takic?
Ca gääu?   Ca kë gääu?
Kën në gääu e man në?   Kën kë gääu e man në?
Ca thät?   Ca kë thät?
Kën në thät?   Kën kë thät?
Ba thät?   Ba kë thät?
Kɔɔr ba thät?   Kaar kë ba kë thät?
Ca kuen?   Ca kë kuen?
Ba kuen?   Ba kë kuen?
Kën në kuen?   Kën kë kuen?
Ca jam?   Ca kë cam?
Ba jam?   Ba kë cam?
Kën në jam?   Kën kë jam?
Kɔɔr ba jam?   Kaar kë ba kë jam?
Nɔŋ kë ba lueel?   Nɔŋ kë ba kë lueel?
Yeŋö kɔɔr lueel?   Yeŋö kaar kë ba kë lueel?

The Dinka's Grammar

21.2 Thiëc ku dhuk tueŋ:

Thiëc	Dhuŋ cekic	Dhuŋ baaric
Yeŋa nɔŋ ye kuïn në?	E kë dï.	E kuïn dï.
	E kë da.	E kuïn da.
	E kë du.	E kuïn du.
	E kë dun.	E kuïn dun.
	E kë de.	E kuïn de.
	E kë den.	E kuïn den.
Ye tiim ke ŋa ye kakë?	Aaye kakï.	Aaye tiim kï.
	Aaye kakuɔ.	Aaye tiim kuɔ.
	Aaye kaku.	Aaye tiim ku.
	Aaye kakun.	Aaye tiim kun.
	Aaye kake.	Aaye tiim ke.
	Aaye kaken.	Aaye tiim ken.
Ye yɔ̈k ke ŋa ye kakë?	Aaye kakï.	Aaye yɔ̈k kï.
	Aaye kakuɔ.	Aaye yɔ̈k kuɔ.
	Aaye kaku.	Aaye yɔ̈k ku.
	Aaye kakun.	Aaye yɔ̈k kun.
	Aaye kake.	Aaye yɔk ke.
	Aaye kaken.	Aaye yɔ̈k ken
Ye wëu ke ŋa ye kakë?	Aaye kakï.	Aaye wëu kï.
	Aaye kakuɔ.	Aaye wëu kuɔ.
	Aaye kaku.	Aaye wëu ku.
	Aaye kakun.	Aaye wëu kun.
	Aaye kake.	Aaye wëu ke.
	Aaye kaken.	Aaye wëu ken
Yeŋa nɔŋ ye ajïnhë?	E kë dï.	Ajïnh dï.
	E kë da.	Ajïnh da.
	E kë du.	Ajïnh du.
	E kë dun.	Ajïnh dun.
	E kë de.	Ajïnh de.
	E kë den.	Ajïnh den.

The Dinka's Grammar

Yeŋa nɔŋ ajïïthkë?	Aaye kakï.	Aaye ajïïth kï.
	Aaye kakuɔ.	Aaye ajïïth kuɔ.
	Aaye kaku.	Aaye ajïïth ku.
	Aaye kakun.	Aaye ajïïth kun.
	Aaye kake.	Aaye ajïïth ke.
	Aaye kaken.	Aaye ajïïth ken
Yeŋa nɔŋ ye tuɔŋë?	E këdï.	E tuɔŋ dï.
	E këda.	E tuɔŋ da.
	E këdu.	E tuɔŋ du.
	E këdun.	E tuɔŋ dun.
	E këde.	E tuɔŋ de.
	E kë den.	E tuɔŋ den.
Yeŋa nɔŋ ye toŋkë?	Aaye kakï.	Aaye toŋ kï.
	Aaye kakuɔ.	Aaye toŋ kuɔ.
	Aaye kaku.	Aaye toŋ ku.
	Aaye kakun.	Aaye toŋ kun.
	Aaye kake.	Aaye toŋ ke.
	Aaye kaken.	Aaye toŋ ken

21.3 Thiëc ku dhuk de reu:

Thiëc

Tɔu mama du të nou?
E yï bɔ̈ të nou?
Bär të nou?
Ye raan de pakiër ŋö?
Ye buŋ yïn dï nhiaar?
Nɔŋ Acol run kedï?
Piɔl mama ku baba du gup baai?
Ɣaac cië weŋdu në wëu kedi?
Ye thaa dï?
Yeŋö ye luɔɔi de ye raan tï?

Dhuk

Mama atɔ̈u baai.
Ɣɛn e bɔ̈ wut wään thëëi.
Ɣɛn bɔ̈ baai.
Ɣɛn ye muɔny Apuk.
Ɣɛn nhiaar buŋ ɣer.
Acol anɔŋ run ke thiëër ku tök?
Mama ku baba apiɔl gup.
Ɣɛn ɣɔɔc weŋdï në bɔt ke dhïc.
E thaa dhetem de run de piny.
E dupiööc.

The Dinka's Grammar

Tɔ̈u Ajɔ̈k të nou?
Loi ka baai yedï?
Ca dhäär?
Ba bën miäk?
Näk cɔk yïin?
Ye mäthdu cɔl ŋa?
Ye mäthdu muɔny juɔ̈r ŋö?
Lak kë të nou?

Ajɔ̈k acië lɔ thuëëc bii.
Ka baai apieth.
Ɣɛn kën dhäär.
Anɔŋ kë ba looi, ɣɛn cï bë bën.
Acïn cɔŋ näk ɣa, ɣɛn kueth.
Mäthdï acɔl Tut Gatluaak.
Mäthdï, e muɔny Nuëër.
Wɔ loor ɣɔ̈k.

21.4 Thiëc në "Yeŋö/ŋu?"

Tök

Yeŋu göör?
Yeŋö ca piŋ?
Yeŋö ca tak?
Yeŋö man?
Yeŋö cë yï rac piɔ̈u?
Yeŋö yïn gääu?
Yeŋö cië yï këëk we nyaankuui?
Ye ŋö ba cam?
Yeŋö ba dek?
Yeŋö ba ɣɔɔc?
Yeŋö yïn ɣa tɛɛr?
Yeŋö nhiaar?
Yeŋö yïn liec?
Yeŋö yïn mim?
Yeŋö dhiëu ë?
Yeŋö ba lɔ lëk moor baai?
Yeŋö cië piɔ̈c yï ɣön de gäär në ye köölë?
Yeŋö loi paan du në ye kööl ë?
Yeŋö cïn ɣa ye tiit?
Yeŋö yïn ɣa läät abac?
Yeŋö cië yï pëën ba bën?

Kajuëc

Yeŋu göör kë?
Yeŋö ca kë piŋ?
Yeŋö ca kë tak?
Yeŋö man kë?
Yeŋö cië we rac piɔ̈ɔ̈th?
Yeŋö ya we gääu?
Yeŋö cië we këëk në nyaankuui?
Yeŋö ba kë cam?
Yeŋö ba kë dek?
Ye ŋö ba kë ɣɔɔc?
Yeŋö ye we ɣa tɛɛr?
Yeŋö nhiaar kë?
Yeŋö ye we liec?
Yeŋö ye we mim?
Yeŋö dhiëu kë?
Yeŋö ba kë lɔ lëk moor baai?
Yeŋö cië piɔ̈c we ɣön de gäär në ye köölë?
Yeŋö loi paan dun në ye köölë?
Yeŋö cïï we wɔ ye tiit?
Yeŋö ye we wɔ läät abac?
Yeŋö cë we pëën ba kë bën?

The Dinka's Grammar

Yeŋö ɣoi?   Yeŋö ɣuɔi kë?
Yeŋö yïn rëër yï tök?   Yeŋö ye we rëër we pëi?
Yeŋö yïn yi thok deer?   Yeŋö ye we we thook deer?
Yeŋö yïn riɔ̈ɔ̈c?   Yeŋö ye we riɔ̈ɔ̈c?
Yeŋö ye dɔl?   Yeŋö ye we dɔl?
Yeŋö ba cam?   Yeŋö ba kë cam?
Yeŋö yïn biɛt?   Yeŋö ye we biɛt?
Yeŋö ba looi?   Yeŋö ba kë looi?
Yeŋö muɔ̈k?   Yeŋö muk ku?
Yeŋö muk?   Yeŋö muɔ̈k kë?
Yeŋö gɔ̈ɔ̈th?   Yeŋö göth ku?
Yeŋö göth?   Yeŋö gɔ̈th kë?
Yeŋö gööth?   Yeŋö göth kë?
Yeŋö yin ɣa waan?   Yeŋö ye we wɔ waan?
Yeŋö yen ɣa waan?   Yeŋö ye ke wɔ waan?
Yeŋö yïn ɣa miëm?   Yeŋö ye we wɔ miëm?
Yeŋö yïn ɣa ɣöny?   Yeŋö ye we wɔ ɣöny?
Yeŋö yen ɣa ɣöny?   Yeŋö ye ke wɔ ɣöny?
Yeŋö yïn ɣa piët?   Yeŋö ye we wɔ piët?
Yeŋö yen ɣa piët?   Yeŋö ye ke wɔ piët?
Yeŋö yïn ɣa math?   Yeŋö ye we wɔ math?
Yeŋö yen ɣa math?   Yeŋö ye ke wɔ math?
Yeŋö yïn lueth töör?   Yeŋö ye we lueth töör?
Yeŋö yen lueth töör?   Yeŋö ye ke lueth töör?
Yeŋö cïn aduuk ye waak?   Yeŋö cï we aduuk ye waak?
Yeŋö cïn ye waak?   Yeŋö cï we ye waak?
Yeŋö cïn piny ye weec?   Yeŋö cï we piny ye weec?
Yeŋö cïn ɣöt ye kutic?   Yeŋö cï we ɣöt ye kutic?
Yeŋö tit ye të në?   Yeŋö tiɛt kë ye tënë?

21.5 Thiëc në "Yeŋa/yeyï ŋa?"

Tök   **Ka juëc**

Yeŋa kɔɔr?   Yeŋa kaar kë?

The Dinka's Grammar

Yeŋa cath ke yï?
Yeŋa jam ke yï?
Yeŋa ruääi ke yï baai ye të në?
Yeŋa cië bën?
Yeŋa cië yï jöl?
Yeŋa cië piɔt ke yï?
Yeŋa lɔ yäp ke yï?
Yeŋa kääc në tim thar?
Yeŋa nɔŋ ye weŋ kë në?
Yeŋa cië tap dï lööm?
Yeŋa pol ke meth?
Yeŋa tɛɛr ke yï?
Yeŋa bë nyuc ye të në?
Yeŋa bë cath ke yï?
Yeŋa bö ke ɣa?
Yeŋa nɔŋ ye jöŋë?
Yeŋa nɔŋ ye rɛp kë?
Yeŋa ceŋ baai ke yï?
Yeŋa bë ɣa geer?
Yeŋa tɔu ɣööt?
Yeŋa yep tim?
Yeŋa bë ɣa yiën pïu?
Yeŋa thät?
Yeŋa thal kuïn?
Yeŋa jai ye man në?
Yeŋa rëër në yï lööm?
Yeŋa cië ɣa ŋuet?
Yeŋa ye piŋ?
Yeŋa rëër në tim thar?
Yeŋa ba miɔɔc?
Yeŋa bë yï loor?
Yeŋa bë yï yöök?

Yeŋa cath ke we?
Yeŋa jam ke we?
Yeŋa ruääi ke we baai ye të në?
Yeyï ŋa cië bën?
Yeŋa cië we jöl?
Yeŋa cië piɔt ke we?
Yeŋa lɔ yäp ke we?
Yeyï ŋa kääc në tim thar?
Yeŋa nɔŋ ye ɣök kë?
Yeŋa cië tap da lööm?
Yeŋa pol ke mïth?
Yeŋa tɛɛr ke we?
Yeyï ŋa bë nyuc ye të në?
Yeŋa bë cath ke we?
Yeŋa bö ke wɔ?
Yeŋa nɔŋ ye jök kë?
Yeyï ŋa nɔŋ ye rɛp kë?
Yeŋa ceŋ baai ke we?
Yeŋa bë we geer?
Yeyï ŋa tɔu ɣööt?
Yeyï ŋa yep tim?
Ye ŋa bë we yiën pïu?
Yeyï ŋa thät?
Yeyï ŋa thal kuïn?
Yeyï ŋa jai ye man në?
Yeŋa rëër në we lɔm?
Yeŋa cië we ŋuet?
Yeyï ŋa ye ke piŋ?
Yeyï ŋa rëër në tim thar?
Yeŋa bukku miɔɔc?
Yeŋa bë we loor?
Yeŋa bë we yöök?

The Dinka's Grammar

21.6 Thiëc në "Ye/yakë":
Tök   Ka juëc

Ye cuet në rëc?   Ya kë cuet në rëc?
Ye thuëëc në wet?   Ya kë thuëëc në wet?
Ye mɛɛnh de thukul?   Ya kë mïth ke thukul?
Ye gut në thom?   Ya kë gut në thom?
Ye lueel wu dï?   Ya kë lueel wädï?
Ye cam në cuɛɛi?   Ya kë cam në cuɛɛi?
Ye cam në kuarjaac?   Ya kë cam në kuarjaac?
Ye cam në ɣeer?   Ya kë cam në ɣeer?
Ye dek në miääu?   Ya kë dek në miääu?
Ye cam në nyïny?   Ya kë cam në nyïny?
Ye weŋ du ye kë në?   Ye weŋ dun ye kë në?
Ye lupa du ye kë në?   Ye lupa dun ye kë në?
Ye ciɛk ku ye kakë?   Ye ciɛk kun ye kakë?
Ye kuaŋ?   Ya kë kuaŋ?
Ye kat apɛi?   Ya kë kat apɛi?
Ye guɛl në Thoŋ de Nuëër?   Ya kë guɛl në Thoŋ de Nuëër?
Ye ket apiath?   Ya kë ket apieth?
Ye juɔr ŋö?   Ya kë juur ka ŋö?
Ye raan de pakiër ŋö?   Ya kë kɔc ke pakiër ŋö?
Ye dek në miän col?   Ya kë dek në miän col?
Ye nin të nou?   Ya kë nin të nou?
Ye pur në rap?   Ya kë pur në rap?
Ye mac në ɣɔk?   Ya kë mac në ɣɔk?
Ye ger në riän wïïr?   Ya kë ger në riän wïïr?
Ye baba du cɔl ŋa?   Ye baba dun cɔl ŋa?
Ye mama du cɔl cɔl ŋa?   Ye mama du cɔl ŋa?
Ye wänmuuth du cɔl ŋa?   Ye wänmuuth dun cɔl ŋa?
Ye nyankuui du cɔl ŋa?   Ye nyankuui dun cɔl ŋa?

The Dinka's Grammar

21.7 Thiëc në "nɔŋ/naŋ"
Tök
- Nɔŋ run kedï?
- Nɔŋ nom riäi?
- Nɔŋ nïn kedï baai ye të në?
- Nɔŋ piɔ̈u ba bën?
- Nɔŋ kë ca tak ba looi?
- Nɔŋ rïŋ tɔ̈u bë thaal?
- Nɔŋ piɔ̈u ba cam?
- Nɔŋ kë göör?
- Nɔŋ yɔ̈k kedï?
- Nɔŋ kë ŋic në ruɔ̈ɔ̈n de cuɔl de piny?
- Nɔŋ raan ŋic në ye kɔc kë yiic?
- Nɔŋ mïth kedï?
- Nɔŋ kë ca tïŋ?
- Nɔŋ kë rilic në pinynom ageer?
- Nɔŋ kë nhiaar ba kuɔ̈ny yï?
- Nɔŋ kë ban yï kuɔny?
- Nɔŋ raan määth ke yï ba yiën ye kënë?
- Nɔŋ kë looi baai?
- Nɔŋ të bïn ya neem miäk?
- Nɔŋ kɔ̈th tɔ̈u ba ke com të këër e deŋ?
- Nɔŋ kë kɔɔr ba lëk ya?
- Nɔŋ miëth tɔ̈u baai?
- Nɔŋ kë ŋic tooc?

Ka Juëc
- Naŋ kë run këdï?
- Naŋ kë nïïm riäi?
- Naŋ kë nïn kedï baai ye tënë?
- Naŋ kë piɔ̈ɔ̈th ba kë bën?

The Dinka's Grammar

- Naŋ kë ca kë tak ba kë looi?
- Naŋ kë rïŋ tɔ̈u bë thaal?
- Naŋ kë pɔ̈ɔ̈th ba kë cam?
- Nɔŋ kë gɔ̈ɔ̈r kë?
- Naŋ kë ɣɔ̈k kedï?
- Nɔŋ kë ŋiɛc kë në ruɔ̈ɔ̈n de cuɔl de piny?
- Nɔŋ raan ŋiɛc kë në ye kɔc kë yiic?
- Naŋ kë mïth kedï?
- Nɔŋ kë ca kë tïŋ?
- Nɔŋ ka riliic në pinynom ageer?
- Nɔŋ kë nhiaar kë bukku kuɔ̈ny we?
- Nɔŋ kë ban we kuɔny?
- Nɔŋ kɔc määth në we ba ke yiën ye kakë?
- Nɔŋ kë luɔi kë baai?
- Nɔŋ të bï we wɔ neem miäk?
- Nɔŋ kɔ̈th tɔ̈u ba këke com të këër e deŋ?
- Nɔŋ kë kaar kë ba kë lëk wɔ?
- Nɔŋ mïïth tɔ̈u baai?
- Nɔŋ kë ŋiɛc kë tooc?

21.8 Thiëc në "ba/ba kë"

Tök	Ka juëc
Ba jäl naa?	Ba kë jäl naa?
Ba dhuk wut nɛn?	Ba kë dhuk wut nɛn?
Ba dek në pïu?	Ba kë dek në pïu?
Ba nin të nou?	Ba kë nin të nou?
Ba lɔ baai nɛn?	Ba kë lɔ baai nɛn?
Ba ɣa neem nɛn?	Ba kë wɔ neem nɛn?
Ba tëëk të nou?	Ba kë tëëk të nou?
Ba bën miäk?	Ba kë bën miäk?
Ba luui të nou?	Ba kë luui të nou?

The Dinka's Grammar

Ba rëër të nou?
Ba cath we ŋa?
Ba nin we ŋa?
Ba lëk ŋa?
Ba ket we ŋa?
Ba tim yep we ŋa?
Ba jam we ŋa?
Ba ɣa looi yedï?
Ba ɣöt yïk naa?
Ba gät të nou?
Ba alëth ku tɔɔu të nou?
Ba tim yep në ŋö?
Ba kuaŋ piɔɔc naa?
Ba ŋö looi?
Ba ŋö cam?
Ba ŋö dek?
Ba ŋö lueel?
Ba ŋö lëk Deŋ?
Ba dhuk?
Ba tak thïn?
Ba lueel?
Ba pëën?
Ba kony?
Ba jäi?
Ba luath?

Ba kë rëër të nou?
Ba kë cath në ŋa?
Ba kë nin në ŋa?
Ba kë lëk ŋa?
Ba kë ket në ŋa?
Ba kë tim yep në ŋa?
Ba kë jam në ŋa?
Ba kë wɔ looi wädï?
Ba kë ɣöt yïk naa?
Ba kë gät të nou?
Ba kë alëth kun tɔɔu të nou?
Ba kë tim yep në ŋö?
Ba kë kuaŋ piɔɔc naa?
Ba kë ŋö looi?
Ba kë ŋö cam?
Ba kë ŋö dek?
Ba kë ŋö lueel?
Ba kë ŋö lëk Deŋ.
Ba kë dhuk?
Ba kë tak thïn?
Ba kë lueel?
Ba kë lueel?
Ba kë pëën?
Ba kë jäi?
Ba kë luath?

21.9 Thiëc në "Ca/ca kë":

Tök

Ca kuɛth?
Ca cam në kuïn?
Ca ruëth në ca?

Ka juëc

Ca kë kuɛth?
Ca kë cam në kuïn?
Ca kë ruëth në ca?

The Dinka's Grammar

Ca dek në pïu?
Ca miɔ̈l?
Ca dek në miän col?
Ca dek në miän ɣer?
Ca waak?
Ca yï nyin waak?
Ca yï nyin piny?
Ca piɔ̈u riääk?
Ca yï nyin lɔɔk?
Ca piny?
Ca thiëëk?
Ca yal?
Ca nom bäth në ɣa?
Ca rap tem?
Ca lueel wudï?
Ca cool?
Ca yïën dï?
Ca nin wudï?
Ca wut në miääu?
Ca lueel në piɔ̈n du ebën?
Ca ŋö bën lueel?
Ca mat we ɣa?
Ca mat we yïïn?
Ca mat we ye?
Ca weŋ du yök?
Ca dom du puur?
Ca rap poniic?
Ca luaŋ du yïk?
Ca lëk ɣa?
Ca lëk yï?
Ca lëk ye?
Ca tuaany?
Ca bɛc?

Ca kë dek në pïu?
Ca kë miɔ̈l?
Ca kë dek në miän col?
Ca kë dek në miän ɣer?
Ca kë waak?
Ca kë we nyïn waak?
Ca kë we nyïn piny?
Ca kë piɔ̈ɔ̈th riääk?
Ca kë we nyïn lɔɔk?
Ca kë piny?
Ca kë thiëëk?
Ca kë yal?
Ca kë nïïm bäth në wɔɔk?
Ca kë rap tem?
Ca kë lueel wädï?
Ca kë cool?
Ca kë yïën dï?
Ca kë nin wä dï?
Ca kë wut në miääu?
Ca kë lueel në piɔ̈n dun ebën?
Ca kë ŋö bën lueel?
Ca kë mat në wɔ?
Cukku mat në week?
Ca kë mat we ke?
Ca kë weŋ dun yök?
Ca kë dom dun puur?
Ca kë rap poniic?
Ca kë luaŋ dun yïk?
Ca lëk wɔ?
Ca lëk we?
Ca lëk ke?
Ca kë tuaany?
Ca kë bɛc?

The Dinka's Grammar

Ca naŋ juäi?   Ca kë naŋ juäi?
Ca naŋ thonythony?   Ca kë naŋ thonythony?
Ca tuaany në maguäi?   Ca kë tuaany në maguäi?

21.10 Thiëc në Thoŋ de Jiëëŋ

Wët lui	Wët lui	Coor de wël	Thiëc
Bai	Baai	Duk ɣa bai.	Yeŋö yïn ɣa baai?
Bol	Bool	Bol miääu Acol.	Ca miääu bool Acol?
Bor	Boor	Bor gut në pïu.	Ca gut boor në pïu?
Bar	Baar	Bar ɣa miäk.	Ba ɣa baar miäk?
Cath	Caath	Cath kë röth.	Yakë röth caath?
Col	Cool	Col kake Col.	Ca kake Col cool?
Dhom	Dhoom	Duk ɣa dhom.	Yeŋö yïn ɣa dhoom?
Kɔr	Kɔɔr	Kɔr ɣa ku yïn bë ɣa yök.	Ye ɣɛn kɔɔr?
Ker	Keer	Ker ɣötic.	Ca ɣöt keeric?
Ket	Keet	Ket alath.	Ba alath keet?
Kir	Kiir	kir ca.	Ca ca kiir?
Kom	Koom	Kom rïŋ.	Ca rïŋ koom?
Kuac	Kuaac	Kuac rëc.	Ca rëc kuaac?
Kuec	Kueec	Kuec ɣöt.	Ca ɣöt kueec?
Kuet	Kueet	Kuet ka ku.	Ca kaku kueet?
Loi	Looi	Loi luak.	Ca luak looi?
Ŋaŋ	Ŋaaŋ	Duk ɣa ŋaŋ.	Yeŋö yïn ɣa ŋaaŋ?
Ŋot	Ŋoot	Ŋot rïŋ.	Ba rïŋ ŋoot?
Pot	Poot	Pot diöŋ.	Ca diöŋ poot?
Pur	Puur	Pur dom.	Ca dom puur?
Rop	Roop	Rop guët.	Ba guët roop?
Tɔŋ	Tɔɔŋ	Tɔŋ ɣöt thok.	Yeŋa ye ɣöt tɔɔŋ thok?

The Dinka's Grammar

Thal	Thaal	Thal kuïn.	Yeŋa cië kuïn thaal?
Toc	Tooc	Toc ɣa.	Ba ɣa tooc ba dïëi?
Wak	Waak	Wak alëth ku.	Ca alëth ku waak?

21.11 Thëm de nom:

a. Gäärë ye thiëc cië thïïc piinykë piny athöör du yic:
    I. Thïc thiëc ke dhïc në "yeŋa?":
    II. Thïc thiëc ke dhïc në "yeŋö?":
    III. Thïc thiëc ke dhïc në "ca":
    IV. Thïc thiëc ke dhïc në "ba":
    V. Thïc thiëc ke dhïc në "nɔŋ":
    VI. Thïc thiëc ke dhïc në "ye":

b. Gät ye thiëc töök tɔ̈u në köŋ ciɛɛm du kë, keke ye thiëc de ka juëc:

                                                 Thiëc de ka juëc

Ca miɔ̈l në miääu? ....
Ca jam we ye? ....
Ca waak? ....
Ca nom bäth në ɣɛɛn? ....
Ca tuaany? ....
Ba ruëth në ca? ....
Ba lɔ tooc nɛn? ....
Kɔɔr ba yï lëk ŋö? ....
Ba yï tiit ye tënë? ....
Ba dier në bul we ŋa? ....
Nɔŋ thök kedï? ....
Nɔŋ kë kɔɔr ba lueel? ....

The Dinka's Grammar

Nɔŋ nom dhöŋ de dïëër? ....
Nɔŋ piɔ̈u ba cath we ɣa? ....
Nɔŋ pëi kedï tooc? ....
Ye cuet në rëc? ....
Ye jam we ye? ....
Ye raan de dhiën nou? ....
Ye yäp akön? ....
Ye ɣɔ̈t në doŋ? ....
Ba thiëëk nɛn? ....

c. Gät ye thiëc tɔ̈u në köŋ ciɛɛm du kë, keke ye thiëc töök:

                                              Thiëc töök

Ca kë nin apieth? ....
Ca kë cuet në biɔl? ....
Ca kë kuëëth? ....
Ca kë yök në keek? ....
Ca kë luk looi? ....
Ca kë thoŋ cië bën wut piŋ? ....
Ba kë lɔ biöök në ɣɔ̈k? ....
Ba kë lɔ amatic nɛn? ....
Ba kë luak ŋaany nɛn? ....
Ba kë alëth kun waak nɛn? ....
Ba kë aken dun keeu nɛn? ....
Ba kë rëër të nou? ....
Naŋ kë run ke dï tooc? ....
Nɔŋ kɔc cath në week? ....
Naŋ kë piɔ̈ɔ̈th bën? ....
Nɔŋ kë luɔi ɣööt? ....
Nɔŋ kë kaar kë? ....
Ya kë run dï ke we kën lɔ baai? ....

The Dinka's Grammar

Ya kë jam në yeen? ....
Ya kë nin të nou? ....
Ya kë lueel wädï? ....
Ya kë cam në cuɛɛi? ....

d. Dhuk ye thiëc tɔ̈u piinykë nïïm:

Ye mama du cɔl ŋa? ....
Ye run kudï? ....
Ciëŋë të nou? ....
Cië baba du lɔ të nou? ....
Lɔ të nou? ....
Luɔ̈ɔ̈i ë të nou? ....
Ye wët mëthku dï? ....
Ye nyïïr akëcku dï? ....
Ye raan de wun nou? ....
Ye raan de pakiër ŋö? ....
Yeŋa tɔ̈u baai? ....
Yeŋö kɔɔr? ....
Ba kë gɔl në gäär nɛn?
Yeŋa cië bën?
Ba gɔl në luɔi nɛn?
Ba lɔ ɣön de gäär nɛn?
Ca thök në gäär?
Ye rin ke mäthdu cɔl ŋa?
Ba lɔ luaŋ de guëër miäk?

22.0 Jam de kë thiɔ̈k ku kë mec:

Kë thiɔ̈k	Kë mec
Kë në.	Kë tui/ kë tï.
Kakë.	Kakui/kï.

The Dinka's Grammar

Nhiaar ye kë në?
Ye thɔ̈k de ŋa ye kë në?
Ye thök ke ŋa ye kakë?
Ye dhɔ̈ŋ kë në acɔl Dut.
Nhiaar ye alanhë?
Ye bel kë aaye bel ku.
Akuɔl, ye nyaan në acɔl Abuk.
Kuanyë ye kë në.
Bär kääc cië ye të në.
Nyuɔ̈ɔ̈c cië ye tënë.
Löm ye kënë.
Bëi ë ye kënë.

Nhiaar ye kë tï?
Ye thɔ̈k de ŋa ye kë tï?
Ye thök ke ŋa ye ka kui?
Ye dhɔ̈ŋ tui, acɔl Dut.
Nhiaar ye alanh tï?
Ye bel kï aaye bel ku.
Akuɔl, ye nyaan tï acɔl Abuk.
Kuany ye kë tï.
Lɔr kääc cië ye tëtï.
Nyuɔ̈ɔ̈c cië ye të tï.
Löm ye kë tï.
Bëi ë ye kë tï.

22.1 Thëm de nom:
Gät ye coor ke wël tɔ̈u piinykë, keke ye jam mec:

Pɔ̈ɔ̈rë ye të në. ....
Nyuɔ̈ɔ̈cië tën. ....
Weŋ du kï. ....
Kueer lɔ tooc kï. ....
Ciɛk ku kï. ....
Man ye thɔ̈k kë në? ....
Ye nyaan de ŋa ye kë në? ....
Yeŋa e rëër ye të në? ....
Läŋë ye të në. ....
Yiën ɣa ye kë në. ....
Nhiaar ye wɛr kë? ....
Paan de kï ye të thiɔ̈k kë. ....

23.0 Kë nhiaar ku kë man

Kë nhiaar

Ɣɛn nhiaar kuaŋ.

Kë man

Ɣɛn man kuaŋ.

The Dinka's Grammar

Yïn nhiaar kuaŋ.   Yïn man kuaŋ.
Wɔ nhiaar kuaŋ.   Wɔ man kuaŋ.
We nhiaar kuaŋ.   We man kuaŋ.
Anhiaar kuaŋ.   Aman kuaŋ.
Aanhiaar kuaŋ.   Aaman kuaŋ.
Ɣɛn nhiaar diëër de lɔ̈ɔ̈r.   Ɣɛn man diëër de lɔ̈ɔ̈r.
Yïn nhiaar diëër de lɔ̈ɔ̈r.   Yïn man diëër de lɔ̈ɔ̈r.
Wɔ nhiaar diëër de lɔ̈ɔ̈r.   Wɔ man diëër de lɔ̈ɔ̈r.
We nhiaar diëër de lɔ̈ɔ̈r.   We man diëër de lɔ̈ɔ̈r.
Anhiaar diëër de lɔ̈ɔ̈r.   Aman diëër de lɔ̈ɔ̈r.
Aanhiaar diëër de lɔ̈ɔ̈r.   Aaman diëër de lɔ̈ɔ̈r.
Col anhiaar kat.   Col aman kat.
Meth anhiaar ciɛk ke thɔ̈k. Meth aman ciɛk ke thɔ̈k.
Makëër anhiaar pol të tuc. Makëër aman pol të tuc.
Biaar anhiaar rëër të lir. Biaar aman rëër të lir.
Akɔ̈l anhiaar cäi.   Akɔ̈l aman cäi.

23.1 Thëm de nom:
Gät ye coor kë wël tɔ̈u piinykë, keke ye kaman ke:

                        Kë man

Ɣɛn nhiaar ruëth de ca.   ....
Ɣɛn nhiaar täu tooc.   ....
Ɣɛn nhiaar cäm de awalwala.   ....
Ɣɛn nhiaar tuɔ̈c de piny.   ....
Ɣɛn nhiaar täu wut ruël.   ....
Ɣɛn nhiaar rëër në kɔc juëc yiic.   ....
Ɣɛn nhiaar akut nom.   ....
Ɣɛn nhiaar dupiöny dï.   ....
Ɣɛn nhiaar rëër ɣa tök.   ....
Ɣɛn nhiaar ye weŋë arët.   ....
Deŋ anhiaar man.   ....
Col anhiaar gääu.   ....

The Dinka's Grammar

Ajääŋ anhiaar ye nyan kë në.   ....
Makëër anhiaar miɔɔr de.   ....
Madit anhiaar kët.   ....

24.0 Kë ŋic ku kë kuc

Kë ŋic   **Kë kuc**

Yɛn ŋic gät.   Yɛn kuc gät.
Yïn ŋic gät.   Yïn kuc gät.
Wɔ ŋic gät.   Wɔ kuc gät.
We ŋic gät.   We kuc gät.
Aŋic gät.   Akuc gät.
Aaŋic gät.   Aakuc gät.
Yɛn ŋic kueer lɔ baai.   Yɛn kuc kueer lɔ baai.
Yïn ŋic kueer lɔ baai.   Yïn kuc kueer lɔ baai.
Wɔ ŋic kueer lɔ baai.   Wɔ kuc kueer lɔ baai.
We ŋic kueer lɔ baai.   We kuc kueer lɔ baai.
Aŋic kueer lɔ baai.   Akuc kueer lɔ baai.
Aaŋic kueer lɔ baai.   Aakuc kueer lɔ baai.
Yɛn ŋic thuëëc adiɛɛr (adau).   Yɛn kuc thuëëc adiɛɛr (adau).
Yïn ŋic thuëëc adiɛɛr (adau).   Yïn kuc thuëëc adiɛɛr (adau).
Wɔ ŋic thuëëc adiɛɛr (adau).   Wɔ kuc thuëëc adiɛɛr (adau).
We ŋic thuëëc adiɛɛr (adau).   We kuc thuëëc adiɛɛr (adau).
Aŋic thuëëc adiɛɛr (adau).   Akuc thuëëc adiɛɛr (adau).
Aaŋic thuëëc adiɛɛr (adau).   Aakuc thuëëc adiɛɛr (adau).

24.1 Thëm de nom:
Wel ye coor ke wël tɔ̈u piinykë, keke ye ka kuc ke:

Akuc aŋic gëër de riän wïïr.   ....
Yɛn ŋic gäär.   ....
Adhöl aŋic dhöl lɔ baai.   ....
Yɛn ŋic guär.   ....

The Dinka's Grammar

Adhiëëu aŋic ɣät.   ....
Ɣɛn ŋic yɔ̈t de kuïn.   ....
Akuur aŋic lɔ në kuur nom.   ....
Ɣɛn ŋic rin ke.   ....
Yïn ŋic rin ke.   ....
Aŋic rin ke.   ....
Ɣɛn ŋic dëp de rec.   ....
Yïn ŋic dëp de rec.   ....
Aŋic dëp de rec.   ....

25.0 Kë lëu ku kë cï lëu

25.1 "Ye" ku "Ce"

Kë lëu "Ye"   Kë cï lëu "Ce"

Ɣɛn ye ket.   Ɣɛn ce ket.
Yïn ye cak në diɛt.   Yïn ce cak në diɛt.
Wɔ ye cak në diɛt.   Wɔ ce cak në diɛt.
We ye cak në diɛt.   We ce cak në diɛt.
E cak në diɛt.   Ace cak në diɛt.
Aaye cak në diɛt.   Aace cak në diɛt.
Ɣɛn ye yith nhial në tiim.   Ɣɛn ce yith nhial në tiim.
Yïn ye yith nhial në tiim.   Yïn ce yith nhial në tiim.
Wɔ ye yith nhial në tiim.   Wɔ ce yith nhial në tiim.
We ye yith nhial në tiim.   We ce yith nhial në tiim.
E yith nhial në tiim.   Ace yith nhial në tiim.
Aaye yith nhial në tiim.   Aace yith nhial në tiim.
Ɣɛn ye gät.   Ɣɛn ce gät.
Ɣɛn ye kuaŋ.   Ɣɛn ce kuaŋ.
Ɣɛn ye ger në riän wïr.   Ɣɛn ce ger në riän wïr.
Ɣɛn ye kuen apieth.   Ɣɛn ce kuen apieth.
Yïn ye raan pieth.   Yïn ce raan pieth.

The Dinka's Grammar

25.2 "E" ku "Ace"

"E"	"Ace"
Deŋ e raan pieth.	Deŋ ace raan pieth.
Athiëëŋ e nyaandï	Athiëëŋ ace nyaandï.
Athiëëŋ e nyaandu.	Athiëëŋ ace nyaandu.
Athiëëŋ e nyaande.	Athiëëŋ ace nyaande.
Athiëëŋ e nyaanda.	Athiëëŋ ace nyaanda.
Athiëëŋ e nyaandun.	Athiëëŋ ace nyaandun.
Athiëëŋ e nyaanden.	Athiëëŋ ace nyaanden.
Acol e jam ke kɔc.	Acol ace jam ke kɔc.
Meth e man riir.	Meth ace man ye riir.
Awiën e kɔc tɛɛr.	Awiën ace kɔc ye tɛɛr.
Muny de kiɛɛc e ɣa nɔ̈k.	Muny de kiɛɛc ace ɣa ye nɔ̈k.

25.3 Thëm de nom
a) Wël ye coor kë wël tɔ̈u piinykë, keke ye ka cï lëu:

Kë cï lëu

Ɣɛn ye kuaŋ kiir. ....
Ɣɛn ye yiër në wïïn ke ɣɔ̈k. ....
Ɣɛn ye biöök në ɣɔ̈k. ....
Ɣɛn ye lɔ yäp anyɛɛr ɣa tök. ....
Ɣɛn ye luak yïk ɣa tök. ....
Ɣɛn ye jam në thoŋ de Nuëër. ....
Ɣɛn ye cam në miök de kiëc. ....
Ɣɛn ye riɔ̈ɔ̈c në nyaŋ. ....
Ɣɛn ye cath ajɔ̈ŋköör kɔ̈u. ....
Ɣɛn ye dier në leŋ apieth. ....
Ɣɛn ye lɔ̈ɔ̈r yup apieth. ....
Ɣɛn ye thät në kuïn. ....
Ɣɛn ye göör apieth. ....
Ɣɛn ye math në tap. ....

The Dinka's Grammar

Yɛn ye cam thëëi. ....
Yɛn ye gääu arët. ....
Yïn ye gääu arët. ....
E gääu arët. ....
Yɛn ye jam wɔ ye. ....
Yïn ye jam we ye. ....
E jam ke ye. ....
Yɛn ye cuet në rëc. ....
Yïn ye cuet në rëc. ....
E cuet në rëc. ....
Yɛn ye daai në läi wɔ mäthdï. ....
Yïn ye daai në läi wɔ mäthdu. ....

b) Wel ye coor kë wël tɔ̈u piinykë, keke ye ka cï lëu:

                                Kë cï lëu

Mama e guär thëëi. ....
Acol e thät ke piny cië thok lɔ moor. ....
Deŋ e diɛɛr të cen keny të mec. ....
Bul e daai në wïr të lëëu yen. ....
Bol e mɛɛnh dï. ....
Bol e mɛɛnh du. ....
Bol e mɛɛnh de. ....
Yöt e kuëër të tuenyë deŋ. ....
Atëm e yäp arët në läi rur. ....
Akëën e ruël tooc cië abiɔɔk. ....
Cuɔɔr e läi cië thou ŋueet. ....
Akuŋuɛɛt e cök tök. ....
Alïïk e dhiëth në toŋ. ....
Nyaŋ e dhiëth në toŋ. ....
Akɔ̈ɔ̈n e cin tök. ....
Gäräŋ e yäp në läi. ....

The Dinka's Grammar

Makëny e pur anyol. ....
Bol e gut në thom. ....
Acol e rop në guët. ....
Mama e cuiëc në töny. ....
Baba e luui në kööl de dhorou. ....
Mama e luui wakɔ̈u. ....
Nyankääi e luui thëëi. ....
Wänmääth e luui aköl. ....

26.0 Wët guïïr (adjective)
Wët guïïr   **Wët guïïr**

Meth akoor <u>apɛi.</u>
Ɣɛn cïi piɔ̈u <u>dït.</u>
Cɔk atɔ̈u, kɔc acië <u>nɔl.</u>
E nyan <u>thoi</u> yeth.
Ɣɛn <u>thoi</u> kɔ̈u.
Miöŋ de kiëc <u>adiny.</u>
Miöŋ de kiëc <u>apac.</u>
Bël de thukar <u>apac.</u>
Ye kuïnnë <u>amit.</u>
Wɔ cië <u>cuai.</u>
Aköt <u>abäär.</u>
Manut e raan <u>bäär</u> apɛi.
Majɔŋ e Deŋdït e raan <u>cek.</u>
Ɣɛn <u>cek</u> ku yïn <u>bäär.</u>
Cuɛɛi awac.
Wäl de malërya <u>akec</u> arët.
Cuɔɔr alɔ thok <u>ŋuatat.</u>
Adöl kirik alɔ nom <u>patpat.</u>
Yïn <u>läk</u> guɔ̈p.
Biol <u>adït</u> yïth.
Akɔ̈ɔ̈n <u>abäär</u> cin.

Piny <u>aŋɔny.</u>
Kuïn <u>atuc.</u>
Deŋ acië tuɛny apiny <u>atiɔp.</u>
E kaam <u>koor</u> ye ŋoot.
Pïu <u>amoriic.</u>
Tɔŋ <u>amoth</u> cië rëët.
Tɔŋ <u>adhuc</u> thok.
Ɣöt <u>apieth.</u>
Piny <u>alir</u>, tääu ë lupa du.
Piny alɔ <u>rieth rieth</u>.
Ɣɛn lɔ cin <u>nuetet.</u>
Adök alɔ <u>nuetet.</u>
Miɔɔr <u>macäär</u> anyuäth.
Miɔɔr <u>malual</u> akääc.
Piny e <u>mabiöör.</u>
Thɔn <u>mameer</u> adëk në pïu.
Thɔn <u>manyaŋ</u> acië guaŋ nom.
Gaŋ arɔ̈ɔ̈l <u>ayer</u> yeth.
Agumut adït nyin.
Awan mɔɔr kuɔ̈u <u>abäär</u> yɔl.
Köör <u>aril.</u>

The Dinka's Grammar

Aköön e lën dït apɛi.   Köör alɔ yeth yuäk käk.

26.1 Thëm de nom

Thiääŋë ke wël kë në ke ɣän ɣöör tɔu piinykë yiic, abäär, agöör, nyuc, aciek, adït, adït, ciek, bäär, awac, apac, adiny, aɣer, ɣer, aruel, atuc, koth, dhäär, aril, aŋɛɛny, acol, yal, macäär ku dhäär

Miir------- yeth.	Aköl -------.
Aköön------ e kuäny.	Pɛɛi -------.
Ciin de aköön ------.	Kuïn acië ------- cäm kë.
Agumut ------ nyïn.	Ɣɛn ------- kök.
Nyan cïn biɔl------- yïth.	Ɣɛn cië cath arët aɣen cië ----.
Ɣɛn-----ku yïn -------------.	Köör--------.
Aköt e tim ----------------.	Kuac--------.
Miöŋ de kiëc-------------.	Aŋui e ------.
Cuɛɛi--------------.	Acuïïl ------- nhial.
Nyan ------- ku cï lɔ löör.	Coor acië-------- në tim nom.
Anyaar......... guɔ̈p.	Din cɔl ken ---- guɔ̈p.
Ɣɛn kɔɔr ba dek, ɣɛn cië......	Gaŋcol e guɔ̈p --------.

27.0 Aŋɔi ke wël (Preposition)

Acïn coor de wël lëu bë lueel/göör ke cïnic aŋɔi ke wël. Aŋɔi ke wël keka ye coor de wël cɔk thiekic. Aŋɔi lik ke wël kï cië nyuɔɔth piinyë:

Aŋɔi	Nyooth den në jamic
Lɔ	Ɣɛn cï lɔ wɔ kë lueel. Jam dun acï lɔ ke ɣa.
Kɔn	Ace yïn e kɔn cop baai në Gäi. Ace yïn bë kɔn thök në ɣɛɛn. Yeŋö ye kɔn bën? Ye tuɔŋ ka ajïth?
Köu	Yïn tɔu në ɣa köu ciëën.

The Dinka's Grammar

	Yeŋa kääc në yï köu?
Kaam	Yeŋa töu në kaam da wɔ yï?
	E kaam koor yen atöu në kɛm ke bëi kuɔ.
	Yɛn cië gääu në kaamic
	Kaamic acië gääu në kaamic.
	Yeŋa cië liɛk në kaam dï wɔ yï?
Kɛm	Yeŋa töu në kɛm kuɔ?
	E wan de kɛm ye atöu në kɛm kuɔ.
Thiääk	Gäräŋ athiääk ke yï.
	Yeŋa thiääk ke yï?
	Yɛn kɔr ba nyuc ke ya thiääk wɔ yï.
Lööm	Tääu e lööm në ya lööm.
	Nyuööc cië meth në man lööm.
	Rëërë në wuur lööm.
Piny	Kan në kuïn piny.
	Kan në piny.
	Tïŋ piny apieth në kiɛɛth.
Piiny	Ye ŋö ye tïŋ piiny?
	Nyuööc cië piiny.
	Nyuööc kë piiny.
Ku	Yɛn cï kör ba lɔ në thiëëkic ku yɛn bë rɔt dhiɛɛl në wët du.
	Yɛn cië piöu riääk arët ku ka ba pöl.
	Yïn cië ya jöl kuka kuc man ruääi wɔ yï.
Kë de	Lääth e këde gëër de riän wïïr.
	Wuŋ de alïïk e këde aköl ku deŋ.
	Löör e këde diëër.
	Alamthiëi e këde dhiëër.
	E tɔŋ ë e këde Tɔŋ.
	E weŋë, e këde Aweeŋ
Ayeer	Diäär arëër ayeer.
	Mïth aapol ayeer.
	Baba ku mama acië lɔ ayeer.

The Dinka's Grammar

	Bänyda acië keny aɣeer.
Bii	Ɣɛn lɔ bii.
	Piny alir bii.
	Jö acië lɔ bii.
Të yïn	Lɔ jam we Nyëbol të yïn rɔt piŋ we ye.
We	Cathë *we* ɣɛɛn.
	Lɔ kuaŋ kë *we* Col.
	Lɔ baai *we* ŋa?
	Ɣɛn lɔ kuany në tiim we Adiɔ̈ɔ̈r.
Cök/thar	Mïth aapol në tim *cök*.
	Mïth aapol në tim *thar*.
	Aŋau atɔu agen *cök*.
	Aŋäu atɔu agen *thar*.
De	Bol alɔ ɣön *de* gäär.
	Lual atɔu paan *de* abun.
	Weŋ *de* Biaar acië rɛp kï cam.
Të de	Ɣɛn lɔ *të de* pol de wet.
	Majur alɔ *të de* pɔ̈ɔ̈r.
	E të në ace *të de* thuëëc.
Wɔ	Ɣɛn cï cath wɔ yï.
	Ɣɛn bë kat wɔ yï.
	Wɔ lɔ tooc wɔ kɔc juëc.
Ba	Ɣɛn göör ba cam.
	Anɔŋ kë kaar ba lëk yï.
	Yeŋö ba looi?
	Ba Deŋ yiën ŋö?
Tueŋ	Bul acië lɔ tueŋ.
	Bär tueŋ Majök.
	Umɔt e mɛɛnh tueeŋ.
Ciëën	Wun da acië kuɛɛth ciëën.
	Maciëk yen abɔ̈ ciëën.
	Akɔ̈l e bën ciëën ku ler riaar tueŋ.
	Lɔr ciëën.

The Dinka's Grammar

Nom	Nyuɔ̈ɔ̈c cië në thööc nom. Thuc acië nyuc në thööc nom. Tik aɣëëc töny në ye nom. Riäth ariŋ në cäär nom. Ɣɛn cië tɔ̈c agen nom.
Nom	E raan tök yen atɔu në ɣa nom E raan tök yen atɔu në ɣa nom tueŋ. Yïn atɔu në Bol nom. Yïn atɔu në Bol nom tueŋ.
Në	Töny acië cuëëc në tiɔp. Kou aye kol në kou. Dak aye guaŋ në tim (rit). Ɣɛn rëër në tim thar.
Në	Mïth abɔ̈ në thukulic. Rothii abɔ̈ në lɔ̈ɔ̈ric. Röör abɔ̈ në lukic. Nyïïr abɔ̈ në wïtic.
Në	Röör atɔu në thiëëkic. Mïth atɔu në thukulic. Dhäk atɔu në wëër yɔu.
Agut	We ba ke tiit agut ba kë bën. Ɣɛn bë jam wɔ yï agut ba gam. Wɔ cath në tök agut bukku cop.
Nhial	Tiɛɛr atëk nhial. Diɛt agɔ̈ɔ̈r nhial. Nɔ̈k töny nhial në thiɔ̈l. Ciɛk kë tɔɔŋ nhial.
Nhiaar	Yeŋö nhiaar? Nhiaar kuaŋ? Nhiaar ba cath yï tök?
Ɣëët	Yeŋö ye we ɣëët we wänmuuth? Wɔ bë ɣëët wɔ yï. Jur ke jur abë ɣëët.

The Dinka's Grammar

Yiic	Kääc cië në wɔ yiic.
	Rec atɔu në pïu yiic.
Iic	Yɛn kuc kë tɔu në piɔ̈ɔ̈th kuniic.
	Läi acië lɔ në kuriic.
	Mat të rɔt në kɔciic.
	Ba looi në runiic kedï?
Ic	Wɔ tɔu në jamic.
	Yɛn rëër wutic.
	Kɔc atɔu në riääkic.
	Kɔc atɔu në thiëëkic.
	Wɔ tɔu aguiɛɛric.
	Rec atɔu në thuŋic.
	Rec atɔu thuuŋ.
	Këroor acië lɔ në tulic.
	Wɔ cath abooric/amoolic.
	Rɛm atɔu në tɔŋic.
	Yeŋö tɔu në wëtic.
	Yeŋa rëër adulic?
	Pïir anɔŋic ka juëc kuɔ̈t.
Të nɔŋ	Yɛn lɔ të nɔŋ nyaan kääi.
	Deŋ alɔ të nɔŋ wun geeu.
	Yɛn lɔ të nɔŋ dupiönyda.
	Man alɔ të nɔŋ raan de dom bë lɔ jam ke ye.
	Bäk kë të nɔŋ yɛɛn wedhia.
Të nɔŋ	Bär paan dï të nɔŋ yen kë göör.
	Lɔ jam we ke, të nɔŋ yen kë duɔ̈ɔ̈n ca wën ke.
	Bukku ka kuɔ yök të nɔŋ ŋa?
Të ye we	Lɔ jam kë në nyïir të ye we röth piŋ në keek.
Të yen	Aba lööm të yen këdï.
	Aabukku lööm të yen këda.
	Löm të yen kedu.
	Lɔ̈m kë të yen këdun.
	Cɔk lööm të yen këde.

The Dinka's Grammar

Të bïn yïn	Cɔk löm kë të yen këden. Guïïr kaku wëlë të bïn yïn gääu. Cämë ke piny ɣer, të bïn yïn riɔ̈ɔ̈c në dhiëër.

27.1 Thëm de nom

Thiääŋë aŋɔi në ke ɣän ɣöriic piinykë yiic, thar, në, nom, kaam, we, wɔ, ɣa, të, të de, cök, lɔ̈ɔ̈m ku ba:

Ɣän ɣöriic thiäŋke

Diäär arëër në tim --------.
Dhäk acath ------ ke cök keke lɔ wut.
Ɣen cië tɔ̈c agen -------.
Wɔ ruur ----- jam në nyïïr.
Ye tɔ̈u në ------- da wɔ yï?
Ɣen cath ------ Deŋ.
Yïn rëër ----- Bol.
Wɔ bë luui ----- pëi.
Ɣen bë bën ----- tök.
Jak amäi-------rec wïïr.
Ɣen lɔ ----- de ɣɔɔc.
Lok atɔ̈u agen ------.
Wɔ cië nïïm bath ----- yïïn.
Atëm atɔ̈u ɣön ------ gäär.
Mïth alɔ ɣön ----- gäär.
Mïth ayith nhial..... kuur.
Rɛm aakɛt ---- lɔ̈ɔ̈r.
Dhäk aacië lɔ ---- pol wet.
Ɣön da acië yïk ---- nyiɛth.
Luaŋda acië yïk ---- noon.

Ɣän ɣöriic thiäŋke

Baba alɔ të ---- wet.
Röör dït alɔ ------ thiëëk
Nyuɔ̈ɔ̈c meth ------- man -----.
Tïŋ piny apieth ------- kiɛɛth.
Ɣɛn kɔɔr ----- nin.
Meth akɔɔr ---- ruëth ---- ca.
Wɔ --- kueer mat baai -- yï miäk.
Kou aye kol ---- kou.
Kɔc abɔ̈ ----- thiëëkic.
Diäär alɔ ------- lɔ̈ŋ.
Diäär aleer mɔ̈u --- thiëëkic.
Dueet alɔ cɔŋ ---- lɔ̈ɔ̈r.
Ɣen --- bën --- nɔŋ week miäk.
Ɣen cië teer ----- keek wään.
Ɣen bë yep --- tiim.
Nyïïr aaɣɔ̈t .... dɔŋ.
Bäk kë baai miäk ---- ca we thök në luɔi.
We bë lɔ baai --- Atëm miäk.
Wɔ bë lɔ tooc ---- yï në pɛɛi bɔ̈.
Röör arëër ------ tim --------.

The Dinka's Grammar

28.0 Ɣɛɛn në rɔt, wɔɔk në röth, yïïn në rɔt, week në röth, yen në rɔt, keek në röth

Tök	Ka juëc
Ɣɛɛn në rɔt.	Wɔɔk në röth.
Ɣɛn jam në rɔt.	Wɔ jam në röth.
Ɣɛn jam ɣa tök.	Wɔ jam wɔ pëi.
Ɣɛn lɔ baai në rɔt.	Wɔ lɔ baai wɔ pëi.
Yïn jam yï tök.	We jam we pëi.
Yïn jam në rɔt.	We jam në röth.
Duk yï cin bë ŋoot.	Duɔk kë we cin bë ŋoot.
Yeen në rɔt yen abë ajam.	Keek në röth keka bë jam.
Yeen në rɔt yen alɔ baai.	Keek në röth keka lɔ baai.
Yeen në rɔt yen akët.	Keek në röth keka kët.
Ɣɛn cëŋ ɣa tök.	Wɔ cëŋ wɔ pëi.
Yïn cëŋ yï tök.	We cëŋ we pëi.
Acëŋ ye tök.	Aacëŋ ke pëi.
Ɣɛn piööth rɔt në gëër ɣa tök.	Wɔ piööc röth në gëër wɔ pëi.
Yïn piööc rɔt në gëër yï tök.	We piööc röth në gëër we pëi.
Apiööc rɔt në gëër ye tök.	Aapiööc röth në gëër ke pëi.

28.1 Thëm de nom
Gät ye coor de ke wël tɔ̈u në köŋ ciɛɛm du yië, keke ye ka juëc:

                            Ka juëc

Ɣɛn puur dom ɣa tök.	....
Yïn puur yï tök.	....
Apuur dom ye tök.	....
Ɣɛn kueeŋ rɔt në riääkic ɣa tök.	....
Yïn kueeŋ rɔt në riääkic yï tök.	....

The Dinka's Grammar

Akueeŋ rɔt në riääkic ye tök. ....
Yɛn lɔ në wïric ɣa tök. ....
Yïn lɔ në wïric yï tök. ....
Alɔ në wïric ye tök. ....
Yɛn bë cath ɣa tök. ....
Yïn bë cath yï tök. ....
Abë cath ye tök. ....

29.0 Wël lëk yï të cen në kë dë̈ rɔt luɔɔi thïn/të cen në kë dë̈ luɔɔi thïn (adverb)

Kuur athiek arët.
Kur abär nhïïm arët.
Meth adhiaau arët.
Mïth adhiaau arët.
Akɔ̈l atuc arët.
Deŋ abö̈ ke cath arët.
Dhiëëu abö̈ ke cath amääth.
Deŋ acië tuɛny arët.
Lon de Deŋ arilic.
Bol e luui arët.
Pïëŋë apieth.
Pïëŋkë apieth.
Akutnhom da acië kuɔ̈c thuëëc.
Adeeŋ ajam amääth.
Makuc acië nin arët në ye wëër kän.
Wɔ kääc e cök në kɔc nhïïm.

Yɛn tït ke ɣa lɛthë.
Yɛn cië dɔc tö̈c.
Yɛn bö̈ ke ɣa cië gääu arët.
Acol e kat arët.
Marëëc e raan rac apɛi.
Weŋ acië köö̈c e jäk.
Yɛn cië thïïk liep amääth.
Yïn piŋ adik.
Yïn ye Thoŋ de Nuëër gueel apieth.
Akut da acië riäŋ apieth akäl.
Yɛn lir piɔu e thuaat.
Akëër acië kuïn thaal apieth.
Bul e gät apieth në thukulic.
Adit ageer riäi apieth.
Miöŋ e kïëc amit apɛi.
Rëc dït arët aca dɔm alän dï.

29.1 Thëm de nom

The Dinka's Grammar

Thiääŋë ke wël kë në ke ɣän ɣöriic piinykë: amääth, arët, apɛi, apieth, dɔc:

Miöŋ de kiëc apac -----.	Deŋ acath -------.
Ɣɛn geer riän ------ cï bë puk.	Col akat ---------.
Loi luɔɔi ----- cï yï bë cop.	Akɔ̈l atuc -------.
Ɣɛn cië dhäär -----.	Yom aput -------.
------- riëël miäk e rial.	Dhiëër acië cam -----
Ɣɛn ye riäŋ wɔ mïth -------.	Rëërë ------ we mɛɛnh kuui.
Ɣɛn nëk kɔɔr ------.	Wɔ cië röth guiir -------.
Acol acië kuïn mit ----- thaal.	Yïn ŋiɛc -------.
Yïn cukku tiit --- ku cïï -- bën.	Wɔ cëŋ ----- paan da.
Meth acië dhiaau ---- ku man aŋoot wei.	Wɔ bë cath ----- agut bukku cop baai.
Ɣɛn cië yal ------.	Ɣɛn nëk reu ------.

30.0 Kë ŋic të e lui rɔt/kë ŋic e raan e loi yeen:

Kë ŋic të e lui rɔt/kë ŋic e raan e loi yeen
- Wɔ ye miök miɔɔk në ca.
- Acol athal rïŋ në töny.
- Tik atem rap në cercer.
- Moc apuur dom në puur.
- Acol arak weŋ ajiëp.
- Anɔŋ raan ye ɣööt kutiic në nyindhia.
- Majök akën ɣa cɔɔl në thiëëkic.
- Ye kë miök looi në ŋö?
- Cuëër acië riän dï kual në nïn wään.
- Raan ceŋ alanh ɣer aië thɔk dï kual wään.
- Kɔc akën ɣa caal të de thiëëk.

The Dinka's Grammar

- Rɛm acië γöt buth.
- E ke yïk e γööt kë naa?
- Kɔc aayïk γön bäär baai ye man në.
- Diäär aayïk γööt jöt në wëër yɔu.
- Dhäk aakuɛɛth γɔ̈k tooc.
- Nyïïr aaγɔ̈l rap në doŋ.
- Dueet aakut baai yic.
- Deŋ acïe ajïth nɔ̈k.
- Acol acië alanhdï keet.
- Aweeŋ acië weŋ mai luak thok.
- Meth acië ca ruëëth.
- Thɔ̈rɔ̈t acië pïu dek.
- Dupiööc acië mïth piɔ̈ɔ̈c.
- Jö acop aŋau.

Kë kuc të e lui rɔt/kë kuc e raan e loi yeen

- Miök aye miɔɔk në ca.
- Rïŋ acië thaal në töny.
- Rap acië tem në cercer.
- Dom acië puur në puur.
- Weŋ arak ajiëp.
- γööt aaye kutiic në nyindhia.
- γɛn kën në cɔɔl në thiëëkic.
- Ye miök looi në ŋö?
- Riän dï acië kual në nïn wään.
- Thɔ̈k dï acië kual wään.
- γɛn kën në caal të de thiëëk.
- γöt acië buth.
- E γööt kë yïk ke naa?
- γön bäär ayïk baai ayïk baai ye man në.
- γööt jöt aayïk në wëër yɔu.
- γɔ̈k akuɛɛthë ke tooc.
- Rap aaγɔ̈l ke në doŋ.

The Dinka's Grammar

- Baai akutic.
- Ajïth acië nɔ̈k.
- Alanh dï acië keet.
- Weŋ acië mai luak thok.
- Ca acië ruëëth.
- Pïu acië dek.
- Mïth acië piɔ̈ɔ̈c.
- Aŋau acop.

30.1 Thëm de nom
Gät ye coor ke wël tɔ̈u në lɔŋ ciɛɛm du kë, keke kuc e raan e loi ke:

	Kë kuc të e lui rɔt/kë kuc e raan e loi yeen
Acol acië kuïn yɔɔt.	....
Akëër acië ɣöt kueec.	....
Adit acië alëth waak wään.	....
Kuckoon acië baai weecic.	....
Rɛm aacië akɔ̈ɔ̈n nɔ̈k.	....
Anyaar acië raan thɔ̈ɔ̈ric.	....
Meth acië ca ruëëth.	....
Ajääŋ acië tiim lɛɛr baai.	....
Diaar aacië rap tem.	....
Baba acom anyol në kiir nom.	....
Acuïïl acië mɛɛnh ajïth gɔp.	....
Aŋau acië riëc cam.	....
Mama aköp aköp.	....
Nyankääi ayɔt ayɔt.	....
Mama acië ɣa wum wum.	....

The Dinka's Grammar

31.0 Jam gäm ke jam jai (Positive and negative sentence)

31.1 Jam wään gäm/jai

Jam gäm	Jam jai
Yɛn cië kuɛth.	Yɛn kën kuɛth.
Yɛn cië dak.	Yɛn kën dak.
Yɛn cië pääc.	Yɛn kën pääc.
Yɛn cië biɛt.	Yɛn kën biɛt.
Yɛn cië gääu.	Yɛn kën gääu.
Yïn cië gääu.	Yïn kën gääu.
Wɔ cië gääu.	Wɔ kën gääu.
We cë gääu.	We kën gääu.
Acië gääu.	Akën gääu.
Aacië gääu.	Aakën gääu.
Kɔ̈ɔ̈c acië jai.	Kɔ̈ɔ̈c akën jai.
Nyïr aacië kat.	Nyïr aakën kat.
Diäär aacië nin.	Diäär aakën nin.
Yɔ̈k aacië yal.	Yɔ̈k aakën yal.
Diɛt aacië päär.	Diɛt aakën päär.
Akön aacië wëër teem.	Akön aakën wëër teem.
Anyɛɛr aacië tɔ̈c në rel kɔ̈u.	Anyɛɛr aakën tɔ̈c në rel kɔ̈u.
Bul acië nom määr.	Bul akën nom määr.
Meth acië thiaan.	Meth akën thiaan.
Aŋui acië weŋ cam.	Aŋui akën weŋ cam.
Kuac acië kat.	Kuac akën kat.
Amuuk acië lɔ në nyuɔ̈ɔ̈nic.	Amuuk akën kɛt në nyuɔ̈ɔ̈nic.
Muul acië ya wec.	Muul akën ya wec.
Ajɔ̈ŋköör acië liec.	Ajɔ̈ŋköör akën liec.
Thiɔ̈ɔ̈ŋ aacië kɛt lɔ̈k.	Thiɔ̈ɔ̈ŋ akën kɛt lɔ̈k.

The Dinka's Grammar

31.2 Jam de ye köölë gäm/jai

Jam gäm   **Jam jai**

Yɛn lɔ baai.   Yɛn cï lɔ baai.
Bol acäm.   Bol acï cäm.
Meth apol.   Meth acï pol.
Acol alɔ kuaŋ.   Acol acï lɔ kuaŋ.
Ajɔ̈k awec piny.   Ajɔ̈y acï piny kut.
Dhɔ̈k arak weŋ.   Dhɔ̈k acï weŋ rak.
Maköör acop köör.   Maköör acï köör cop.
Makëër agut thom.   Makëër acï thom gut.
Yɛn pïŋ.   Yɛn cï pïŋ.
Däk awaak.   Däk acï waak.
Däk amäth në dak.   Däk acï mäth në dak.
Yɛn mit piɔ̈u.   Yɛn cï piɔ̈u mit.
Deŋ ayep tim.   Deŋ acï tim yep.
Akuc ayëëc pïu.   Akuc acï pïu yëëc.
Thuc agät athöör.   Thuc acï athöör gät.
Monydït amäth tap në dak.   Monydït acï tap math në dak.
Këër akët mac.   Këër acï mac kët.
Apïu adëk në pïu.   Apïu acï dëk në pïu.
Aciɛɛn aket alath.   Aciɛɛn acï alath ket.

31.3 Jam de miäk gäm/jai

Jam gäm   **Jam jai**

Yɛn bë bën miäk.   Yɛn cï bë bën miäk.
Yïn bë bën miäk.   Yïn cï bë bën miäk.
We bë bën miäk.   We cï bë bën miäk.
Wɔ bë bën miäk.   Wɔ cï bë bën miäk.
Atëm abë bën miäk.   Atëm acï bë bën miäk.

The Dinka's Grammar

Dhäk aabë bën miäk. | Dhäk aacï bë bën miäk.
Akeer abë lɔ kuany në tiim. | Akëer acï bë lɔ kuany tiim.
Kuckoon abë lɔ wut. | Kuckoon acï bë lɔ wut.
Bul abë athöör gɔ̈t. | Bul acï athöör bë gɔ̈t.
Diäär aabë miääu dhiim. | Diäär aacï miääu bë dhiim.
Tik abë thät. | Tik acï bë thät.
Meth abë cam. | Meth acï bë cam.
Makou abë lɔ yep në tiim. | Makou acï bë lɔ yep në tiim.
Akon abë piny weec. | Akon acï piny bë weec.
Bäny abë kɔ̈ɔ̈c në bääny. | Bäny acï bë kɔ̈ɔ̈c në bääny.
Atoc abë lɔ tooc. | Atoc acï bë lɔ tooc.
Thëth abë bith thɔ̈ɔ̈th. | Thëth acï bith bë thɔ̈ɔ̈th.
Thiek abë thieek miäk. | Thiek acï bë thieek miäk.
Wɔ bë kiir teem. | Wɔ cï kiir bë teem.
We bë dom puur. | We cï dom bë puur.
We bë wët gam. | We cï wët bë gam.

31.4 Thëm de nom

a) Gät ye coor ke wël tɔ̈u në lɔŋ ciɛɛm du yë, keke ye jam jai në köŋ cuiëëc du:

Jam gäm   **Jam jai**

Y̨ɛn cië nom bäth.   ....
Deŋ acië lɔ tööc.   ....
Mayiëp acië tim yep.   ....
Wɔ cië alëth kuɔ waak.   ....
We cië cam në kuïn.   ....
Y̨ɛn mäi në rec.   ....
Acol ayiu päny kɔ̈u.   ....
Agɔɔk ayïr cum.   ....
Meth aruëth ca.   ....
Meth adhiaau.   ....
Mama ayöp cuaai.   ....

The Dinka's Grammar

Ɣɛn bë lɔ ɣön de gäär.
Yïn bë lɔ ɣön de gäär.
Abë lɔ ɣön de gäär.
Yäär abë thät.
Biöör abë lɔ biöök miäk.

....
....
....
....
....

b) Gät ye coor ke wël tɔ̈u në lɔŋ cuiëëc du yë, keke ye jam gäm në köŋ ciɛɛm du:

Jam gäm   **Jam jai**

.... Wɔ kën ket.
.... Ɣɛn kën lɔ̈ŋ në week.
.... Bol akën lɔ biöök në thök.
.... Ɣɛn kën tap du maath.
.... Aŋëër akën thät.
.... Ɣɛn kën nom bäth.
.... Mabäny acï lɔ baai.
.... Makëër acï löth met.
.... Rɛm aacïï weŋ yaŋ.
.... Diäär aacïï nin ɣööt.
.... Röör aacïï rëër luaak.
.... Ɣɛn cï bë bën miäk.
.... Yïn cï bë bën miäk.
.... Deŋ acï bë tuɛny.
.... Ɣɛn cï bë cath wɔ yï.

32.0 Arëëk ke wël (conjunctions/connectors):

Arëëk aaye wël thii ke Thoŋ de Jiëëŋ ye wël rek cïë man cen në ke nyuɔɔth piinyë:

The Dinka's Grammar

Arëk	Nyooth de arëk në jamic
Ku	Meth anhiaar ca ku kuïn.
	Ɣɛn nhiaar cuën de rïŋ ku cuën de rëc.
	Ɣɛn nhiaar cuën de rïŋ ku rëc.
Në ŋö	Deŋ acië lɔ gääu wëric në ŋö anhiaar bou.
	Cam miöŋ de kiëc në ŋö adiny.
	Dut acï bë bën miäk në ŋö abë pur dom de.
Na	Na ca thök, ke yï döt ɣa.
	Na ca cop baai, ke yï lɔ nem paan dï.
	Na ca dhäär ke yï nyuɔ̈ɔ̈c cië ba löŋ.
	Na ca thök në thät, ke yï bar ɣa.
	Na ca pääc, ke yï wak alëth kuɔ.
Na ca	Na ca gääu ke ɣɛn bë rɔt dhiëël ba yï bën töɔ̈ŋ.
	Na ca ɣa piŋ röl ke ɣa cöt, ke yï dɔc bën ke yï riŋ.
	Na ca thök në pɔ̈ɔ̈r ke ɣɛn bë lɔ biöök në yɔ̈k.
Na në	Na në yï cië ɣa tïŋ, ake ŋö kën yïn ɣa cɔɔl?
	Na në yï cië dït e dë ye ger në riän wïïr.
	Na në Col ye raan ŋuëën, e dë cukku lɔ yäp në yeen.
	Na në wɔ cï ruääi, e dë ca nyuɔ̈th yï.
Ka	Nhiaar rïŋ ka cuaai?
	Nhiaar kat ka cäth?
	Nhiaar tuɔ̈c de piny ka liɛɛr de piny?
	Lɔ Gäräŋ yäp ka le ŋer në noon?
Ka	Ɣɛn ce dek në miän col ka mian ɣer.
	Jök ace cuet në rïŋ ka rëc.
	Ɣɛn ce guɛl në thoŋ de Dhande ka thoŋ de Nuëër.

The Dinka's Grammar

Të ciɛk	Kɔ̈ɔ̈t anhiaar pol në ruɛlic të ciɛk akɔ̈l tuɔ̈c arët.
	Macäär anhiaar cäth wakɔ̈u të ciɛk kë piny ya mɔ̈ɔ̈th.
	Yïn ba kuany cök të ciɛk yïn ɣa riɛc nyin.
Ago	Ye piny ŋëm apieth ago cuɔ̈k kɔ̈th.
	Kuën në apieth ago tiam në cääric.
	Ciɛth ku arët ago ku dɔc cop ke piny ɣer.
Kɔɔr ka cïï kɔɔr	Ɣɛn lɔ në lɔ̈ɔ̈ric, kɔɔr ka cïï kɔɔr.
	Ɣɛn be lɔ tooc, kɔɔr ka cïï kɔɔr.
	Mawut abë jäl në ye köölë, kɔɔr ka cï kɔɔr.
Nhiaar ka cïï nhiaar	Ɣɛn bɔ̈ paan dun, nhiaar ka cïï nhiaar.
Yeŋö	Ɣɛn kuc yeŋö ba lëk mäth dï.
	Ɣɛn kuc yeŋö kɔɔr Bol baai ye të në.
	Ɣɛn kuc yeŋö dïc e mama rokic.
E bë	Meth acï nin, e bë moŋ thar.
	Meth acï nin, e bë töc ke ye.
	Meth acï nin, e ba töc we ye.
Duɔ̈k kë/e	Tïŋ mac apieth duɔ̈k ke ɣöt bë nyop.
	Tök moor apieth duɔ̈k ke bë yï cieen.
	Dac kë röth juiir duɔ̈k ke we cï bë gääu.
Aya	Ɣɛn cië kuïn dï thöl. Ciɛk kï aca ke thöl aya.
	Col aɲïc gëër de riäi. Aɲic gëër de diɛn wëëth aya.
	Baba acom anyol. Acom rap aya.
	Dhɔ̈k aloi atiɔ̈ɔ̈p. Akuany wër aya.
Aya	Ɣööt ke diäk atɔ̈u e ke ɣɔɔc cië ke.
	Ɣɛn cië ɣööt ke reu ɣɔɔc në ke yiic.
	Ɣɛn bë ɣön de diäk ɣɔɔc aya.
Aya	Marëëc e cuëër ku ke matil aya.
	Ɣɛn ŋic ka tööc ku ɣɛn ŋic ka baai aya.

The Dinka's Grammar

Aya dë	Manoon aŋeer noon ku ka yep tiim aya.
	Thëth athäth biith kuka thäth tɔɔŋ aya.
	Yeŋö kɔɔr ba thiëk ye nyaan tï?
	E matil.
	Alɔ diir diek kek.
	Athith lec.
	E adak rɔt kukee kuiɛɛŋ aya dë.
Athöŋ	Ɣön du ku ɣön dï aathöŋ e nyim.
	Thöŋ Deŋ ku Atëm?
	Pïïr du ku pïïr de acï thöŋ.
Kuka cë	Bol acië jai wën ku ka cië ye nom geer.
	Dut acië kuec bë lɔ baai kuka cië ye nom bën waar.
	Thɔn aacië ŋëër wut kuka cië bën kuaath rokic në wëthii.
Ŋot	Ɣɛn e cë kuec ba lɔ.
	Ɣɛn cië bën ŋot ke ɣa geer ɣa nom ku la.
	Alakiir acië jai në jam.
	Acië bën ŋot ke geer ye nom ku jiɛɛm.
Ŋot	Ŋot mïth keke kuec në laak?
	Mïth aŋot keke kuec në laak.
	Ŋot ke Bul de Nuun ceŋ Buk?
	Ŋot ke yï rëër we moor?
	Ŋot ke mɛɛnhdu thuët?
Kedhia	Köör e pïïr në rïŋ cië aŋui.
	Aŋui e pïïr në rïŋ cië kuac.
	Aaye pïïr në rïŋ kedhia.
Kedhia	Wël ca ke lueel kedhia aca ke piŋ.
	Diäär alɔ në thiëëkic kedhia.
	Ɣɔ̈k akuɛɛthë ke tooc kedhia.
	Mïth adhiaau kedhia.
Wedhia	Bäk kë miäk paan dï wedhia.
	We ca ke tooc wedhia.

The Dinka's Grammar

	Ya kë lueel ye ba kë nyuc baai ye tënë wedhia?
Kë tueeŋ/kë tueŋ	Majak abë ka juëc looi në ye run në.
	Kë tueŋ, ebë baai looi.
	Ke tueeŋ bë looi e bë ɣööt ke diäk ku luak looi paan de.
Kë de reu	Kë de reu, ebë dom de puur në baai kɔu.
Kë de diäk	Kë de diäk, e bë dom de com.
Kë de ŋuan	Kë de ŋuan, ebë dom de ponic.
Kë de dhïc	Ke de dhïc, ebë rɛp ke tiit në dit.
Kë de dhetem	Ke dhetem, ebë rɛp ke tem.
Kë de dhorou	Kë dhorou ebë rɛp ke kɔɔm.
Kë de thök	Ke de thök bë looi, ebë rɛp ke tääu akookic/yiɛɛric.

32.1 Thëm de nom

a) Thiääŋë ye arëëk kë në ɣän ɣɔriic: kedhia, ŋot, ku, në ŋö, ku ka, duɔk kë, wɔdhia, na, ka, wedhia, ka, athöŋ & ago:

- ɣɛn --- tooc--- ka baai.
- Deŋ e kuaŋ ---- ke ger në riän wïïr.
- ɣɛn cï bë bën miäk --- ɣɛn bë rëër wɔ meth.
- Atëm adek pïu ---- ruëth ca.
- Nhiaar liɛɛr de piny --- tuɔc de piny?
- Wälën abë thök në cäm ---- jiël.
- ---- ca kë thök ke we jäl kë.
- Kɔɔr rïŋ ---- rëc?
- Juak yï röl ---- yïn cï piŋ ciëën.
- Dɔc riëël miäk ----- thurumbil bë wɔ waan.

The Dinka's Grammar

- ---- cak piny ya wëër ke ɣɛn bë --- ke ɣa bɔ̈.
- Ɣɛn bë lɔ wut, kɔɔr --- cïï kɔɔr.
- Ɣɛn bë rëër baai ye tënë, nhiaar ---- cï nhiaar.
- Mama athal kuïn --- ka thal rïŋ ----.
- Wën dï ----- nyaan du ------.
- Magiir arëër amääth ----- bë lööny dhöl.
- We kɔɔr baba baai ---------.
- Wɔ kɔɔr baba baai --------.
- Akɔɔr baba baai ----------.
- Kuëëthë ɣɔ̈k kï baai -------.
- -----ke yï kuc kueer lɔ baai?
- Nhiaar aköu --- ayɔt?

b) Gät coor ke wël në ye arëëk tɔ̈u piinykë:

Kë tueeŋ	Në ŋö
Kë de reu	Wɔdhia
Kë de diäk	Wedhia
Kë de thök	Kedhia
Kë ciëën	Aya
Ka	Ku

33.0 Ɣa tök, Yï tök, ye tök, Wɔ pëi, we pëi, Ke pëi:

33.1 Wään, akäl ku miäk

Tök
- Weŋ alɔ wiïr ye tök.
- Akɔ̈ɔ̈n alɔ tooc ye tök.
- Tik atem rap ye tök.
- Nya athal kuïn ye tök.
- Dhɔ̈k apol panom ye tök.

The Dinka's Grammar

- Acol aγɔ̈t ye tök.
- Thɔ̈k anyuäth ye tök.
- Moc adek miääu ye tök.
- Ajïth awet piny ye tök.
- Meth athuëëc ye tök.
- Bol alɔ yäp ye tök.
- Acol alɔ ŋer në noon ye tök.
- Weŋ acië lɔ wïïr ye tök.
- Tik acië rap tem ye tök.
- Nya acië kuïn thaal ye tök.
- Dhɔ̈k acë pol panom ye tök.
- Acol acië γɔ̈t ye tök.
- Moc acië miääu dek ye tök.
- Ajïth acië piny wet ye tök.
- Meth acië thuëëc ye tök.
- Bol acië lɔ yäp ye tök.
- Acol acië lɔ ŋer në noon ye tök.
- Weŋ abë lɔ wïïr ye tök.
- Akɔ̈ɔ̈n abë lɔ tooc ye tök.
- Tik abë rap tem ye tök.
- Nya abë kuïn thaal ye tök.
- Dhɔ̈k abë pol panom ye tök.
- Acol abë γɔ̈t ye tök.
- Moc abë miääu dek ye tök.
- Ajïth abë piny wet ye tök.
- Meth abë thuëëc ye tök.
- Bol abë lɔ yäp ye tök.
- Acol abë lɔ ŋer në noon ye tök.

Ka juëc
- Υɔ̈k aalɔ wïïr ke pëi.
- Akön aalɔ tooc ke pëi.
- Diäär aatem rap ke pëi.

The Dinka's Grammar

- Nyïïr aathal kuïn ke pëi.
- Dhäk aapol panom ke pëi.
- Acol ku Ayak aaɣɔt ke pëi.
- Thök aanyuäth ke pëi.
- Röör aadek miääu ke pëi.
- Ajïïth aawet piny ke pëi.
- Mïth aathuëëc ke pëi.
- Bol ku Dut aalɔ yäp ke pëi.
- Acol ku man aalɔ ŋer në noon ke pëi.
- Ɣɔk aacië lɔ wïïr ke pëi.
- Diäär aacië rap tem ke pëi.
- Nyïïr aacië kuïn thaal ke pëi.
- Dhäk aacië pol panom ke pëi.
- Acol ku Ayak aacië ɣɔt ke pëi.
- Röör aacië miääu dek ke pëi.
- Ajïïth aacië piny wet ke pëi.
- Mïth aacië thuëëc ke pëi.
- Bol ku Dut aacië lɔ yäp ke pëi.
- Acol ku man aacië lɔ ŋer në noon ke pëi.
- Ɣɔk aabë lɔ wïïr ke pëi.
- Akön aabë lɔ tooc ke pëi.
- Diäär aabë rap tem ke pëi.
- Nyïïr aabë kuïn thaal ke pëi.
- Dhäk aabë pol panom ke pëi.
- Acol ku Ayak aabë ɣɔt ke pëi.
- Röör aabë miääu dek ke pëi.
- Ajïïth aabë piny wet ke pëi.
- Mïth aabë thuëëc ke pëi.
- Bol ku Dut aabë lɔ yäp ke pëi.
- Acol ku man aabë lɔ ŋer në noon.

33.2 Thëm de nom

The Dinka's Grammar

a) Geer ye coor ke wël tɔ̈u në lɔŋ ciɛɛm du yë, keke ye ka juëc:

Tök	Ka juëc
Ɣɛn lɔ ɣön de gäär ɣa tök.	....
Abiɔl alɔ rɔɔk ye tök.	....
Alɛk alɔ kuany në tiim ye tök.	....
Yïn yiu ɣöt yï tök.	....
Awec tiɔp ye tök.	....
Ɣɛn cë miöŋ de kiëc rum ɣa tök.	....
Yïn cë miöŋ de kiëc rum yï tök.	....
Acë miöŋ de kiëc rum ye tök.	....
Aciɛɛn abë lɔ nyaai në rec ye tök.	....
Matiɔp abë lɔ yäp ye tök.	....
Ɣɛn bë lɔ biöök ɣa tök.	....
Yïn bë lɔ biöök yï tök.	....
Abë lɔ biöök ye tök.	....

b) Geer ye coor ke wël tɔ̈u në lɔŋ ciɛɛm du yë, keke ye jam wään:

Jam de ye köölë	Jam wään
Ɣɛn yiëër wïïn ɣa tök.	....
Yïn yiëër wïïn yï tök.	....
Ayiëër wïïn ye tök.	....
Cuɔɔl athiek paan de ye tök.	....
Mabiöör awec ɣal në paan de thok.	....
Ayom apol ye tök.	....
Baak arɔk dom de ye tök.	....
Mïth aathuëëc panom ke pëi.	....
Thök aalɔ wɛk ke pëi.	....

c) Geer ye coor ke wël tɔ̈u në lɔŋ ciɛɛm du yë keke ye jam de miäk:

The Dinka's Grammar

Jam de ye köölë
Wɔ rëër wɔ pëi.
We rëër we pëi.
Aarëër ke pëi.
Ɣɛn jam we ke ɣa tök.
Yïn jam we ke yï tök.
Ajam keke ye tök.
Ɣɛn lɔ panëërdï neem ɣa tök.
Wɔ lɔ panëërda neem wɔ pëi.
Yïn lɔ panëërdu neem yï tök.
We lɔ panëërdun neem we pëi.
Alɔ panëërde neem ye tök.
Aalɔ paanëërden neem ke pëi.

Jam de miäk
....
....
....
....
....
....
....
....
....
....
....
....

33.3 Raan tueŋ, raan de reu ku raan de diäk:

Ɣa tök, yï tök, ye tök, wɔ pëi, we pëi ku ke pëi aaye yök në jamic cië man cen në ke nyuɔɔth piinyë:

Raan tueŋ	Raan de reu
Ɣɛn rëër në tim thar ɣa tök.	Yïn rëër në tim thar yï tök.
Wɔ rëër në tim thar wɔ pëi.	We rëër në tim thar we pëi.
Ɣɛn cath ɣa tök.	Yïn cath yï tök.
Wɔ cath wɔ pëi.	We cath we pëi.
Ɣɛn bë lɔ ɣa tök.	Yïn bë lö yï tök.
Wɔ bë lɔ wɔ pëi.	We bë lɔ we pëi.
Ɣɛn bë jäl ɣa tök.	Yïn bë jäl yï tök.
Wɔ bë jäl wɔ pëi.	We bë jäl we pëi.
Ɣɛn bë ɣa nom tak ɣa tök.	Yïn bë yï nom tak yï tök.
Wɔ bë wɔ nïïm tak wɔ pëi.	We bë we nïïm tak we pëi.
Ɣɛn bë cam ɣa tök.	Yïn bë cam yï tök.
Wɔ bë cam wɔ pëi	We bë cam we pëi.

The Dinka's Grammar

Ɣɛn bë wëër teem ɣa tök.	Yïn bë wëër teem yï tök.
Wɔ bë wëër teem wɔ pëi.	We bë wëër teem we pëi.
Ɣɛn bë lɔ tai ɣa tök.	Yïn bë lɔ tai yï tök.
Wɔ bë lɔ tai wɔ pëi.	We be lɔ tai we pëi.
Ɣɛn cïë kuaŋ ɣa tök.	Yïn cïë lɔ kuaŋ yï tök.
Wɔ cïë lɔ kuaŋ wɔ pëi.	We cïë lɔ kuaŋ we pëi.
Ɣɛn cïë lɔ yep në tiim ɣa tök.	Yïn cïë lɔ yep në tiim yï tök.
Wɔ cïë lɔ yep në tiim wɔ pëi.	We cïë lɔ yep në tiim we pëi.
Ɣɛn cïë ɣa nom tak ɣa tök.	Yïn cïë yï nom tak yï tök.
Wɔ cïë wɔ nïïm tak wɔ pëi.	We cïë we nïïm tak we pëi.
Ɣɛn cïë baai thɔɔc ɣa tök.	Yïn cïë baai thɔɔc yï tök.
Wɔ cïë baai thɔɔc wɔ pëi.	We cïë baai thɔɔc we pëi.
Ɣɛn cïë lɔ nyaai në rec ɣa tök.	Yïn cïë lɔ nyaai në rec yï tök.
Wɔ cïë lɔ nyaai në rec wɔ pëi.	We cïë lɔ nyaai në rec we pëi.

Raan de diäk

- Arëër në tim thar ye tök.
- Aarëër në tim thar ke pëi.
- Acath ye tök.
- Aacath ke pëi.
- Abë lɔ ye tök.
- Aabë lɔ ke pëi.
- Abë jäl ye tök.
- Aabë jäl ke pëi.
- Abë ye nom tak ye tök.
- Aabë ke nïïm tak ke pëi.
- Abë cam ye tök.
- Aabë cam ke pëi.
- Abë wëër teem ye tök.
- Aabë wëër teem ke pëi.
- Abë lɔ tai ye tök.
- Aabë lɔ tai ke pëi.

The Dinka's Grammar

- Acië lɔ kuaŋ ye tök.
- Aacië lɔ kuaŋ ke pëi.
- Acië lɔ yep në tiim ye tök.
- Aacië lɔ yep në tiim ke pëi.
- Acië ye nom tak ye tök.
- Aacië ke nïïm tak ke pëi.
- Acië baai thɔɔc ye tök.
- Aacië baai thɔɔc ke pëi.
- Acië lɔ nyaai në rec ye tök.
- Aacië lɔ nyaai në rec ke pëi.

33.3.1 Thëm de nom
Thiääŋe jam liu në ke ɣän cë waan keke ɣɔriic piiinyë:

Raan tueŋ	Raan de reu
Ɣɛn cath ɣa tök.	....
....	We lɔ nuëër we pëi.
Wɔ ɣar tiim wɔ pëi.	....
....	Yïn cië rap ɣɔ̈ɔ̈l yï tök wään.
Ɣɛn cië lɔ wut ɣä tök wään.	....
....	Yïn bë wëër teem yï tök.
Wɔ bë jäl pëi.	....
....	We cië lɔ tai we pëi.
Wɔ bë nin wɔ pëi.	....

Raan de diäk

....
....
Aabë lɔ baai ke pëi.
....

The Dinka's Grammar

```
..................................
..................................
Aacië lɔ dep në rec ke pëi.
..................................
..................................
Abë ye nom kiëët ye tök.
..................................
..................................
```

33.4 Thiëc

Ɣa tök, yï tök, ye tök, wɔ pëi, we pëi ku ke pëi aaye yök në thiëcic cië man cen në ke nyuɔɔth piinyë:

Raan tueŋ	Raan de reu
Ba cath ɣa tök?	Ba cath yï tök?
Bukku cath wɔ pëi?	Ba kë cath we pëi?
Ba lëu ɣa tök?	Ba lëu yï tök?
Bukku lëu wɔ pëi?	Ba kë lëu we pëi?
Ba dom puur ɣa tök?	Ba dom puur yï tök?
Bukku dom puur wɔ pëi?	Ba kë dom puur we pëi?
Ba looi ɣa tök?	Ba looi yï tök?
Bukku looi wɔ pëi?	Ba kë looi we pëi?
Ba tiɔp wec ɣa tök?	Ba tiɔp wec yï tök?
Bukku tiɔp wec wɔ pëi?	Ba kë tiɔp wec we pëi?
Ba lɔ biöök në ɣɔ̈k ɣa tök?	Ba lɔ biöök në ɣɔ̈k yï tök?
Bukku lɔ biöök në ɣɔ̈k wɔ pëi?	Ba kë lɔ biöök në ɣɔ̈k we pëi?
Ba tim yep ɣa tök?	Ba tim yep yï tök?
Bukku tim yep wɔ pëi?	Ba kë tim yep we pëi?
Ba kuen ɣa tök?	Ba kuen yï tök?
Bukku kuen wɔ pëi?	Ba kë kuen we pëi?
Ba athöör gɔ̈t ɣa tök?	Ba athöör gɔ̈t yï tök?

The Dinka's Grammar

| Bukku athöör gɔ̈t wɔ pëi? | Ba kë athöör gɔ̈t we pëi? |

Raan de diäk
- Bë cath ye tök?
- Bï kë cath ke pëi?
- Bë lëu ye tök?
- Bï kë lëu ke pëi?
- Bë dom puur ye tök?
- Bï kë dom puur ke pëi?
- Bë looi ye tök?
- Bï kë looi ke pëi?
- Bë tiɔp wec ye tök?
- Bï kë tiɔp wec ke pëi?
- Be lɔ biöök në ɣɔ̈k ye tök?
- Bï kë lɔ biöök në ɣɔ̈k ke pëi?
- Bë tim yep ye tök?
- Bï kë tim yep ke pëi?
- Bë kuen ye tök?
- Bï kë kuen ke pëi?
- Bë athöör gɔ̈t ye tök?
- Bï kë athöör gɔ̈t ke pëi?

33.4.1 Thëm de nom

Thiääŋë thiëc liu në ke ɣän cië waan keke ɣɔ̈riic piiinyë:

Raan tueŋ	Raan de reu
Ba ca ruëëth ɣa tök?	....................?
....................?	Ba kë ɣöt yïk we pëi?
....................?	....................?
Bukku ceŋ wɔ pëi?	....................?
....................?	Ba kë dit ket we pëi?
....................?	....................?

The Dinka's Grammar

Ba pïu dhëëth kiir ɣa tök? ....?	..........................? Ba kë alëth waak we pëi?
Ba rëër ɣa tök? ....?	..........................? Ba lɔ bëi yï tök?
Ba ɣɔk kuaath ɣa tök? ....?	..........................? Ba lɔ lueel yï tök?
Ba riäi geer ɣa tök?	..........................?

Raan de diäk
..........................?
..........................?
Bï kë lɔ në ruääi yic ke pëi?
..........................?
..........................?
Bë bën miäk ye tök?
..........................?
..........................?
Bë kiir teem ye tök?
..........................?
..........................?
Bï kë dom puur ke pëi?
..........................?
..........................?
Bï kë lɔ yep tiim ke pëi?
..........................?

The Dinka's Grammar

33.5 Thiëc

Ɣa tök, yï tök, ye tök, wɔ pëi, we pëi ku ke pëi aaye yök në thiëcic cië man cen në ke nyuɔɔth piinyë:

Tök	Ka juëc
Ca gääu ɣa tök?	Cukku gääu wɔ pëi?
Ca gääu yï tök?	Ca kë gääu we pëi?
Cië gääu ye tök?	Cï kë gääu ke pëi?
Ca piŋ ɣa tök?	Cukku piŋ wɔ pëi?
Ca piŋ yï tök?	Ca kë piŋ we pëi?
Cië piŋ ye tök?	Cï kë piŋ ke pëi?
Ca gam ɣa tök?	Cukku gam wɔ pëi?
Ca gam yï tök?	Ca kë gam we pëi?
Cië gam ye tök?	Cï kë gam ke pëi?
Ca lueel ɣa tök?	Cukku lueel wɔ pëi?
Ca lueel yï tök?	Ca kë lueel we pëi?
Cië lueel ye tök?	Cï kë lueel ke pëi?
Ca kuin cam ɣa tök?	Cukku kuïn cam wɔ pëi?
Ca kuïn cam yï tök?	Ca kë kuïn cam we pëi
Cië kuïn cam ye tök?	Cï kë kuïn cam ke pëi?
Ca lɔ baai ɣa tök?	Cukku lɔ baai wɔ pëi?
Ca lɔ baai yï tök?	Ca kë lɔ baai we pëi?
Cië lɔ baai ye tök?	Cï kë lɔ baai ke pëi?
Ca nom määr ɣa tök?	Cukku nïïm määr wɔ pëi?
Ca nom määr yï tök?	Ca kë nïïm määr we pëi?
Cië nom määr ye tök?	Cï kë nïïm määr ke pëi?

33.5.1 Thëm de nom
a) Geer ye thiëc tɔ̈u në köŋ ciɛɛm du yë, keke ye thiëc de ka juëc:

The Dinka's Grammar

Thiëc juëc

Ca nom määr ɣa tök? ....
Ca nom määr yï tök? ....
Cië nom määr ye tök? ....
Ca wët jäi ɣa? ....
Ca wët jäi yï tök? ....
Cië wët jäi ye tök? ....
Ba piny weec ɣa tök? ....
Ba piny weec yï tök? ....
Bë piny weec ye tök? ....
Ca ca ruëëth ɣa tök? ....
Ca ca ruëëth yï tök? ....
Cië ca ruëëth ye tök? ....

b) Geer ye thiëc tɔ̈u në köŋ ciɛɛm du keke ye thiëc töök:

Thiëc töök

.... Cukku röth mɔ̈ɔ̈r wɔ pëi?
.... Ca kë röth mɔ̈ɔ̈r we pëi?
.... Cï kë röth mɔ̈ɔ̈r ke pëi?
.... Cukku röth gɔ̈ɔ̈u abac?
.... Ca kë röth gɔ̈ɔ̈u abac?
.... Cï kë röth gɔ̈ɔ̈u abac?
.... Cukku poth në pawɛɛric?
.... Ca kë poth në pawɛɛric?
.... Cï kë poth në pawɛɛric?
.... Cukku kueer wuɔ̈ɔ̈c thok?
.... Ca kë kueer wuɔ̈ɔ̈c thok?
.... Cï kë kueer wuɔ̈ɔ̈c thok?

The Dinka's Grammar

34.0 Wɔdhia, wedhia, kedhia:

Wɔdhia, wedhia ku kedhia alui në ka juëc cië man cen në nyuɔɔth piinyë:

Raan tueŋ	Raan de reu
Wɔ cië jäl wɔdhia.	We cië jäl wedhia.
Wɔ bë rëër ye të në wɔdhia.	We bë rëër ye të në wedhia.
Wɔ bë lɔ ŋer në noon wɔdhia.	We bë lɔ ŋer në noon wedhia.
Wɔ kë cië lɔ yäp wɔdhia.	We ke cië lɔ yäp wedhia.
Wɔ ke cië bën baai wɔdhia.	We ke cië bën baai wedhia.
Wɔ bë lɔ kuaŋ wɔdhia.	We bë lɔ kuaŋ wedhia.
Wɔ lɔ löŋ wɔdhia.	We lɔ löŋ wedhia.
Wɔ bë bën wɔdhia.	We bë bën wedhia.
Wɔ bë maa lɔ neem wɔdhia.	We bë moor lɔ neem wedhia.
Wɔ lɔ geeu wɔdhia.	We lɔ geeu wedhia.
Wɔ bë dhuk cïëën wɔdhia.	We bë dhuk cïëën wedhia.

Raan de diäk
- Aacië jäl kedhia.
- Aabë rëër ye të në kedhia.
- Aabë lɔ ŋer në noon kedhia.
- Aake cië lɔ yäp kedhia.
- Aake cië bën baai kedhia.
- Aabë lɔ kuaŋ kedhia.
- Aabë lɔ löŋ kedhia.
- Aabë bën kedhia.
- Aabë man lɔ neem kedhia.
- Aabë lɔ geeu kedhia.
- Aabë dhuk cïëën kedhia.

34.1 Thëm de nom

The Dinka's Grammar

Thiääŋë jam liu në ke ɣän ɣɔ̈riic piinyë:

Raan tueŋ	Raan de reu
Wɔ bë bën miäk wɔdhia.	.... We bë piny lɔ caath wedhia.
Wɔ lɔ në cääric wɔdhia.	.... We cië lɔ wedhia.
Wɔ bë tïït wɔdhia.	.... We cië bën wedhia.
Wɔ bë mat wɔdhia.	.... We kɔɔr ke baai wedhia.
Wɔ cië kë cɔɔl wɔdhia.	.... We cië thök kun ɣaac kedhia.

Raan de diäk
.... Aabë lɔ kuaŋ kiir kedhia.
.... Aacië nïïm bäth kedhia.
.... Aacië piɔ̈ɔ̈th dak kedhia.
.... Aacië ɣɔ̈k kuaath tooc kedhia. ....

The Dinka's Grammar

35.0 Kuec, jai, rɛɛc, göök ku gäm:

35.1 Tök ku ka juëc (kuec, jai, rɛɛc, göök ku gäm):

Tök	Ka juëc
Ɣɛn cië jai.	Wɔ cië jai.
Yïn cië jai.	We cië jai.
Acië jai.	Aacië jai.
Ɣɛn cië kuec.	Wɔ cië kuec.
Yïn cië kuec.	We cië kuec.
Acië kuec.	Aacië kuec.
Ɣɛn cië rɛɛc.	Wɔ cië rɛɛc.
Yïn cië rɛɛc.	We cië rɛɛc.
Acië rɛɛc.	Aacië rɛɛc.
Ɣɛn cië göök.	Wɔ cië göök.
Yïn cië göök.	We cië göök.
Acië göök.	Aacië göök.
Ɣɛn cië gam.	Wɔ cië gam.
Yïn cië gam.	We cië gam.
Acië gam.	Aacië gam.
Ɣɛn cië jai në lɔ wiïr.	Wɔ cië jäi në lɔ wiïr.
Yïn cië jai në lɔ wiïr.	We cië jai në lɔ wiïr.
Acië jai në lɔ wiïr.	Aacië jai në lɔ wiïr.
Ɣɛn cië kuec ba thät.	Wɔ cë kuec bukku thät.
Yïn cië kuec ba thät.	We cië kuec ba kë thät.
Acië kuec bë thät.	Aacië kuec bï kë thät.
Ɣɛn cië rɛɛc ba lɔ kuany në tiim.	Wɔ rɛɛc bukku lɔ kuany në tiim.
Yïn cië rɛɛc ba lɔ kuany në tiim.	We cië rɛɛc ba kë lɔ kuany në tiim
Acië rɛɛc bë lɔ kuany në tiim.	Aacië rɛɛc bï kë lɔ kuany në tiim.
Ɣɛn cië göök bë ɣa tooc.	Wɔ cië göök bë wɔ tooc.
Yïn cië göök bë yï tooc.	We cië göök bë we tooc.
Acië göök bë tooc.	Aacië göök bë ke tooc.
Ɣɛn cië gam ba lɔ ɣa tök.	Wɔ cië gam bukku lɔ baai wɔ pëi.
Yïn cië gam ba lɔ baai yï tök.	We cië gam ba kë lɔ baai we pëi.
Acië bë lɔ baai ye tök.	Aacië gam bï kë lɔ baai ke pëi.

The Dinka's Grammar

35.2 Thiëc ku dhuk (kuec, jai, rɛɛc, göök ku gäm)

Thiëc	Dhuk (dhuŋ ciekic)
Ca gam ba ɣa yiën pïu?	Aca gam.
Cië gam bë yï yiën pïu?	Acië gam.
Cï Acol gam bë lɔ baai ye man në?	Acië gam.
Cï Manyɔk gam bë lɔ biöök në ɣɔk?	Acië jai.
Cï meth gam bë yï yiën mac?	Acië kuec.
Ca gam bukku cath wɔ yï?	Aca gam.
Ca gam ba yï thiaak?	Ɣɛn cië jai.
Ca gam ba thiëëk në ye run në?	Akën gam.
Ba ɣa thäl kuïn dï Acol?	Ɣɛn cië kuec.
Ba ɣa lɔ ɣɔc rïŋ thuuk?	Ɣɛn cië jai.
Cï Deŋ gam bë lɔ wut?	Acië göök.
Cï nyaan du gam bë ɣa yiën pïu?	Acië rɛɛc.

35.3 Thëm de nom

Geer ye coor ke wël tɔ̈u në köŋ ciɛɛm du yë, keke ye ka juëc:

	Ka juëc
Ɣɛn göök ba pïu diëc.	....
Yïn cië göök ba pïu diëc.	....
Acië göök bë pïu diëc.	....
Ɣɛn cië kuec ba waak.	....
Yïn cië kuec ba waak.	....
Acië kuec bë waak.	....
Ɣɛn cië rɛɛc.	....
Yïn cië rɛɛc.	....
Acië rɛɛc.	....
Ɣɛn cië gam.	....

The Dinka's Grammar

Yïn cië gam. ....
Acië gam. ....
Ɣɛn cië jai në pol. ....
Yïn cië jai në pol. ....
Acië jai në pol. ....

36.0 Jam de thöön de kän ke reu

Të jiɛɛɛm yïn ke yïn lëu ba kän thöön. Jam de thöön de kän ke reu në Thon de Jiëën kï cië nyuɔɔth piinyë:

- ➢ Ɣɛn adït në Den.
- ➢ Ɣɛn akoor në yïïn.
- ➢ Acol yen abäär në Col.
- ➢ Wen yen aye ɣɔɔc në wëu juëc në thɔ̈k.
- ➢ Den e kat arët në Kuɔl.
- ➢ Baai acië thiän në kɔc në ye köölë.
- ➢ Ɣön dï yen adït në ɣön du.
- ➢ Ɣɛn abäär në yeen.
- ➢ Kut yen acië dhiɔp në yïïn.
- ➢ Ɣɛn acuai në yïïn.
- ➢ Ɣɛn e kɔn pääc në yeen.
- ➢ Yïn wäär në täk.
- ➢ Yïn wäär në kët.
- ➢ Yïn wäär në jam.
- ➢ Ɣɛn wär Mabil në jam.
- ➢ Miir yen abäär në läi kedhia.
- ➢ Akɔ̈l yen atuc në pɛɛi.
- ➢ Ɣɛn cië nin arët në köölë.
- ➢ Yïn wär ɣa në täk.
- ➢ Yïn wär ɣa në kët.
- ➢ Yïn wär ɣa në gäär.
- ➢ Yïn wär ɣa në thät.

The Dinka's Grammar

➢ Paan du yen amec në paan de Bol.
➢ Wɛr kï keka pieth në wɛr ku.
➢ Alanh dï yen adhëŋ alanh de.
➢ Alanh de ye adhëŋ alanhdu.
➢ Wunda yen adït në wun dun.
➢ Yɛn nɔŋ yɔ̈k juëc në yïn.
➢ Biöör yen acek në Bol.
➢ Yïn wäär në cäth.
➢ Yïn wäär në pïŋ.
➢ Yɛn abë kɔn cop baai në yïn.
➢ Dom dï yen adït në dom du.
➢ Yïn wäär në mäth de tap.
➢ Piny alir arët në ye köölë.
➢ Piny atuc arët në ye köölë.

37.0 Rin ke läi në thoŋ de Jiëëŋ

Rin ke läi/diɛt lik në Thoŋ de Jiëëŋ kï cë nyuɔɔth piinyë:

Tök	Ka juëc
Aköön	Akön
Kilɛ/Cil	Kiɛl/Ciɛl
Miir	Mir
Thörö̈t	Thörööt
Rɔu	Röth
Nyaŋ	Nyiëŋ
Maguar	Maguɛɛr
Köör	Köör
Aŋui	Aŋuööth
Kuac	Kuëc
Ayɔɔk	Ayɔk
Agɔɔk	Agɔk
Thiäŋ	Thiöö̈ŋ

The Dinka's Grammar

Guil	Guiɛl
Weŋ	Ɏɔk
Thɔk	Thök
Amääl	Amël
Ajöŋköör	Ajöŋkɔɔ̈r
Akaca	Akacaai
Jö	Jɔk
Aŋau	Aŋääth
Awan	Awën
Lony	Luɔny
Agaany	Agɛny
Tuɔ̈t	Tut
Abiŋic	Abiŋiic
Wut	Wuut
Awet	Aweet
Ajïth	Ajïïth
Dhëël	Dhël
Rɔ̈l	Rɔ̈ɔ̈l

37.1 Rin ke mïth ke läi/diɛt
Rin ke mïth ke läi në thoŋ de Jiëëŋ kï cë nyuɔɔth piiny:

Rin ke lëi/dït	**Rin ke mɛɛnhde**
Weŋ	Akäl
Anyaar	Akäl
Thiäŋ	Abeu
Guil	Abeu
Ɖɛɛr	Abeu
Nyaŋ	kuërkuër
Köör	Akut
Kuac	Akut
Jö	Akut
Awan	akut

The Dinka's Grammar

Aŋau	meth
Aŋui	Kacuɔɔl
Dit	Ajiël
Dhëël	Ajiël
Beek	Ajiël
Wut	Ajiël
Wel	Wɛl

37.2 Thëm de nom
a) Geer ye rin ke läi/diɛt tɔ̈u në köŋ ciɛɛm du yë, keke ye ka juëc:

	Ka juëc
Aŋui	....
Aŋau	....
Thiäŋ	....
Kou	....
Ayɔɔk	....
Agɔɔk	....
Kuac	....
Awan	....
Maguar	....
Anyaar	....
Agaany	....
Lony	....
Nyaŋ	....
Thörö̈t	....
Aköön	....

b) Geer ye rin ke läi/diɛt tɔ̈u në köŋ cuiëëc du yë, keke ye töök:

Töök	Ka juëc
....	Thörööt

The Dinka's Grammar

....	Keu
....	Ɖeer
....	Tut
....	Aweet
....	Agɔk
....	Ayɔk
....	Cuɔl
....	Luɔk
....	Wɛl
....	Thiɔ̈ɔ̈ŋ
....	Rɔ̈ɔ̈l
....	Luɔny
....	Agɛny
....	Luɔny

c) Dhuk ye thiëc cië thïïc piinykë nhïïm:
- Ye mɛɛnh de thiäŋ cɔɔl ya dï?
- Ye mɛɛnh de jö cɔɔl ya dï?
- Ye mɛɛnh de raan cɔɔl ya dï?
- Ye mɛɛnh de dit cɔɔl ya dï?
- Ye mɛɛnh dhëël cɔɔl ya di?
- Ye mɛɛnh de nyaŋ cɔɔl ya dï?
- Ye mɛɛnh aŋui cɔɔl ya dï?
- Ye mɛɛnh de weŋ cɔɔl ya dï?
- Ye mɛɛnh anyaar cɔɔl ya dï?
- Ye mɛɛnh de guil cɔɔl ya dï?

38.0 Tök, ka juëc ku ka juëc cï kuen:

Tök	**Ka juëc**	**Ka juec cï kuen**
Weŋ	Yɔ̈k	Wɛɛŋ
Thɔ̈k	Thök	Thɔ̈ɔ̈k

The Dinka's Grammar

Tik	Diäär	Diɔ̈ɔ̈r
Dit	Diɛt	Diɛɛt
Raan	Kɔc	Juääc
Dau	Dɛɛu	Daau
Biɔc	Biöc	Biaac
Nyɔk	Nyök	Nyaak
Lëi	Läi	Lääi
Meth	Mïth	Mɛth

38.1 Thëm de nom

Thiäänë wël liu në ke ɣän ɣɔ̈riic piinykë:

Tök	Ka Juëc	Ka juëc cï kuen
Nyɔk	....	....
....	....	Mɛth
....	Läi	....
Weŋ	....	....
....	....	Diɔ̈ɔ̈r

39.0 Ŋot ku wën thɛɛr:

Ŋot

- ➢ Ɣɛn cië cam ku ɣen ŋot ke ɣa nëk cɔk.
- ➢ Yïn cië cam ku yïn ŋot ke yï nëk cɔk.
- ➢ Acë cam kuka ŋot ke nëk cɔk.
- ➢ Ɣɛn cië dek në pïu ku ɣen ŋot ke ɣa nëk reu.
- ➢ Yïn cië dek në pïu ku yïn ŋot ke yï nëk reu.
- ➢ Acië dek në pïu kuka ŋot ke nëk reu.
- ➢ Ɣɛn cië kum ku ɣen ŋot ke ɣa nëk wiir.
- ➢ Yïn cië kum ku yïn ŋot ke yï nëk wiir.
- ➢ Acië kum kuka ŋot ke nëk wiir.
- ➢ Ŋot ke kën cop?
- ➢ Aŋot ke kën cop.

The Dinka's Grammar

- Ɣɛn ŋot ke ɣa kuc kë ba looi.
- Yïn ŋot ke yï kuc kë ba looi.
- Aŋot ke kuc kë bë looi.
- Ɣɛn ŋot ke ɣa kën thök në cäm.
- Yïn ŋot ke yï kën thök në cäm.
- Aŋot ke kën thök në cäm.
- Ɣɛn ŋot ke ɣa kën jäl.
- Yïn ŋot ke yï kën jäl.
- Aŋot ke kën jäl.
- Ɣɛn ŋot ke ɣa kën athöör kueen.
- Yïn ŋot ke yï kën athöör kueen.
- Aŋot ke kën athöör kueen.

Wën thɛɛr

- Ɣɛn cïë jäl wën thɛɛr.
- Yïn cïë jäl wën thɛɛr.
- Acïë jäl wën thɛɛr.
- Ɣɛn cïë cam wën thɛɛr.
- Yïn cïë cam wën thɛɛr.
- Acïë cam wën thɛɛr.
- Ɣɛn cïë thök në waak wën thɛɛr.
- Yïn cïë thök në waak wën thɛɛr.
- Acïë thök në waak wën thɛɛr.
- Ɣɛn cïë athöör kueen wën thɛɛr.
- Yïn cïë athöör kueen wën thɛɛr.
- Acïë athöör kueen wën thɛɛr.
- Wɔ cïë athöör kueen wën thɛɛr.
- We cïë athöör kueen wën thɛɛr.
- Aacïë athöör kueen wën thɛɛr.
- Ɣɛn cïë dek në pïu wën thɛɛr.
- Wɔ cïë dek në pïu wën thɛɛr.
- Yïn cïë dek në pïu wën thɛɛr.

The Dinka's Grammar

- We cië dek në pïu wën thɛɛr.
- Acië dek në pïu wën thɛɛr.
- Aacië dek në pïu në pïu wën thɛɛr.
- Ɣɛn cië cop baai wën thɛɛr.
- Wɔ cië cop baai wën thɛɛr

39.1 Thëm de nom
Geer ye coor ke wël tɔ̈u pïïnykë, keke ye ka juëc:

	Ka juëc
Ɣɛn cië cam ku ɣɛn ŋot ke ɣa nëk cɔk.	....
Yïn cië cam ku yïn ŋot ke yï nëk cɔk.	....
Acië cam kuka ŋot ke nëk cɔk.	....
Ɣɛn cië dek ku ɣɛn ŋot ke ɣa nëk reu.	....
Yïn cië dek ku yïn ŋot ke yï nëk reu.	....
Acië dek kuka ŋot ke nëk reu.	....
Ɣɛn cië kum ku ɣɛn ŋot ke ɣa nëk wiir.	....
Yïn cië kum ku yïn ŋot ke yï nëk wiir.	....
Acië kum kuka ŋot ke nëk wiir.	....
Ɣɛn cië jäl wën thɛɛr.	....
Yïn cië jäl wën thɛɛr.	....
Acië jäl wën thɛɛr.	....
Ɣɛn cië cam wën thɛɛr.	....
Yïn cië cam wën thɛɛr.	....
Acië cam wën thɛɛr.	....
Ɖot ke kën cop?	....
Aŋot ke kën cop.	....

40.0 Wët töŋ luel ka juëc:
Në Thoŋ de Jiëëŋic, keka nɔŋ wët töŋ ye ka juëc lueel cië man cen në nyuɔɔth piinyë:

The Dinka's Grammar

Wët luel ka juëc	Nyooth de në jamic
Abaar	Abaar acië cil domic.
Abaar	Mɛnh abaar arëër ye tök.
Awaar	Awaar acië cil në wëër nom.
Awaar	Deŋ awaar wut.
Baar	Wɔ tem baar kɔ̈u në riäi.
Baar	Ɣɛn cië nom baar.
Baar	Ba ɣa baar miäk?
Baar	Ɣöt acï yom baar piny.
Baai	Deŋ alɔ baai.
Baai	Yïn cië ɣa baai Ajääŋ.
Biöök	Ɣɛn cië tɔ̈c në biöök.
Biöök	Abiök acië lɔ biöök në ɣɔ̈k.
Bot	Bot yï cin.
Bot	Bot ɣöt kɔ̈u.
Bol	Bol miääu.
Bol	Ɣɛn ye bol de acuek.
Bol	Bol në liɛɛtic.
Boor	Ɣɛn cië arök boor në pïu wïïr.
Boor	Piny acië boor në pïu.
Boor	Ɣɛn lɔ Boor.
Cam	Ɣɛn cië cam.
Cam	Ɣɛn ye cam.
Cam	Yïn cië ɣa cam.
Cam	Ɣɛn ciëŋ në köŋ de cam.
Cäär	Tiët acäär ɣööt.
Cäär	Mïth atɔ̈u ɣön de cäär.
Cäär	Riäi akat në cäär nom.
Cök	Cök yï nom lɔ baai.
Cök	Ɣɛn tök cök.
Cök	Weŋ anɔŋ cök ke ŋuan.
Col	Git piny në col de mac.
Col	Col wëu kï Acol e Col.
Col	Wɔ col baai në ye köölë.
Col	Wɔ col në cɔk në ye köölë.
Col	Këroor acië col cam.

The Dinka's Grammar

Coor	Ɣɛn töu në coor tueŋ.
Coor	Coor aŋuet lën cië thou.
Coor	Yeŋö ye kɔc ɣer coor piiny?
Cool	Macol acië lɔ nyop në cool roor.
Cool	Wɔ bï cool baai në ye köölë.
Cool	Akaar ba kakï cool.
Cool	Anɔŋ kë cië ɣa cool nyin?
Dak	Ɣɛn cië guɔ̈p dak.
Dak	Yïën në ɣa dak ba math.
Duk	Yïn duk thok.
Duk	Ɣɔ̈k anyuäth duk nom.
Döt	Döt Bol ka bë dhuk cïëën.
Döt	Döt ye wët të apieth.
Döt	Döt thiɔ̈l apieth.
Döt	Weŋ acië döt në tiɔ̈kic.
Dök	Dök tɔŋdu në waai pieth.
Dök	Lic daŋdu nyin në dök.
Dök	Ɣɛn nhiaar dök.
Dök	Alanhdu acië yeth dök, wak apieth.
Dol	Dol athïn.
Dol	Dit atɔ̈u në ɣöt dol.
Dol	Duk wët dol.
Jak	Jak athok puur amäi në rec kiir.
Jak	Yeŋa cië ɣa jak kɔ̈u?
Jak	Majak e raan cië jak arëët.
Kaar	Kuɔɔt acië rɔt kaar në tim kɔ̈u.
Kaar	Yeŋö yïn rɔt kaar bë yï nɔ̈k?
Kaar	Ɣɛn cï kaar wɔ yï.
Kaar	Kaar yïïn? Yïn cï ɣa kɔɔr.
Kaar	Tim acië kɔ̈u kaar në këër dët.
Kök	Wɔ cië kök, apieth bukku röth muk apieth.
Kök	Nhialic abäär kök.
Kök	Raan anɔŋ kök ke reu.
Kök	Lönh kök arët aca ɣɔɔc në ɣɔ̈k ke dhïc.
Kök	Kök atɔ̈u në timic.
Kök	Col acië lɔ në kökic.
Kök	Ɣɛn kök nyin ɣa tök.

The Dinka's Grammar

Kök	Kök wëtic apieth.
Ket	Ket dit apieth
Ket	Ket alath.
Ket	Ket tim we Atëm.
Thök	Ɣɛn cië thök në jam.
Thök	Thök anyuäth në wakic.
Lony	Lony e lën thiin koor.
Lony	Weŋ acië lony.
Lony	Malony acië lony ɣön de döm.
Lony	Ɣɛn cï lëu ba lony paandu. Ɣɛn ce alony.
Mac	Mac adëp bëëc.
Mac	Mac weŋ Mawut.
Mac	Yeŋa mac week baai?
Mac	Madom acië mac ɣön de döm.
Piny	Piny acië run, jɔt rɔt.
Piny	Piny yï cin.
Piny	Wɔ rëër pinyda.
Pol	Ɣɛn pol wɔ mïth.
Pol	Läi acië pol de köör ŋöör.
Pot	Ɣɛn cië cin pot.
Pot	Pot ɣɔ̈k arop.
Tak	Yeŋö ca tak?
Tak	Tak e tɔu në raan guɔ̈p.
Taar	Tääcië ke yï taar.
Taar	Taar acië cil në baai thok.
Tuk	Tuk de aköt aye cam.
Tuk	Tuk yï nhiɔl.
Tuk	Tuk we mïth në tim thar.
Tuk	Yeŋö ye lɔ tuk në baai kɔ̈u?
Tök	Ɣɛn tök roŋ ke thäu.
Tök	Ɣɛn tök kök.
Tök	Tök moor apieth abë pial.
Tök	Yiën në ɣa bëël tök.
Toc	Piny acië toc në pïu.
Toc	Toc meth bë mac diëi.
Tooc	Ɣɛn cië meth tooc bë mac diëi.
Tooc	Ɣɛn lɔ tooc në ye köölë.

The Dinka's Grammar

Tok	Tok mac.
Tok	Yɛn cam tok.
Tok	Yeŋö ye tok ya piŋ bii?
Wut	Wut e dhiëth në toŋ dït.
Wut	Mawut atɔu wut.
Wut	Monydït acië wut në miääu.
Wut	Yeŋa wut piny Mawut?
Wëër	Yɛn tem wëër në riän wïïr.
Wëër	Piny acië ya wëër, nin.
Wëër	Wëër de bääny atɔu në ye köölë.
Wëër	Yeŋö yin ya wëër?
Wëër	Weŋ acië wëër pöl.
Wel	Yeŋa e wel aduuk?
Wel	Wel rɔt Akëër.
Wel	Wel acie päär nhial.
Wel	Wel ye yic diäk.
Wet	Yeŋö yïn ya wet nyin?
Wet	Wëthii apol në wet në tim thar.
Wet	Yeŋa yen e wet piny?
Wäl	Deŋ aca toom cin abë wäl.
Wäl	Yɛn cië ca wäl wei.
Wäl	Wäl acië cil.
Wäl	Yɛn bï dek në wäl.
Wäl	Wäl amac wäl ke ye jɔŋde.
Wal	Wal kuïn Adeeŋ.
Wal	Wal ajuëc në wëër nom.
Wal	Weŋ awal wal.
Wak	Awaak wak aduuk.
Wak	Awak aket wak.
Waak	Waak acië luɔk.
Waak	Lɔ ba lɔ waak wïïr.
Waak	Yeŋö cë yï waak kök?
Waar	Yɛn waar në në din ye cök tök.
Waar	Yeŋö yïn yï nom waar?
Waar	Gämë ya waar dï ka.
Waar	Bänyda abë waar në ye köölë.

The Dinka's Grammar

40.1 Thëm de nom
Gät coor ke reu në ye wël cië gɔ̈ɔ̈r piinykë:

Wut	Cäär
Wut	cäär
Wut	Wel
Wut	Wel
Wëër	Wel
Wëër	Wel
Wëër	Baar
Wëër	Baar
Wëër	Baar
Mac	Baar
Mac	Abaar
Mac	Abaar
Mac	Baai
Cäär	Baai

41.0 Wël luel tök në Thoŋ de Jiëëŋ:
Në Thoŋ de Jiëëŋic, keka nɔŋ wël ye tök lueel cië man cen në ke nyuɔɔth piinykë:

Köör	Ajuɔɔŋ
Köör	Cuër
Weŋ	woŋ
Kaman	Jäl
Kamaan	Jɔ̈ɔ̈l
Nya	Duet
Dhɔ̈k	Dhɔl
Dhuk	Dhɔl
Anyuɔl	Abëët

The Dinka's Grammar

Anyuɔl
Beu
Tɔɔr
Këroor
Aŋui
Tɔŋpiiny
Kueer
Diŋ
Atuc
Aguiɛɛr
Diëër
Tuaar
Tau
Mɔ̈u
Kuarkuaar
Bul
Dhuk
Dak
Lääk
Juäi
Bëc
Miɔɔr
Dääu
Atëm
Wiir
Atuɔ̈c
Juɔk
Juɔk
Jur
Aŋau
Gon
Dui
Burɔ

Abou
Apïyem
Tuur
Këpiiny
Aŋu
Mëguaak
Dhöl
Aguëër
Alëth
Ajuiɛɛr
Cɔŋ
Maany
Macir
Miääu
Wäädït
Löör
Adhɛɛk
Aduwäi
Lueeth
Atuɔ̈ɔ̈r
Tuaany
Mɔɔr
Naai
Anyaaŋ
Yuiir
Alëëth
Ajuruk
Köndöök
Thäi
Nyau
Anyëjoŋ
that
Aŋau

The Dinka's Grammar

Tiŋ	Dëm
Yɔ̈r(t)	Duëc (i)
Nhuɔɔm	Nhiaam
Adhuëŋ	Ajiɛɛk
Roor	Rok
Kɔkɔɔk	Maadït
Bul	Leŋ
Töny	Aläu
Yɔ̈t	Yuek
Yöt	Yuith
Cɔŋ	Diëër
Cuïëc	Cuïc
Kɔc	Ket
Wakɔ̈u	Makɔ̈u
Tap	Macir
Dhuëëŋ	Dhëëŋ
Adhuëŋ	Adhëŋ

41.1 Thëm de nom
Gät rin kɔ̈k në ye wël tɔ̈u në köŋ ciɛɛm du yë:

Rin	Rin kɔ̈k
Köör	....
Kueer	....
Nya	....
Dhuk	....
Aŋau	....
Tap	....
Bul	....
Kɔc	....
Dak	....
Tiŋ	....
Gon	....
Atuɔ̈c	....

The Dinka's Grammar

Wakɔ̈u ....
Këroor ....

42.0 Jam de kïït/thööŋ:

Jam de thööŋ atɔ̈u në Thoŋ de Jiëëŋic cië man cen në ye nyuɔɔth piinyë:

- Akääc e wucur cië tuŋ de miän col.
- Athiek e dot cië kuur de bil nyaaŋ.
- Aciek yeth cië cokcok.
- Abäär yeth cië miir.
- Aɣer aka cït ciëër ayɔ̈ɔ̈l.
- Aɣer cië ciëër de näŋ bäny.
- Adiny cië miöŋ de ciëc.
- Aril aka cït kak.
- Aläk aka cït guɔ̈m.
- Aläk aka cï luth.
- Acuai aka cït yɔ̈l amääl.
- Abit aka cït miŋ.
- Aɣer e pak aka cït pɛɛi.
- Acol e cut aka cït jïc.
- Acol aka cït anyaar.
- Athith e guei aka cït riɛm.
- Alir e thuaat aka cït tëlic.
- Atuc aka cït mac.
- Atuc aka cït akɔ̈l.
- Anhiany aka ŋoŋ e ŋoŋ ŋoŋ.
- Apac aka cït mök de ciëc.
- Apac cië thukar.
- Awac aka cït cuɛɛi.
- Awac cië awai.
- Alir cië mɛɛnhthi thok.

The Dinka's Grammar

- Amor aka cït wut alany deŋ.
- Aŋɛɛny aka cï köör.
- Akec aka cït kuɔl jɔɔk.
- Aril aka cït muul.
- Aril aka cït ajöŋköör.
- Atai aka wär jö.
- Apel aka cït awan.
- Aŋuam lec cië akaca.
- Aŋuam lec cië gudum.
- Acath aka cït jö.
- Ajam aka nɔŋ kë mɛt thin.
- Amam cië boor de nyiɛthic.
- Atïk guɔ̈p cië muɔny atooc.
- Anɔŋ piɔ̈u aŋɛm cië tuek tuek.
- Apiɔl e yät aka cït adeet.
- Adhuëŋ aka cït arialbeek.
- Acië beeric cië wiën.
- Acol pɔ̈u aka cït pɔ̈u rɔ̈th.
- Amoth cië ŋiɛu.
- Athiek cië cual awai.
- Adïtpiɔ̈u aka cït cït piɔ̈u aŋui.
- Alir aka cït pɛɛi.
- Acol aka cït mɔ̈ɔ̈th.
- Atiɛl aka cït beu (apëyem).
- Aput aka cït yom.
- Apieth aka nɔŋ kë mɛt thïn.
- Apieth aka cït miɔɔr marial.
- Akec aka cït riaath.
- Arïir cië ruŋ cië yiën thar wäl.
- Aɣer aka cït ca.
- Abäär yeth cië miir.
- Abit abë cië ke liu.
- Alɔjɔc cië kön de goŋ.

The Dinka's Grammar

➢ Acït piöu jɔŋ ɣɔn näk acɔk.
➢ Aril nyin cië abïny tök.
➢ Apiɔl cië lɔ̈ɔ̈c.
➢ Aril piöu cië tuektuek.
➢ Adït nyin cië agumut.
➢ Alɔ nom yuetyuet cië rɔ̈l.

42.1 Thëm de nom
Thiäänë wël liu në ye ɣän ɣɔ̈riic piinykë:

Abäär yeth cië --------------.
Adït nyin cië --------------.
Apac aka cït --------------.
Abit abë cië ke ---------.
Atuc aka cït --------------.
Acol aka cït ------------.
Aril piöu cië -----------.
Aŋɛɛny aka cït --------.
Akec aka cït ----------.
Awac aka cït ---------.

Aciek yeth cië -------------.
Apiɔl cië --------------.
Amoth cië ----------.
Acuai aka cït -------------.
Adït piöu aka cït cït piöu -----.
Atiɛl aka cït ----------.
Aläk aka cït -----------.
Aɣer aka cït ciëër ---------.
Acië beeric cië -----------.
Atuc aka cït -----------.

43.0 Wuɔ̈ɔ̈c de cɔ̈t de wël ne Thoŋ de Jiëëŋic:

Thoŋ de Jiëëŋ ayen në kɔc juëc jam. Kɔc juëc kɔ̈k cie Jiëŋ aaye jam në yeen aya. Në run juëc kɔ̈k bɔ̈ tueŋ, ke Thoŋ de Jiëëŋ aben në kɔc juëc ya jam. Cɔ̈t de wël kɔ̈k, awääc në Jiëëŋic. Apieth bë raan pïööc Thoŋ de Jiëëŋ wuɔ̈ɔ̈c de cɔ̈t de wël deetic adik. Arillic arët bë raan cie Jiëëŋ wuɔ̈ɔ̈c de cɔ̈t de wël dac ŋic. Wët tök alëu bë cɔɔl ke wääc ku ka lueel tök.

The Dinka's Grammar

Biäk lik nyooth wuɔ̈ɔ̈c de cɔ̈t de wël kï cië ke nyuɔɔth piinykë:

43.1 Wël yen në "K" ke rɔt wel ke ye "C" në cɔ̈tic

Jiëëŋ acï wël lik ye gɔl në *"K"* ku *"C"* ɣaaric piny në reu. Anɔŋ wël yen në "K" ke rɔt wel ke ye "C" në cɔ̈tïc. Ye Jiëëŋ lɔŋdu Jiëëŋ de *"K"* ka ye Jiëëŋ de *"C"*? Nyooth de ke wël kë, kï cië nyuɔɔth piiny:

K	C	Nyooth den në jamic
Kuïn	Cuïn	Ɣen bë cam në *kuïn/cuïn*.
Kiu	Ciu	Ajïth acië *kiu/ciu*.
Kit	Cit	*Kit/cit* dit.
kït	Cït	Ɣen nɔŋ cin *kït/cït*. *Kïn/cïn* alanhdï aɣer.
Kiir	Ciir	*Kiir/ciir* ca. Nyëbol a*kiir/aciir* athöör.
kiir	Ciir	Läi alɔ *kiir/ciir*.
Kïït	Cïït	*Kïït/cïït* keka gäi aloi röth në ye mɛɛn.
Kiëc	Ciëc	Miöŋ de *kiëc/ciëc* adiny.
Kil	Cil	*Kil/cil* anɔŋ nom tuŋ tök.
Kiɛɛu	Ciɛɛu	*Kiɛɛu/ciɛɛu* acië yic bën në lɔŋ tooc.
Kuir	Cuir	*Kuir/Cuir* acië lɔ baai.
Akuiɛɛn	Acuiɛɛn	*Akuiɛɛn/Acuiɛɛn* e raan da.
Kiɛɛth	Ciɛɛth	Ɣen cï *kiɛɛth/ciɛɛth* moc cök.
Kuiil	Cuiil	Gör de tap atɔu në ɣöt *kuiil/cuiil*.
Kuiil	Cuiil	Ɣen tök *kuiil/cuiil*.
Kuiɛl	Cuiɛl	Köör anɔŋ thok *kuiɛl/cuiɛl* ke ŋuan.

43.1.1   Thëm de nom

a) Caalë ke wël tɔu piinykë bï raan piööc Thoŋ de Jiëëŋ ke gäär athöör de yic:
Kuiil   Kïït

The Dinka's Grammar

Cuiil
Cieeth
Kieeth
Akuieen
Acuieen

Cïït
Kiir
Ciir
Kil
Cil

b) Wel ye wël cië gɔ̈ɔ̈r piinykë cië wuɔ̈ɔ̈c de cɔ̈t de wël cië nyuɔɔth nhial:

Kiëc	....
Cuir	....
Kieeu	....
Cït	....
Kiu	....
Cuieeŋ	....
Kïït	....
Cuieeŋ	....
Cuin	....
Kieeth	....

43.2 Wël yen në "W" ke rɔt wel ke "Y" në cɔ̈tic

Jiëëŋ acï wël lik ye gɔl në "W" ku "Y" ɣaaric piny në reu. Anɔŋ wël yen në Jiëëŋ lɔŋ tök ke "W" cɔɔl ku le Jiëëŋ lɔŋ dët të cɔɔl ke ye "Y". Ye Jiëëŋ lɔŋdu, Jiëëŋ de "W" ka Jiëëŋ de "Y"? Nyooth de ke wëlkë kï piiny:

W	Y	Nyooth den në jamic
Wiën	Yuën	Weŋ amac në *wiën/yuiën*.
Awiën	Ayuiën	*Awiën/Ayuiën* amuk *wiën/yuiën* në ye cin.
Wiɛl	Yuiɛl	Aŋau anɔŋ thok *wiɛl/yuiɛl*.
Wït (r)	Yuïr (t)	Ɣen lɔ të de *wït (r)/yuïr (t)*.

The Dinka's Grammar

Wiu	Yuiu	Mama *awiu/ayuiu* rap. *Wiu/yuiu* rap.
Wiɛɛu	Yuiɛɛu	Үɛn cath wɔ *Wiɛɛu/Yuiɛɛu*.
Wiɛɛr	Yuiɛɛr	Töny anɔŋ nom *wiɛɛr/yuiɛɛr*.
Awïïlwïl	Ayuïïlyuïl	Үɛn *wïïc/yuïïc awïïlwïl/ayuïïlyuïl* nom.
With	Yuith	Үɛn muk *with/yuith* në ɣa cin.
Wiɛth	Yiɛth	Үɛn muk *wiɛth/yuiɛth* në ɣa cin.
Wiir	Yuiir	Үɛn nëk *wiir/yuiir* arët.
Wiɛɛc	Yuiɛɛc	Piny anɔŋ *wiɛɛc/yuiɛɛc* pieth.
Wiɛɛl	Yuiɛɛl	Yïn nɔŋ guɔ̈p *wiɛɛl/yuiɛɛl*.
Wïc	Yuïc	Yeŋö *wïc/yuïc?*
Wïïc	yuïïc	Үɛn *wïïc/yuïïc awïïlwïl/ayuïïlyuïl* nom.
Wil	Yuil	Pɛɛi e *wil/yuil* wään thëëi.
Wiëël	Yuiëël	Yeŋö yïn na *wiëël/yuiëël?*

43.2.1 Thëm de nom

a) Caalë ke wël tɔ̈u piinykë bï raan piööc Thoŋ de Jiëëŋ ke gäär athöör de yic:

Wiɛl	Yuiɛl
Yuïc	Wïc
Wiir	Yuiir
Yuiɛɛl	Wiɛɛl
With	Yuith

b) Wel ye wël tɔ̈u në cam du yë cië wuɔ̈ɔ̈c de cɔ̈t de wël ca piɔ̈ɔ̈c nhial:

Wiën	....
Yuiɛɛc	....
Wiɛɛr	....
Yuiɛl	....
Wït	....
Ayuiu	....
Wiëël	....

The Dinka's Grammar

Yuiir	....

43.3 Wël ye cɔɔl keke wääc amääth në wuɔ̈t kɔ̈k ke Jiëëŋiic

Wuɔ̈ɔ̈c de cɔ̈t aaye "iɔ" "ɔ", "iɔ̈" "ɔ̈", iɔɔ", "ɔɔ"iɔ̈ɔ̈", "ɔ̈ɔ̈", "iö", "ö", "iöö" ku "öö" nyuɔɔth cië man cen në nyuɔɔth në ye wël lik tɔ̈u piinykë:

Cɔ̈t tueŋ	Cɔ̈t de reu	Nyooth den në jamic
Abiɔk	Abɔk	Yom *abiɔk/abɔk* alath.
Biɔk	Bɔk	Yom acië alath *biɔk/bɔk*.
Biɔth	Bɔth	*Biɔth/bɔth* ɣa cök.
Biɔc	Bɔc	*Biɔc/bɔc* anyuäth në wal.
Miɔ̈l	Mɔ̈l	Deŋ acië miɔ̈l/mɔ̈l në miääu.
Amiɔ̈l	Amɔ̈l	Ye raan në *amiɔ̈l/amɔ̈l*.
Piɔ̈u	Pɔ̈u	Ɣɛn tök *piɔ̈u/pɔ̈u*.
Biɔ̈k	Bɔ̈k	Kaman arëër në ɣöt *biɔ̈k/bɔ̈k*.
Biöth	Böth	Läi akuany *biöthic/böthic*.
Biöc	Böc	*Biöc/böc* anyuäth në wal.
Biök	Bök	Bol acië dit *biökic/bökic* në dööt.
Miök	Mök	Bëi ë *miö/mök*.
Miööt	Mööt	Ɣɔ̈k acië *miööt/mööt*.
Miöör	Möör	*Miöör/möör* apur domic.
Piööth	Pööth	Anɔŋ kë cië ɣa *piööth/pööth* kök.
piööth	pööth	Tim anɔŋ kɔu *piööth/pööth*.
Biöök	Böök	Ɣɛn cië nyuc në biöök/böök.
Biöök	Böök	Ɣɛn lɔ *biöök/böök* në ɣɔ̈k.
Biöör	Böör	Mac acië ɣa biöör/böör kök.
Abiɔɔk	Abɔɔk	*Abiɔɔk/abɔɔk* acië lɔ tooc.
Miɔɔr	Mɔɔr	Miɔɔr/mɔɔr anyuäth në wal.
Piɔ̈ɔ̈th	Pɔ̈ɔ̈th	Wɛl kë we piɔ̈ɔ̈th/pɔ̈ɔ̈th.
Piɔ̈ɔ̈r	Pɔ̈ɔ̈r	Piɔ̈ɔ̈r/pɔ̈ɔ̈r e lëi.

43.3.1 Thëm de nom

a) Caalë ke wël tɔ̈u piinykë bï raan piööc Thoŋ de Jiëëŋ ke gäär athöör de yic:

The Dinka's Grammar

Piööth
Abiɔɔk
Miök
Biök
Biɔth

Pööth
Abɔɔk
Mök
Bök
Bɔth

b) Wel ye wël tɔ̈u në cam du yë, cië wuɔ̈ɔ̈c de cɔ̈t de wël cië nyuɔɔth nhial:

Piɔ̈ɔ̈th	....
Böök	....
Biɔk	....
Mɔɔr	....
Miööt	....
Amɔ̈l	....

43.4 Wuɔ̈ɔ̈c de cɔ̈t de wël nɔŋiic "Gui/G" ku "Jui/J"

Wël ke Jiëëŋ nɔŋiic "Gui/G" aaye wuɔ̈t kɔ̈k ke Jiëëŋ ke wel keke ye "Jui, J". Wël lik cië kuënybei kï cië nyuɔɔth piinykë:

"Gui/G"	"Jui/J"	Nyooth den në jamic
Aguiir	Ajuiir	Acol *aguiir/ajuiir* ɣönde.
Guiir	Juiir	Deŋ, *guiir/juiir* wët apieth.
Guil	Juil	*Guil/juil* akat.
Guit	Juit	Ɣɛn *guit/juit* thɔ̈u/thääu.
Giïr	Jïïr	Thɔ̈k *agiïr/ajiïr* rɔt në ɣöt.
Giïr	Jïïr	Yeŋö yïn ɣa giïr/jïïr?
Giir	Jiir	Läi abɔ̈ keke tuk *giir/jiir*.
Gil	Jil	Yeŋö yïn ye *gil/jil* në nyindhia?
Git	Jit	Git/jit aken da wɔ yï apieth.

The Dinka's Grammar

43.4.1 Thëm de nom

a) Caalë ke wël tɔ̈u piinyë bï raan piööc Thoŋ de Jiëëŋ ke gäär athöör de yic:

Giir	Jiir
Aguiir	Ajuiir
Guil	Juil
Git	Jit

b) Wel ye wël tɔ̈u në cam du yë, cië man de wuɔ̈ɔ̈c de cɔ̈t de wël cië nyuɔɔth nhial:

Aguiɛɛr	....
Juil	....
Guit	....
Juiir	....
Giir	....
Jil	....
Guit	....
Majuil	....
Aguil	....
Jit	....

43.5 Nyooth de wuɔ̈ɔ̈c de cɔ̈t de wël në "Ŋ" ku "Ny"

Wët ye cɔɔl ke nɔŋic "Ŋ" e rɔt wel ke ye "Ny" të cɔɔlë yeen në wuɔ̈t kɔ̈k ke Jiëëŋ. Wuɔ̈t ke Jiëëŋ cië man Agaar, Ciëc, Boor, Aliab, Atuɔ̈t, Apääk ku Gɔ̈ŋ arɔ̈ɔ̈l aaye cööt në "ny". Wuɔ̈t kɔ̈k ke Jiëëŋ kë aaye cööt në "Ŋ". Nyooth de wuɔ̈ɔ̈c de cɔ̈t de "Ŋ" ku "Ny" kï cië nyuɔɔth piinykë:

Ŋ	Ny	Nyooth den në jamic
Ŋïc	Nyïc	Nɔŋ ŋïc/nyïc në ye wët të yic?

The Dinka's Grammar

Ḋïny	Nyïc	Nɔŋ *ŋïny/nyïny* nɔŋ adöt.
Ḋic	Nyic	Yeŋö *ŋic/nyic*?
Ḋiny	Nyiny	Acol *ŋiny/nyïny* meth thar.
Aŋïr	Anyïr	Kuïn/cuïn *aŋïr/anyïr*.
Ḋïr	Nyïr	Kuïn/kuïn aŋuäc ke ŋïr/nyïr.
Ḋïïr	Nyïïr	*Ḋïïr/nyïïr* yen e kuïn/cuïn në.
Ḋïëër	Nyïëër	Yeŋö ye *ŋïëër/nyïëër*?
Aŋic	Anyic	Bol *aŋic/anyic* kë loi rɔt.
Aŋïl	Anyïl	Ye mony bö tï *aŋïl/anyïl*.
Aŋiic	Anyiic	Duk tim *aŋiic/anyiic* këp ke kën në teŋ.
Ḋiɛu	Nyiɛu	*Ḋiɛu/nyiɛu* e kɔc ŋoot e yäu.
Ḋiɛu	Nyiɛu	*Ḋiɛu/nyiɛu* acië cil në ya thok.

43.5.1 Thëm de nom

a) Caalë ke wël tɔ̈u piinyë bï raan pïööc Thoŋ de Jiëëŋ ke gäär athöör de yic:

Aŋiic	Anyiic
Ḋïëër	Nyïëër
Ḋïc	Nyïc
Aŋïl	Anyïl
Ḋiny	Nyïny

b) Wel ye wël tɔ̈u në cam du yë, cië man de wuɔ̈ɔ̈c de cɔ̈t de wël ca pïɔ̈ɔ̈c nhial:

Aŋic	....
Nyïr	....
Ḋïïr	....
Anyiic	....
Ḋic	....
Nyiɛu	....

The Dinka's Grammar

43.6 Wël ke Jiëëŋ bit akeer ke thök keek

Wël kɔ̈k ke Thoŋ de Jiëëŋ aayen në wuɔ̈t kɔ̈k ke Jiëëŋ akeer cɔɔl kedhia kuke wël töök kë, aayen në akeer kɛɛn ke thök ke biɛt të cɔɔlë e wuɔ̈t kɔ̈k ke Jiëëŋ keek. Wël lik bit akeer kɛɛn ke thök keek kï cië nyuɔɔth piinykë:

Cɔ̈t cen akeer de thök bit	Cɔ̈t bit akeer de thök	Nyooth den në jamic
Kiir	Kii'	Mïth akuaŋ *kiir/kii'*.
Kiir	Kii'	Nya/duet *akiir/akii'* ca.
Boor	Boo'	Ɣɛn lɔ *Boor/Boo'*.
Boor	Boo'	Ɣɛn cië arök boor/boo' në pïu.
Boor	Boo'	Piny acië boor/boo' në pïu.
Guiir	Guii'	Yeŋö *guiir/guii'* Col?
Giir	Gii'	ɣɔ̈k abɔ̈ keke tuk *giir/gii'*.
Gïïr	Gïï'	Yeŋö yïn ɣa *gïïr/gïï'*?
Giëër	Giëë'	Yeŋö yïn rɔt *giëër/giëë* ne ɣa/yaan?
Wiir	Wii'	Ɣɛn nëk *wiir/wii'* arët.
Wïïr	Wïï'	Ɣɛn lɔ *wïïr/wïï'* ba lɔ gem në pïu.
Pïïr	Pïï'	Ɣɛn *pïïr/pïï* ɣa tök.
Lɔ̈ɔ̈r	Lɔ̈ɔ̈'	Ɣɛn lɔ cɔŋ/dier në *lɔ̈ɔ̈r/lɔ̈ɔ̈'*.
Lɔɔr	Lɔɔ'	Yeŋö ye *lɔɔr/lɔɔ'* piiny?
Alɔɔr	Alɔɔ'	*Aalɔɔr/Alɔɔ'* acath ye tök.
Cɔ̈ɔ̈r	Cɔ̈ɔ̈'	Ɣɛn nëk *cɔ̈ɔ̈r/cɔ̈ɔ̈'*.
Cɔ̈ɔ̈r	Cɔ̈ɔ̈'	Tiët acië cɔ̈ɔ̈r/cɔ̈ɔ̈'.
Cɔɔr	Cɔɔ'	Ɣɛn ye *cɔɔr/cɔɔ'*.
Ŋöör	Ŋöö'	Yeŋö ca *ŋöör/ŋöö'*?
Köör	Köö'	Ɣɛn cië *köör/köö'* tïŋ në nyuɔ̈ɔ̈nic.
Koor	Koo'	Yïn *koor/koo'* Atëm.

The Dinka's Grammar

Koor	Koo'	Yɛn lɔ *koor/koo'*.
Akoor	Akoo'	Yïn *akoor/akoo'* Atëm.
Nyankoor	Nyankoo'	*Nyankoor/Nyankoo'* akääc ye tök.
Apoor	Apoo'	Yɛn cam *apoor/apoo'*.
Töör	Töö'	Wet acië *töör/töö'*.
Töör	Töö'	*Töör/töö'* aca cuet.
Töör	Töör	Löth anɔŋic *töör/töö'*.
Tiɔ̈ɔ̈r	Tiɔ̈ɔ̈'	Yïn bë döŋ *tiɔ̈ɔ̈r/tiɔ̈ɔ̈'* cië leŋ.
Piɔɔr	Piɔɔ'	Yɛn lɔ bii bë ya lɔ *piɔɔr/piɔɔ'*.
Piɔ̈ɔ̈r	Piɔ̈ɔ̈'	Töny acië *piɔ̈ɔ̈r/piɔ̈ɔ̈'*.
Apiɔ̈ɔ̈r	Apiɔ̈ɔ̈'	Yɛn ruëth *apiɔ̈ɔ̈r/apiɔ̈ɔ̈'*.
Tɔɔr	Tɔɔ'	Yeŋö ye *tɔɔr/tɔɔ'* nhial?
Kɔɔr	Kɔɔ	Yeŋö *kɔɔr/kɔɔ'*?
Tuɔk	Tuɔ'	Yɛn cië *tuɔk/tuɔ'* de weŋ ŋuetic.
Tuɔk	Tuɔ'	Yɛn yep tim në *tuɔk/tuɔ'*.
Loor	Loo'	Yïn ba *loor/loo'* miäk.
Guɔɔr	Guɔɔ'	Yön dï e *guɔɔr/guɔɔ'*.
Guɔ̈ɔ̈r	Guɔ̈ɔ̈'	Yɛn bë kë dï *guɔ̈ɔ̈r/guɔ̈ɔ̈'*.
Gäär	Gää'	Yɛn lɔ yön de *gäär/gää'*.
Cäär	Cää'	Riäi ariŋ në *cäär/cää'* nom.
Caar	Caa'	Yeŋö ye *caar/caa* në yï cin?
Gaar	Gaa'	Yɛn ceŋ *gaar/gaa'* në ya cök.
Piäär	Piää'	Yɛn nɔŋ yäm *piäär/piää'*.
Biöör	Biöö'	Yɛn ye raan paan de *biöör/biöö'*.
Biöör	Biöö'	Yɛn cï mac *biöör/biöö'* kök.
Diɛɛr	Diɛɛ'	Yɛn cï *diɛɛr/diɛɛ'* në kë bë rɔt looi.
Diɛɛr	Diɛɛ'	Yɛn nëk *diɛɛr/diɛɛ'*.
Coor	Coo'	*Coor/coo'* aacië nyuc në tim nom.
Coor	Coo'	Riŋ acië rɔt *coor/coo'*.
Coor	Coo'	Yɛn bë kɔ̈ɔ̈c në *coor/coo'* tueŋ.
Cuɔɔr	Cuɔɔ'	*Cuɔɔr/cuɔɔ'* acië nyuc në tim nom.
Cuëër	Cuëë'	Ye raan tï e *cuëër/cuëë'*.
Cuëër	Cuëë'	Yɛn kën *cuëër/cuëë'*.

The Dinka's Grammar

Twïc	Twï'	Ɣɛn ye muɔny *Twïc/Twï*.
Liir	Lii'	*Liir/lii* biöök.
Liir	Lïï'	Yïn nɔŋ yeth *liir/lii'*.
Aliir	Alii'	*Aliir/alii'* aput bii.
Alïïr	Alïï'	Piny anɔŋ *alïïr/alïï'*.
Kueer	Kuee'	Miabeek abö *kueer/kuee'*.
Kuëër	Kuëë'	*Kuëër/kuëë'* ɣön du?
Akuëër	Akuëë'	Ɣöt *akuëër/akuëë'*.
Guur	Guu'	Yïn nhiaar *guur/guu'*.
Juɔɔr	Juɔɔ'	Deŋ ariiŋ *juɔɔr/juɔɔ'*.
Juɔ̈ɔ̈r	Juɔ̈ɔ̈'	*Juɔ̈ɔ̈r/juɔ̈ɔ̈'* aacië guëër baai.
Agɔɔr	Agɔɔ'	Ɣɛn ŋuet rec *agɔɔr/agɔɔ'*.
Gɔɔr	Gɔɔ'	Diäär aaläu në *gɔɔr/gɔɔ'*.
Gɔ̈ɔ̈r	Gɔ̈ɔ̈'	*Gɔ̈ɔ̈r/gɔ̈ɔ̈* atɔ̈u në tim nom.
Ɣɔ̈ɔ̈r	Ɣɔ̈ɔ̈'	Ɣɛn ce raan *ɣɔ̈ɔ̈r/ɣɔ̈ɔ̈'*.
Aɣɔ̈ɔ̈r	Aɣɔ̈ɔ̈'	Ɣöt *aɣɔ̈ɔ̈r/aɣɔ̈ɔ̈'*.
Keer	Kee'	Thiëëk acië *keer/kee'*.
Këër	Këë'	*Këër/këë* de tim acië löny.
Tɔɔr	Tɔɔ'	Meth atök *tɔɔr/tɔɔ'*.
Tɔɔr	Tɔɔ'	*Tɔɔr/tɔɔ'* thäu nhial.
Teer	Tee'	Deŋ ku Bol aacië *teer/tee'*.
Tëër	Tëë'	Wɔ bë *tëër/tëë'* wɔ yï.
Paar	Paa'	Yeŋö yïn ɣa *paar/paa'* rin?
Päär	Pää'	Dit acië *päär/pää'*.
Taar	Taa'	Ɣɛn cië tɔ̈c ke ɣa *taar/taa'*.
Kuur	Kuu'	Wɔ lɔ në *kuur/kuu'* nom.
Cuur	Cuu'	*Cuur/cuu'* e ciëër aɣɔ̈ɔ̈l.
Cuur	Cuu'	*Cuur/cuu'* e rëc.
Akɔɔr	Akɔɔ'	*Akɔɔr/akɔɔ'* e kɔc nɔ̈k paan de Twï.
Akɔɔr	Akɔɔ'	Dut *akɔɔr/akɔɔ'* bë bën.
Kɔɔr	Kɔɔ'	*Kɔɔr/kɔɔ'* aput.
Kɔɔr	Kɔɔ'	Ɣɛn nëk *kɔɔr/kɔɔ'*.
Kɔɔr	Kɔɔ'	Yeŋö *kɔɔr/kɔɔ'*?

The Dinka's Grammar

43.7 Cɔ̈t lɔ piny ku cɔ̈t lɔ nhial

Anɔŋ wël kɔ̈k ke Jiëëŋ ye gɔ̈ɔ̈r keke thöŋ ku cɔ̈t den ku luɛɛl den awääc. Wët të aye caal nhial ku cɔɔlë wët dët të piny. Wël lik kï cïe nyuɔɔth piinykë:

Cɔ̈t lɔ piny	Cɔ̈t lɔ piny	Nyooth den në jamic
Biöök	Biöök^	Yɛn cië nyuc në biöök. Yɛn lɔ biöök^ në yɔ̈k.
Tuŋ	Tuŋ^	Kil anɔŋ nom tuŋ tök. Weŋ anɔŋ nom tuŋ ke reu. Duk ya tuŋ^.
Kuur	Kuur^	Kuur aruëëi yë Yɛn lɔ në kuur^ nom.
Wëër	Wëër^	Piny acië ya wëër. Paanda anɔŋic wëër^.
Töör	Töör^	Wet acië töör. Löth anɔŋic töör^.
Pol	Pol^	Läi acië pol de köör ŋöör. Pol^ mïth të nou?

44.0 Rin ke baai ku rin ke kɔc

Rin ke baai	Rin ke kɔc	Rin ke baai	Rin ke kɔc

The Dinka's Grammar

Abaŋ	Abɛɛŋ	Dëër	Dëër
Abɔdit	Abɔdiit	Dhoŋjɔl	Dhoŋjɔɔl
Abe	Abek	Gɔ̈k	Gäk
Abialaŋ	Abialɛɛŋ	Ɣɔ̈l	Ɣäl
Abiɔɔŋ	Abiaŋ	Guala	Gualɛɛi
Abiëm	Abïm	Jueet	Juer
Adhiɔɔk	Adhiɔk	Kɔŋɔ̈r	Kɔŋɔ̈r
Adiaŋ	Adiɛɛŋ	Koc	Kuɔc
Agaar	Agar	Kuac	Kuëc
Aguɔk	Agook	Lith	Lïth
Ajuɔ̈ŋ	Ajuuŋ	Luäc	Luëëc
Akonycɔk	Akonycɔɔk	Malual	Maluët
Aliab	Aliaab	Nɔ̈ɔ̈k	Nɔ̈k
Alian	Aliɛɛn	Nuëër	Nuër
Anok	Anuɔɔk	Nyaara	Nyaraai
Aŋakkuëi	Aŋakkuëëth	Nyarweŋ	Nyarweeŋ
Apääk	Apäk	Nyiëcak	Nyiëciɛɛk
Apuk	Apuuk	Ŋɔɔk	Ŋak
Athɔ̈ɔ̈c	Athɔ̈i	Pakam	Pakɛɛm
Atuɔ̈t	Atut	Pakëër	Pakër
Awan	Awën	Paliëët	Palïït
Awulian	Awuliaan	Pale'	Paleek
Ayoliel	Ayolieel	Pathuyïth	Pathuyïïth
Ayuääl	Ayuäl	Paweny	Paweeny
Bölök	Bölöök	Rek	Rɛk
Boor	Bɔɔr	Rup	Ruɔ̈p
Chuluk	Chuluuk	Ruweŋ	Ruweeŋ
Ciëc	Cïc	Thuyïth	Thuyïïth
Ciɛɛr	Cieer	Thɔny	Thany
Cir	Ciɛɛr	Tony	Tuɔny
Dacueek	Dacuek	Tuïc	Tuiëc

The Dinka's Grammar

45.0 Gäär de athöör

Yɔn thɛɛr ke raan aye thɔn bë wët lɔ lueel. Na ye wët kɔɔr bë dac lɛɛr, ke raan atoc bë lɔ ke riŋ bë wët dac lɔ lueel. Na ye tɔŋ yen cië bën, ke këko ayup bï raan töu të mec lɔ piŋ. Këko e löör yen aye yup në yum bë ye nyuɔɔth man nɔŋ tɔŋ cië bën baai. Leŋ aye yup aya bë rem lëk man nɔŋ löör töu ago kë röth guiir. Na ye thɛɛ kök ke mac acuäny ben në thok thiɔ̈ɔ̈l. Tuŋ aye kooth aya ben kɔc töu të mec cɔɔl. Löth aye met aya bïn në ke kɔc lëk. Na cië tɔŋ bën baai ke diäär aaye kiɛɛu yɔɔth aya bï kek thok dac riɛɛŋ në baai yic. Wään cen në gäär bën në Jiëëŋic, ke athöör acië ya göt ku tooc cië. Në ye mɛɛn ke kuɛɛr juëc yen në ke athöör tuɔɔc acië juëc. Yɔn tueeŋ ke athöör aye göt ku yïn në raan bë lɛɛr. Në yee mɛɛn keka juëc jöt yen në ke athöör tuɔɔc në nantöŋtëi acië bën nhial. Aathöör töu piinykë abï yï nyuɔ̈th në gän de athöör në Thoŋ de Jiëëŋ:

45.1 Athör lɔ të nɔŋ mäth

Mäth Marial yïn ca mɔ̈ɔ̈th në mäth lɔyum. Yen piɔl guɔ̈p paan cɔl Juba. Kɔc kedhia rëër në yɛɛn, apiɔl gup aya. Aŋääth ke we piɔl gup e të tui wedhia.

Yïn lɛɛc mäth në ŋö miɔ̈c duɔ̈ɔ̈n wään ca kuai bë luëth ya aca yök. Miɔ̈c du aca yök kuka lɛɛc yen yïn arët në piɔn dï ebën. Yïn lɛɛc arët në miɔ̈c thiekic cït ye kë në. Käŋ acië lɔ në nyïïr dït cin paan cɔl Juba. Pïïr acië rac arëët. Ka thuuk acië lɔ nhial. Thuuk acië riääk aka cïn raan ye bɛɛr yööc. Kɔc athel keek në cɔk. Acï Jiëëŋ thath kääŋ, ya määth pieth awär ruääi. Ruän cïnic ceŋ awëër määth pieth. Acän ba ŋic apieth, jɔ̈k töu në Juba aŋuet ke në cɔk në ŋö yom kɛɛn wään ye këke kuany acïï beer töu. Acïn kë ye bɛɛr cuat wei paan cɔl Juba.

The Dinka's Grammar

Yïn lɛɛc aya mäth në leer wään cïn baba dï riɛɛŋ paan akïm. Aca piŋ ke baba acië tuaany arët. Na cie yïn ke baba acië ya raan roor. Kɔc kɔ̈k aye nyïn jäl në wët kënë ke lɛɛr të nɔŋ akïm pieth. Alɛɛc du ka mäth dïën cië beeric cië wïen.

Yïn lɛɛc aya Marial, në tïït tïït yïn nyin në paan dï. Aca piŋ ke yï cië paan dï ɣɔ̈c duɔ̈t de rëc, cual de anyuɔl, cual akuem, gun de miök ku ka juëc kɔ̈k ca ke beer kueen. Cie määth lɔgɔk kan Marial kääi. Ka ca ke kuɔ̈ny ɣa në pïïr dï yic ku mäthda yic aca ke bë lëu në dhuk. Në athiɛɛi de Nhialic Madhɔl tɔ̈u ke yï ku paan du.

Yïn ca leec aya mäthdï, në määth pieth tɔ̈u në kaam da wɔ yï. Në määth da ye lɔ ke dït ku bë tɔ̈u agut cië thök de pïïr da në piny nom.

Të nɔŋ mäth duɔ̈ɔ̈n nhiaar
Mabil Makëër.
21/08/2005

45.2 Athör lɔ të nɔŋ maa (mama)

E ɣɛn Nyandeeŋ E Deŋ. Yïn ca mɔ̈ɔ̈th në cin thiëër mama dïën thiekic arëët. Ɣɛn piɔl guɔ̈p në Nairobi. Paan de wuwac Atoc arun keek. Aaye we mɔ̈ɔ̈th arët.

Mama dïën de yäc, aŋääth ke we run ke wedhia. We ca ke ŋäŋ arët. Mäth baba ku mïth akëc kï kedhia. Lëk kë keek ye we nhiɛɛr Nyandeeŋ keek wedhia. Lëk këke ŋɛ̈ŋ can ke ŋäŋ. Gämë mɔ̈thdï nyan mäthdi Acol Col. Lëk kë yeen wu ka anhiaar ku ca tak arët aya. Mäth paan de malën Akuac aya. Mäth kek arët.

The Dinka's Grammar

Mama, kë gäär ɣɛn athör kënë, e ba yï leec në tïït yïn nyin tïït në ɣɛɛn në nyindhia. Ka lɛɛc ɣɛn ke yïin kekï. Kë tueeŋ, mama yïn lɛɛc në jiëëm pieth ɣɔn cïn ɣa jääm ba thukul dï bën kuany cök apieth. Nairobi e paan pieth ku ka rac. Mïth juëc acië määr në pïïr rɛɛc töu e tën. Alëk yïin mama, ɣɛn kuany thukul dï cök apieth cië man ɣɔn cïn ye lëk ɣɛɛn. Ke de reu, yïn lɛɛc mama në wëu kiëën wään ca ke tuööc. Aca ke dɔm ku ka kiëën wään ke pen de yan athiɛɛi aca ke ɣɔɔc kedhia. Alɛɛc du mama diëën pieth. Kede diäk, yïn lɛɛc arët maa në täŋ yïn tak në ɣɛɛn ku mïth akëcië. Yïn ye mama diëën arëk ke ca geer në man pieth de mɛɛnh dët. Acï Aŋëër lëk ɣa man ca ɣa guɔ tak. Ɣɛn bë bën ba we bën neem në pen de dhïc të cen në cäär thök. Yïn ya tak arëtic aya mama ku jɔl ya kɔc töu baai kedhia. Këde thök, yïn lɛɛc maa në tïït yïn nyin tïït në wää ku mïth akëcië kedhia. Mïthku kedhia aye ke nïïm lɛc në rin ku. Akɔɔr ku bukku ciët yïïn të le wɔ dït.

Të nɔŋ nyaan duöön nhiaar,
Adeeŋ E Deŋ.
09/12/1998

45.3 Athör lɔ të nɔŋ baba

E ɣɛn Makɔ̈l, ɣɛn agät athör kë në. Yïn ca mööth arët wää. Ɣɛn piɔl guɔ̈p në Märakäl. Aŋääth ke we piɔl gup wedhia në Maluth. Kɔc rëër në ɣɛɛn aaye yï mööth arëtic.

Baba, cië man ɣɔn cïn ɣa jääm, ɣɛn loi thukul dï apieth në Märakäl. Wään në cäär de reu, ke ɣɛn cië tiam arët. Kɔc ke dhïc keka ka töu në ɣa nom. Aŋääth në cäär bö tueŋ ke ɣa bë luui apieth. Aca deetic arët ke thukul ye kë pieth.

The Dinka's Grammar

Wää, wään dupiöny dïït de thukul da acië mïth thïïc kedhia bë wëu ke thukul gam kedhia në pen bɔ̈. Wëu ke thukul kɔɔr ke tëdï aye bɔt kedhïc (500). Wët dët tɔ̈u, wɛr kiëën ke thukul acië riääk ku alëth acië riääk aya. War aɣɔc keek në bɔɔt ku thiër dhïc (150). Alëth ke thukul aɣɔc ke në bɔt ke reu (200). Wëu kɔɔr ke kedhia aye bɔt ke bët ku thiërdhïc (850).

Yïn ca leec arët baba. Yïn nhiaar arët. Aŋääth ke yï bë ke wëu kë tiëŋ ɣa cië man thɛɛr yïn ye looi. Mäth mama ku mïth akëckï kedhia. Mäth wälën Mayom ke paan de.

Të nɔŋ wën du
Makɔ̈l Majök
Pɛɛi nïn 27/02/2016

45.4 Athör lɔ të nɔŋ wën da

Gäräŋ, e moor Mäläŋ ku wuur Atëm kek gët yïïn athöör kënë. Aŋäth ku ke yï cië cop në Kiɛɛrtuɔ̈ɔ̈m në pial de guɔ̈p. Wɔ piɔl gup në Pänyagoor wɔdhia.

Gäräŋ yïn ŋic pïïr e wɛɛn yïn wɔɔk thïn. Wɔ cie kɔc cië kuɛth. Moor ku ɣɛɛn wɔ ye luui në nyindhia aguɔ kë nɛŋ pïïr de kööl dë we mïth akëc kun. Wɔ mac ɣɔ̈k, thök, amël ku ajïïth. Wɔ ye pur ku wɔ nɔŋ ɣön thiin daan yukku ɣaacic bë naŋ wëu diëëŋ ye ku ke yök. Wɔ nɔŋ riän da tooc aya. E riän daan në, ayen në dep në rec. Kë ye wɔ keka juëc ke looi Gäräŋ, eba kë nɛŋ pïïr de kööl dë. Wëu diëëŋ ye ku ke yök aaye wɔ ke thukul du cuat piny.

Gäräŋ, moor ku ɣɛɛn wɔ cië kɔn ceŋ rɔɔk ku jɔl ku bën ya kɔc baai. Wɔ ŋic ka juëc rɔɔk. Rɔk anɔŋ ka juëc rɛc ke ku juëc

The Dinka's Grammar

pieth ke. Ka pieth rɔɔk kuka rɛc juëc rɔɔk atɔ̈u. Yïn ye wën daan de kaai ku yïn nhiar ku arëtic. Aŋäthku ke yï bë thukul du kuany cök apieth. Pïïr thiin daan tɔ̈u abï wɔ yïïn kuëën agut ba thök në thukuldu.

Gäräŋ, ke yï ye mɛɛnh daan tueeŋ, ke yïn bukku lëk ka rɛc rɔɔk ago rɔt tiit apieth ku ba thukuldu kuany cök apieth. Gäräŋ, ka juëc rɛc rɔɔk kï: Kë tueeŋ, dï ye cath we mïth rac ago cië mär. Akɔɔr ba deetic në yïn yi tök, ye mïth rac mïth yeŋö looi? Ke de reu, dï rɔt cɔk dhom ba ya dek në miääu. Miääu juëc aatɔ̈u rɔɔk kuka ye kɔc juëc mɔ̈ɔ̈r bï kë ya adɛk miääu. Na cië meth mëër në miääu yic keka cï beer gät apieth. Na cï gët, ke pïïr pieth duɔ̈ɔ̈n tɔ̈u tueeŋ aba dääk. Kede diäk, nyïïr ku wët apieth atɔ̈u rɔɔk. Ye nyïïrkë kuke wëtkë, aaye kɔc dhuɔɔm wei në gääric. Aaye kɔc lɛɛr të de diëër käu kuka juëc kɔ̈k yïn ya. Aalëk ku yïïn, diëër käu acï pieth. Diëër käu e kɔc mɔ̈ɔ̈r ku riëëk pïïrdu. Acie ke de raan nɔŋ kë kuɛny cök. Kë de thök, pïïr rɔɔk anɔŋic ka juëc lɔ jämjääm ye kɔc mɔ̈ɔ̈r. Mɛɛnh de thukul acie kör bë piɔu ya tɔ̈u të de ka lɔ jämjääm ye ke yɔɔc në wëu juëc. Na lɔ thukul du thöl, keka kë, aba ke yök kedhia. Kake pinyië nom, aacie guut. Aaye lɔ keke lɔ, agut ba ke waan keke yïn ya. Kuany thukuldu cök apieth agut ba thukuldu thöl. Acïn kë ye gäk ke kuɛny wun cök mɛɛnhdï.

Yïn cukku leec në piŋ bïn yïn ke wël kë piŋ ku det ke yiic apieth. Yïn nhiar ku arët ku ka ŋäthku ke yïn bë tiam në thukul du yic cië man ŋic wɔ yeen.

Të nɔŋ wuur ku moor nhiar keek
Pɛɛi nïn: 21/08/1999

The Dinka's Grammar

45.5 Athör lɔ të nɔŋ nyankääi
Yïn ca mɔ̈ɔ̈th arëtic Acol kääi. Aŋääth arëtic ke yï piɔl guɔ̈p paandu we mïth ku. Yïn ye nyankääi nhiaar arët. Wɔ piɔl gup baai wɔdhia. E mama yen acië guɔ̈p naŋ juäi ku yeen acië pial. Baba ku mïth kedhia, aaye yï mɔ̈ɔ̈th.

Acol, aaŋic ku ke kööl duɔ̈ɔ̈n de dhiëëth du bɔ në pɛɛi nïn thiër reu ku tök. Aaŋäthku aya ke bë ya kööl duɔ̈ɔ̈n lɔyum we mïthku ku monydu. Wɔ läŋ Nhialic Madhɔl bë run ku juakiic ba pïïr në ruɔ̈ɔ̈n bɔɔt ku abak. Wɔ mit piɔ̈ɔ̈th baai e tënë wɔdhia, në kööl de dhiëëthdu. Abukku loor ke wɔ mit piɔ̈ɔ̈th wɔdhia.

Acol kääi yïn cukku tak arët. Na lëu root ke yï jam wɔ monydu ku ba wɔ neem në pen de ŋuan. Aŋic pen de ŋuan yen adhiëëthë mama da. Apieth arëtic bukku kööl de dhiëëthde bën loor në tök ke wɔ mat nïïm. Mama acen në run ke juëc. Akɔɔr bukku bɛɛr ya mat në mama na tök në ruɔ̈ɔ̈nic. Na bë monydu lääu aya aka nhiar ku bë bën ke yï ku jɔl ya mïthkun aya. Mama acië mïth kun ŋäŋ arët. Akɔɔr ba ke bɛɛr bëi bë ke bën bɛɛr bën tïŋ gup.

Të nɔŋ wänmuuth nhiaar arët
Majök Mawut
12/02/2011

45.6 Athör de duɔ̈t de piɔ̈u
E ɣen Malual de Lual. Ɣen tɔ̈u në Dhiam Dhiam. Ɣen piɔl guɔ̈p e të täu ɣen kënë. We ca ke mɔ̈ɔ̈th wedhia baai.

The Dinka's Grammar

Dhiëëu ɣɛn gäär athöör kënë ban we duut piɔ̈ɔ̈th. Ɣɛn mec aɣɛn cï bë dac bën ba we neem. Aŋääth kekë ba gäär në ye athöör kënë yic bë we yök. Aca piŋ wään ke wänmuuth cië nyin määr paan ciëën. E kë rac arëët kuke kë de dhiën de piɔu.

Ɣɛn dhiaau në tök we në week. Thon de wänmuuth acie këdu yï tök. Wänmuuth aye raan pieth arëët. Jäl de në piny nom acië yï riɔ̈ɔ̈k ku jɔl ya kɔc kedhia kɔc ŋic wänmuth. Akɔɔr ba ŋic, aye Jiëëŋ lueel ya wïn de thou acie tueny ku ŋɛk anɔŋ kööl de. Yïn jiëëmë në ye köölë ku yïn bë raan dët bɛɛr jääm miäk.

Acï Jiëëŋ thäth käŋ, ya ka päl cië thou. Acïn raan ye ruɔ̈p në piny nom ku raan du ka. Acïn raan nhiaar yeen bë raan de thou. Thou aye wɔ riɔ̈ɔ̈c wɔdhia, raandït ku meth. Yïn duɔ̈ɔ̈t piɔu arët mäth. Cɔk rɔt ril ku jɔt yï nom ba kaku looi. Na cɔk rɔt ril ke diäär ku mïth abë riɛl aya.

Wɔ läŋ Nhialic në wɔ piɔ̈ɔ̈th wɔdhia bë wänmuuth tääu në ciin cuëëc de. Në ye mɛɛn ke wɔ cië gam kuka ye ku ŋɔ̈ɔ̈th ke pïïr pieth de kööl ciëën tɔ̈u. Akɔɔr cukku bë ya dhiaau cië kɔc ciniic ŋäth ku cïn kë duluëëk.

Yïn ca leec arët
E ɣɛn Mabil
Pɛɛi nïn: 28/10/2001

45.7 Thëm de nom:
1) Gät të athöör moor ba thïïc në ye ka tɔ̈u piinykë:
- Wɛr ke thukul
- Alëth ke thukul
- Athöör ke thukul

The Dinka's Grammar

2) Gät të athöör mäth duɔ̈ɔ̈n nhiaar ba leec në ka pieth cië kuɔnyï
3) Gät të athöör moor ku wuur ba ke leec në kë cï ke yï kuëën aba thukuldu thöl
4) Gät të athöör mäthdu në miɛt cïn piɔu miɛt në kööl de dhiëëth de.
5) Gät të athöör wänmuuth bë thukulde kuany cök apieth ku bë rɔt tiit në pïïr geeu.
6) Gät të athöör nyankuui në ka pieth cië ke kuɔnyï në pïïr du yic. Tääu ë ka pieth cië ke kuɔnyï ke dhïc athööric.

The Dinka's Grammar

46.0 Glossary

Dinka	English
Gëër de wël lui	Tenses
Jam de ye köölë	**Present tense**
Jam de ye köölë tueŋ	Present simple
Jam de ye köölë de reu	Present continous
Jam de ye köölë de diäk	Present perfect
Jam de ye köölë de ŋuan	Present perfect continous
Jam wään	**Past tense**
Jam wään tueŋ	Past simple
Jam wään de reu	Past continous
Jam wään de diäk	Past perfect
Jam wään de ŋuan	Past perfect continous
Jam de miäk	**Future tense**
Jam de miäk tueŋ	Future simple
Jam de miäk de reu	Future continuos
Jam de miäk de diäk	Future perfect
Jam de miäk de ŋuan	Future perfect continous
Jam de ye köölë gäm	Positive sentences (present simple)
Jam de ye köölë jai	Negative sentences (present simple)
Thiëc në jam de ye köölë tueŋ	Present simple question
Ka loi röth ye man në	Actions that are happening now
Lon cië ye cök gɔl kuka ka lɔ tueŋ	Actions that are currently in progress: (not at this exact moment, but in present. E.g these days, this month, this year).
Ka bë röth looi në kaam thiin bɔ̈ tueŋ	Action that will happen in the near future
Kë rɛɛc ye cool ke loi rɔt	Annoying repeating actions
Jam de ye köölë de reu gäm	Positive sentences (present continous)
Jam de ye kööl de reu jai	Negative sentences (present continous)
Thiëc në jam de ye köölë de reu	Present continous questions
Kë cië rɔt looi në thaa cï ŋic ke kaam tɔu ë kën bën	Actions that happened at an unspecified time before the present
Kë cië piac thök në luɔi	Actions that ended recently
Kë cië rɔt gɔl në kaam cië tëëk	States that started in the past, and

The Dinka's Grammar

kuka ŋot ke loi rɔt	are still going on
Jam de ye köölë de diäk gäm	Positive sentences (Present perfect)
Jam de ye köölë de diäk jai	Negative sentences (present perfect)
Thiëc de jam de ye köölë de diäk	questions (present perfect)
Luɔɔi cië gɔl në kaam cië wan kuka ŋot ke loi rɔt në ye mɛɛn	an action that started in the past, and continued up until the present
Ba nyuɔɔth ke kë dë cië rɔt piac looi	To show something was happening lately
Jam de ye köölë de ŋuan gäm	Positive sentences (perfect continous)
Jam de ye köölë de ŋuan jai Thiëc de jam de ye köölë de ŋuan	Negative sentences (perfect continous)
	Questions (perfect continous)
Jam wään	Past tense
Jam wään tueŋ	Past simple
Ka cë röth looi në kaam cië wan	Actions that happened in the past
Jam wään gäm	Positive sentences (past simple)
Jam wään jai	Negative sentences (past simple)
Jam wään de reu	past contious
Ka ke loi röth në kaam ŋic/lɔ cök cië tëëk	Actions that were in progress at a certain point or at a certain time period in the past.
Ka ye kɔc rac piɔ̈ɔ̈th ye röth bɛɛr piny në kaam cië wan	Annoying repeating actions in the past.
Jam wään de reu gäm	Positive sentences (past continous)
Jam wään de reu jai Jam wään de reu jai	Negative sentences (past continous)
Jam wään de diäk	Past perfect
Kë cië rɔt looi në dët nom në kaam cië tëëk	An action that happened before another action in the past.
Kë cië rɔt kan looi në kaam lɔ gɔk cië tëëk	An action that happened before a specific time in the past.
Kë cië rɔt gɔl në kaam cië wan ku	A state that started in the past,

The Dinka's Grammar

le tueŋ agut bë bën thök në kaam cë wan.	and continued up to sometime in the past.
Jam wään de diäk gäm	Positive sentences (past perfect)
Jam wään de diäk jai	Negative sentences (past perfect)
Jam wään de ŋuan	Past perfect continous
Kë cië rɔt gɔl në luɔɔi ku le tueŋ agut bë jal thök në kaam dët cië tëëk/agut bë dët rɔt looi	An action that started in the past, and continued up until another time or action in the past.
Jam wään de ŋuan gäm	Positive sentences (past perfect continous)
Jam wään de ŋuan jai	Negative sentences (past perfect continous)
Jam de miäk	Future tense
Kë bë rɔt looi miäk	Future actions or future states (not) plan:
Tɔ̈ɔ̈u de nom/Kë lui e këdë	Promises or intentions
Jam de miäk gäm	Positive sentences (future simple)
Jam de miäk jai	Negative sentence (future simple)
Ka bë röt gɔl në luɔi ke lɔ tueŋ në kaam bɔ̈ tueŋ	Actions that will be in progress at a certain point or at a certain time period in the future.
Jam de miäk de reu gäm	Positive sentences (future continous)
Jam de miäk de reu jai	Negative sentences (future continous)
Jam de miäk de diäk	Future perfect
Kë bë rɔt kɔn looi në dët nom në kaam bɔ̈ tueŋ	An action that will happen before another action in the future:
Kë bë rɔt kɔn looi në thaa lɔ cök bɔ̈ tueŋ	An action that will happen before a specific time in the future.
Kë bë lɔ ke loi rɔt agut cië kaam bɔ̈ tueŋ:	A state that will continue up to some time in the future.
Jam de miäk de diäk gäm	Positive sentences (future perfect)
Jam de miäk de diäk jai	Negative sentences (future perfect)
Kë bë lɔ ke loi rɔt agut cië thaa bɔ̈ tueŋ	An action that will continue up until some time in the future:

The Dinka's Grammar

Jam de miäk de ŋuan gäm	Positive sentences (future perfect continous)
Jam de miäk de ŋuan jai	Negative sentences (future perfect continous)
Kuën në Thoŋ de Jiëëŋ	Counting in Dinka
Wël wääc nïïm	Opposite
Ka juëc	Plural
Tök	Singular
Wël lui ke Thoŋ de Jiëëŋ	Verbs
Nyooth de kë de ŋɛk	Possessions
Wët guïïr	Adjective
Aŋɔi ke wël	Prepositions
Arëëk	Conjunctions/connectors
Wɔdhia	All of us
Wedhia	All of you
Kedhia	All of them
Ɣa tök	By myself
Yï tök	By yourself
Ye tök	By him/herself
Raan tueŋ	First person
Raan de reu	Second person
Raan de diäk	Third person
Thöön de käŋ	Comparisons
Wɔ pëi	We alone
We pëi	You alone
Ke pëi	Them alone
Kë dï	Mine
Kë du	Yours
Kë de	His/hers
Kë da	Ours
Kë dun	Yours
Kë den	Theirs
Ka kï	Mine
Ka ku	Yours
Ka ke	His/hers
Ka kuɔ	Ours
Ka kun	Yours

The Dinka's Grammar

Ka ken	Theirs
Dëk	Drinking
Ruëth	Drinking water
Yɔ̈p	Taking hot drink
Yeŋa?	Who?
Yeŋö?	What?
Ye nɛn?	When?

The Dinka's Grammar

47.0 Reference list

1. Abdehlay, A., Makoni, B. & Makoni, S. (2016). The colonial linguistics of governance in Sudan: The Rejaf Language Conference, 1928. *Journal of African Cultural Studies*, 28(3), 343-358. https://doi.org/10.1080/13696815.2016.1146129
2. Murphy, R. (2015). Essential Grammar in use: A self-study reference and practice book for elementary learners of English. 4th Ed. Cambridge University Press.
3. Really Learn English, (2018). Learn English vocabulary and easy English Grammar. http://www.really-learn-english.com/

A Note from the Publisher

The publisher wishes to acknowledge and thank Dr Douglas H. Johnson for his invaluable help and support for Africa World Books and its mission of preserving and promoting African cultural and literary traditions and history. Dr Johnson and fellow historians have been instrumental in ensuring that African people remain connected to their past and their identity. Africa World Books is proud to carry on this mission.

ISBN 978-0-6488415-5-5
© Manyang Deng

All rights reserved. No part of this publication may be reproduced, stored in a retrieval system, or transmitted, in any form, or by any means, electronic, mechanical, photocopying, recording or otherwise, without the prior permission of the publishers.
This book is sold subject to the conditions that it shall not, by way of trade or otherwise, be lent, re-sold, hired out or otherwise circulated without the publisher's prior consent in any form of binding or cover other than in which it is published and without a similar condition including the condition being imposed on the subsequent purchaser.
Africa World Books Pty. Ltd.

www.ingramcontent.com/pod-product-compliance
Lightning Source LLC
Chambersburg PA
CBHW030252010526
44107CB00053B/1681